社会心理学原理及其应用

朱启臻　张春明　主编

中国社会出版社

前　言

这本书是理论工作者和实践工作者合作完成的。社会心理学作为社会学专业的主干课程，在教学计划和学生能力培养过程中占据着重要地位。近些年来我国社会心理学的研究取得了一系列的成果，社会心理学学科也得到了较快的发展，但由于社会心理学在我国恢复较晚，教材建设没有能取得与科学研究和专业建设同步发展的速度。突出的表现在两个方面：一是教材内容陈旧，没能反映我国社会心理学的最新研究成果，其结构和内容与中国的实际情况相差甚远；二是理论与实际相脱节，目前流行的大部分教材中，一般比较重视社会心理学基本理论和基本概念的介绍，而如何运用理论解决社会中的现实问题则尚显不足。正是这两个原因使得社会心理学在社会经济发展中的作用不能充分发挥出来。造成这些问题的原因是复杂的，但有一点是显然的，那就是理论工作与实践工作的脱节。实践经验丰富的人是工作在第一线的同志，他们对社会心理现象和社会心理学的实践有着较多的思考和体验，但他们的体验和观点很少有机会进入教科书。而编写教科书的人，大都工作在高等院校和科研院所，他们接触社会的机会受到了限制，对许多社会心理学理论的社会应用价值体验不深刻，导致了许多教科书缺乏对实际工作的指导性或。

为了克服这些问题，促进社会心理学的普及和应用，我们高校的教师和具有实践经验的实际工作者一起编写了这本《社会心理学原理及应用》，试图弥补教材的某些不足。因此，内容的取舍上，在保证了基本内容体系完整的前提下，突出了应用性强的内容，使读者在掌握社会心理学知识的同时，学会在实践中应用这些知识去解决相应的实际问题。它可以作为高校有关专业学生的参考书，可以作为干部培训读本，也可以供有关教学人员和实际工作者参考。

本书由中国农业大学社会学系教授朱启臻和河北省承德市组织部副部长张春明主编。各章分工如下：第一章、第二章、第三章、第九章由朱启臻撰写；第四章、第五章由吴惠芳、朱启臻撰写；第六章由张春明撰写；第七章由何惠丽、朱启臻撰写；第八章由潘进撰写；第十章由徐秀丽撰写。最后由朱启臻、张春明统一修改定稿。由于作者水平的限制，加之社会心理学理论的应用还带有一定的探索性，缺点和不妥之处是难免的，敬请读者和同行批评指正。

编者

2000 年 6 月 19 日于育新花园

目　　录

第一章

绪　论

社会心理学是一门既古老而又年轻的科学。说它古老，是因为自从有了人类社会，就有了社会心理现象，在原始时代人们就开始了对社会心理现象的种种思考和猜测。说它年轻，是因为社会心理学作为一门学科只有百余年的历史，许多社会心理现象还有待于去探索，它的许多理论还有待于进一步的发展和完善。社会心理学是一门很有作为的科学，社会心理学的理论在社会生活的各个领域得到了越来越广泛的应用，社会心理学也越来越受到人们的广泛重视。

第一节　社会心理学的研究对象

每一门学科都有自己独特的、其他学科难以替代的研究对象，社会心理学也不例外。每一个接触或准备接触社会心理学的人都会问，“社会心理学是研究什么的?”但人们获得的答案往往不能令人满意。其主要的原因就在于对这一问题的表述千差万别，因此，有人无可奈何地说：社会心理学“是那些自认为社会心理学家的人倾心研究的一门科学”，也有人说，有多少社会心理学家，就有多少关于社会心理学研究对象的说法。针对这一问题，我们有必要对国内外关于社会心理学研究对象的种种规定进行一番审视，在此基础上阐明我们对社会心理学研究对象的理解。

一、国外学者对社会心理学研究对象的若干规定

国外关于社会心理学研究对象的表述很多，有人从 1937 年到 1980 年的社会心理学文献中筛选出具有代表性的社会心理学定义 30 多条。可以归纳为 4 类：①社会互动或曰社会交互作用；②人际关系；③社会影响；④社会化。

对社会心理学研究对象的主要分歧发生在不同取向的社会心理学家之间。心理学家注重个体，试图通过研究个体的人格特征来解释人的行为；而社会学家则注重群体研究，试图通过人们在群体中的互动来解释人的行为。1908 年出版的两部分别由社会学家和心理学家撰写的社会心理学教科书明显地反映出这种差别：罗斯（E·A·Ross）的著作表明他是群体行为研究的先驱，而且他并不强调社会背景中的个人；相反，麦独孤（W.Mcdougall）则强调个人行为，他研究了个人的行为机制和先天倾向。十几年以后，心理学家和实验心理学的创始人 F·奥尔波特（F·H·Allport）和社会心理学家 C·A·埃尔伍德（C·A·Ellwood）进一步将这种差别明确化：奥尔波特认定“社会心理学研究个人的社会行为与社会意识”；而埃尔伍德则认为“社会心理学是关于社会互动的研究”，它所关心的“是人类集体行为的心理学解释”。可以说，自这以后国外社会心理学有关研究对象的表述，基本上可归纳为以上两类。

心理学取向的社会心理学家肖（M·E·show）和康坦佐（P·

R·costanzo）认为“社会心理学是关于社会刺激反应的个人行为的科学研究”；杜加克斯（K·Deaux）等人在《八十年代社会心理学》的著作中依旧坚称“社会心理学的目的是理解、说明和预见人类行为”[1]，并引用了20多年来一再为人引用的G·奥尔波特（G·W·Allport）的定义为自己的观点加以说明：“社会心理学家认为他所投身的学科旨在设法了解和解释个体的思想、感情和行为如何受到他人存在的影响；这个他人的存在可以是实际的，也可以是想象的或暗指的。”

社会学取向的社会心理学家对研究对象的规定与上述观点有明显区别。麦考尔（G·J·Mccall）和西蒙斯（J·L·simmons）指出，社会心理学“关注社会运动的研究”，重点强调各种“塑造群体”的因素，如社会自我与社会化；而伊恩·罗伯逊（I·Robersen）则明确提出“社会心理学的研究有助于理解社会环境对人类行为的影响”，“人类行为主要取决于人们所属的群体和群体间的互动及影响。”[2]

近几十年来，在关于人类行为的研究中，文化人类学的贡献特别突出，文化人类学家发现“在心理学及大部分社会学之外存在着另一类人类行为的决定因素。这就是传统的风尚习俗、典章制度、工具、哲学、语言等，即我们的传统文化。”[3]在许多社会心理学的定义中都有文化人类学的影响，《新大英百科全书》写道：“社会心理学是研究个体在其社会和文化情景中的行为科学”。

从这些经典的表述中，我们可以获得以下一些规律性的认识：

① 杜加克斯等《八十年代社会心理学》，三联书店，1988年，第1页

② 参见周晓虹等《现代社会心理学》，江苏人民出版社，1991，第6页

③ 同上

1. 长期以来社会心理学家有关学科对象的争论，焦点并不在是否研究社会行为上，而是在怎样研究社会行为上。在这点上，心理学家强调个人因素（人格），社会学家强调社会因素（群体与互动），文化人类学家则强调文化因素。

2. 尽管有的社会心理学家（如奥尔波特兄弟）使用的行为概念是狭义的，但大多数社会心理学家使用的行为概念则是广义的：它不仅指能够观察到的外部事件，也包括了诸如情感、态度、思维等不能被直接观察到但却能为现代科学间接测量的内隐过程。无论是单单使用社会行为或社会心理，还是同时使用这两个概念的学者，都一致认为社会心理学的研究对象既应包括内隐过程，也应包括外部事件。也就是说，包括人对各种社会刺激所做的全部反应和活动。

3. 尽管社会心理学家在早期曾形成对大群体研究的兴趣，但20年代以后却基本上限于对个体（至多是小群体）的社会行为的研究。由于能够直接获得数量资料，使社会心理学的定量化及进一步的科学化成为可能，但这种倾向同时也混淆了群体与个体的辨证关系，进而导致了西方社会心理学缺乏对宏观社会过程的理论解释以及把个体置于更广泛的社会中去考察的社会性。在这方面，以安德列耶娃为代表的苏联社会心理学家的观点较为全面，他们认识到“人的心理具有社会意义的特征的内容正是在宏观社会的层次上形成的。”①在论述个体行为的同时，注意到了表现在风尚、习俗、社会舆论、流言与谣言中的社会心理学问题，注意从阶级、民族等大群体的角度论述人的心理与行为。

二、我国学者的代表性观点

社会心理学在我国中断了数十年，在改革开放后得到迅速恢

① 安德列耶娃《社会心理学》，第164页

复。尽管对社会心理学研究对象的认识还缺乏广度和深度，但在我国社会心理学著作中对社会心理学研究对象的定义形成了几种有影响的表述。

首先是吴江霖教授的定义，他在 1982 年 4 月中国社会心理学研究会成立大会的报告中，分析了国外社会心理学的发展、现状和建立我国社会心理学的理论、方法与原则等，提出“社会心理学是研究个体或若干个体在特定社会生活条件下心理活动的变化规律的科学”。这是社会心理学恢复以来，提出最早，被人们广泛引述的一个定义。这一定义中包含了个体之间的相互影响和个体与群体之间相互作用的思想，并把人的心理的发生、发展置于广泛的社会生活中去考察，在一定程度上揭示了社会心理的本质属性。但这一定义带有明显的心理学化倾向。在这里，社会心理学的研究对象是个体或若干个体，重点是个体心理活动如何受社会生活条件的影响，缺乏对群体心理的概括。

另一个较有影响的定义是沙莲香教授提出的，在她的《社会心理学》一书中认为社会心理学是“研究社会心理的基本过程及其变化发展的条件和规律的具体科学。”① 并对什么是社会心理，以及社会心理的特点和作用进行了较详细的论述。她认为“所谓社会心理，是人们在社会中自发产生，并互有影响的主体反应”②，可见，她把研究对象规定为人们对社会客观现实的“主体反应”，并力图把这个对“主体反应”的考察置于马克思关于人的理论解释之上。这符合国内外社会心理学者对社会心理学对象的一般规定。沙莲香认为社会心理作为一种精神现象是以一个过程出现和存在的，并把社会心理的基本过程概括为内过程（包括社会认知、社会情绪、社会动机、社会态度）和外过程（指各

① 参见沙莲香《社会心理学》，中国人民大学出版社，1987 年版，第 32 页。

② 参见沙莲香《社会心理学》，中国人民大学出版社，1987 年版，第 34 页。

种层次的群体心理)。实际上她是将社会心理的内过程等同于个体社会心理，社会心理的外过程等同于群体社会心理，有学者认为这一观点是值得商榷的①。

孙晔、李沂等人提出了一个比较简单明了的定义，认为“社会心理学是研究个体和群体的社会心理和社会行为规律的一门科学。”这个定义并列使用了“社会心理”和“社会行为”两个概念，不仅使定义简单通俗，而且符合人们对社会心理学的理解习惯。因此，这一定义被不少社会心理学教科书所采用。但是这个定义由于并列使用了“社会心理”和“社会行为”两个概念，容易给人造成一种误解，似乎社会心理学的研究对象是两个独立的成分。实际上社会心理学的研究对象应该是从内隐到外显的统一体。

在综合社会心理学研究对象各种表述的基础上，周晓虹提出了一个定义，认为“社会心理学应该研究人在特定的社会生活条件下、具有独特的文化和完整的人格结构的人对各种简单与复杂的社会刺激所作的反应。”也就是说，他认为社会心理学研究人的社会或文化行为发生、发展变化的过程及其规律。②在对这个定义的解释中，尽管他强调了反应的主体不仅包括生活于群体中的个人，而且包括了由这些个人组成的大小不等的群体。但这个定义仍然会给人以忽视群体心理研究的感觉。

三、我们对社会心理学研究对象的理解

根据以上对国内外关于社会心理学研究对象的表述，我们认为社会心理学的定义，应该包括四个要点，第一，社会心理学应该以社会心理或社会行为为研究对象。社会心理和社会行为是社

① 参见周晓虹《现代社会心理学》，上海人民出版社，1997年版，第3页

② 参见周晓虹《现代社会心理学》，上海人民出版社，1997年版，第11页

会心理学研究同一过程的不可分割的两个方面，即主体反应的内隐和外显过程。实际上研究人的内隐过程也必须通过对人的外部行为的分析来实现，研究外显过程，也不可能离开对内隐过程的分析。许多学者都认为，人的行为既包括外显事件，也包括内隐过程，所以越来越多的社会心理学家仅仅使用社会行为这一概念来表述自己的研究对象。第二，这种心理和行为包括个体和群体的社会心理和行为。第三，要在社会的相互作用中来进行社会心理现象的研究。第四，作为一门科学，社会心理学应研究社会心理现象发生、发展和变化的规律，并把它应用到社会实践中去。

所以，我们可以简单地把社会心理学定义表述为：社会心理学是研究在特定社会环境下正常人及其群体社会行为发生、发展和变化规律的科学。这个定义包含了以下三层含义。

1. 社会心理学研究的对象是正常人及其群体。正常人及其群体是相对于非正常人（如生理缺陷、心理变态者或精神病人）而言的，是指具有健康的生理素质、健康人格和正常心态的人，以区别于变态心理学等以非正常人及其群体为研究对象的学科。社会心理学有时也涉及非正常人及其群体，但只是从社会刺激与主体反应的因果联系的角度进行探讨，而不研究非正常人及其群体的行为本身。

2. 社会心理学研究的对象是生活在特定社会环境下的正常人及其群体。主体反应的内容和形式，归根到底取决于社会生活环境。环境包括自然环境和社会环境，人的行为一方面受自然环境的影响，另一方面受社会环境的影响。由于自然环境的变化相对于社会环境的变化要缓慢得多，它对人的行为的影响具有恒常性特点。而人所创造的社会环境，随着社会的发展则具有灵活多变的性质，是制约人的行为的主要因素。这种特定的社会环境既包括社会物质环境，也包括社会精神环境，如社会经济发展水平、科学技术、传统文化、生活方式、社会制度、社会规范、社会道德、社会舆论等。社会心理学就是探讨特定社会环境与人的行为之间的相互作用关系。

3. 研究社会行为的规律性。与其它学科一样，社会心理学也是有规律可循的，勒温（K·Lewin）曾提出个体行为是个体的个性特点与环境的函数。用公式表示：

B=f（P·E）

其中 B 表示个体行为（behavior），P 表示个体的个性特征（personality），E 表示个体所处的环境（environment）。这个公式反映了人的行为最一般的规律，说明人的行为是由他本人的主观因素和他所处的环境的因素共同作用的结果。对人的社会行为规律认识的程度，是社会心理学这一学科成熟度的重要标志，也是社会心理学理论应用于实践的基本前提。因为，只有掌握了人的行为的规律，才能预测、引导和控制人的行为。

四、关于社会行为及其影响因素

在把社会行为规定为社会心理学研究的对象后，我们有必要对社会行为及其影响因素做些探讨。

1. 社会行为。行为这个概念原来是指有机体为适应生活环境而对环境刺激做出的生理与心理的反应。社会学家韦伯（M. Weber）把行为引入社会学，并以此为始点展开社会学的基本体系，韦伯那里的行为概念是指社会行为。作为社会心理学研究对象的社会行为是指生活在特定社会生活条件下的人们（个体和群体），对各种社会刺激所做的反应。人的行为产生不是随意的，而是在内外环境的共同作用下形成的，一般认为人的行为的产生要经过以下环节（见图 1－1）。一般认为人的社会行为是在一定的社会刺激下产生的，社会刺激是各种社会客体对人产生的直接或间接的作用。从社会心理学的角度看，作用于人的全部社会客体可分为两大类：一类为社会情景，这是与某个个体或群体直接

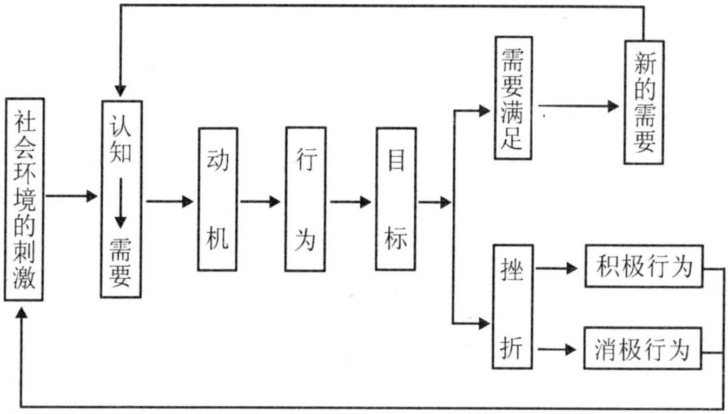

图1－1 人的行为基本模式图

发生联系的其他个体或群体；另一类为社会文化环境，包括社会政治制度、法律制度、经济地位与经济状况、社会规范、风俗、时尚、信仰、舆论、民族与阶级群体等。社会情景对人的作用是直接的、简单的，而社会文化环境对人的刺激则是间接的、复杂的。社会行为是人们对社会刺激做出的回答或反应。刺激是引起人们反应的前提，而反应则是主体受刺激后的内心体验和外部表现形式。在特定社会环境的作用下，个体产生某种社会认知和社会需要，一定的社会认知和需要又引起一定的社会动机，进而引发人们为实现某种目的的社会行为。而目标的实现伴随着需要的满足，又会转变为新的刺激，产生新的需要，引起新的行为。由此可见，人的行为的内过程与外过程是交织在一起的，从社会行为的形成来看，社会行为首先经历个体内部心理过程，当这一过程表现为外显行为时，实际上个体就进入了群体，个体行为就转化为群体行为。

社会行为具有三个基本特征，首先表现为社会行为既有主动性又有受动性。社会行为是对包括他人在内的社会刺激的反应，这种反应同时又可以成为对他人的刺激，形成社会生活中的互动性。其次，社会行为既有内隐性又有外显性。它是内在体验和外部表现过程的统一体。其三，社会行为既有个体性又有群体性。社会认知、需要、动机、态度等均属于个体社会行为，而从众、模仿、合作、竞争等则属于群体行为。

2．制约社会行为的因素。社会行为不是单纯的个人活动，它直接或间接地受到诸多主客观因素的制约和影响，主要表现为社会环境、文化和人格三个方面。

首先谈谈社会环境。马克思说“生产关系综合起来就构成了社会关系，构成所谓社会，并且构成为一个处于一定历史发展阶段上的社会，具有独特的特征的社会。①”因此，社会是历史的、具体的。人无法离开社会而生存，他的全部活动都是在特定的社会经济条件下进行的，这就决定了人对社会刺激的反应不可能是本能性的，而是社会性的。组成社会的人并不是孤立的人，而是处在以生产关系为主导的特定的社会关系网中，也就是处在一定的社会环境中。正像马克思指出过的，“人的本质并不是单个人所固有的抽象物，在其现实性上，它是一切社会关系的总和。”②人与社会的联系表现为各种各样的关系，有人和人的关系，人和物的关系，以及由此形成的社会制度、社会群体、社会关系、社会规范、国家法律、风俗习惯等等。社会对人的行为的影响，是通过这种由社会关系构成的社会环境发生作用的，我们把同社会生活主体发生联系的外部世界，统称为社会环境。社会环境是针对自然环境而言的，人从自然环境分化出来，上升为“万物之灵”后，通过各种活动不仅改造了自然环境，也创造出了特定的社会环境。人的行为受自然环境的影响，但更主要的是受社会环

① 《马恩选集》第一卷，人民出版社，1972年版，第363页

② 《马克思恩格斯全集》第一卷，人民出版社，1972年版，第18页

境的影响。自然环境的变化比起社会环境要缓慢得多，随着社会的发展，社会环境越来越复杂，对人的行为越来越发生着强有力的影响，它制约和改变着人们的社会行为。每个人都处在社会关系之中，各种社会心理现象无一不是社会的产物。任何人的心理特点、精神面貌都不可能是与生俱有的，都只能是特定的社会环境作用的结果。任何一个人如果离开了社会，尽管他具备心理发展可能性的一切素质，也不会发展为人性。

1758年，瑞典的生物学家林奈（Carl. von. linne）在创立生物学分类法时，就指出了在地球上有被野兽抚育长大的小孩存在。到20世纪50年代，世界范围内共发现了20多个兽孩，其中绝大多数是狼孩。由于他们在很小的时候离开了人类社会而与野兽共同生活，所以他们也就失去了作为人类社会一个成员所必须具备的各种社会行为。相反，在他们身上却发展出了各种适应野兽生活的行为习惯。即使是成年人离开了人类社会环境，其已经获得的人性也会丧失，可见，社会环境是人的社会行为的决定因素。所以社会心理学十分重视社会环境的研究。

其次是文化。文化也是社会环境的组成部分，它是文化人类学家的研究主题，同时也是他们用来说明人类行为的基本概念，许多人类学家一再申明，“我们在世界上不同民族中所发现的人类行为只能根据他们各自的文化来解释，而不能求助于‘人的感情’或‘心理倾向’”①。社会心理学必须研究人的社会行为与文化的关系，因为生活在不同文化背景下的人，往往具有不同的社会心理特点，显然，生活在中国传统文化背景下的中国人与生活在美国文化背景下的美国人具有不同的社会心理和社会行为，即使在中国不同地区、不同民族，其社会心理特点也存在不少差异。

那么究竟什么是文化呢？西方“文化”一词来源于拉丁文

① 怀特《文化科学》浙江人民出版社，1988年版，第133页

"Cultura"，意思是指耕作、培养、教育、发展出来的事物，是与自然存在的事物相对而言的。野生的禾苗非为文化，但人工栽培出来的麦、稻等则为文化；天然的燧石非为文化，但经过原始人打制的石刀、石斧则为文化……。可见，文化为人类创造的东西，而不是自然存在的事物。"文化"一词的社会学意义是随着19世纪以来社会学、文化人类学的发展而赋予的。这里我们不能不提到英国文化人类学家爱德华·泰勒（E. B. Tylor)，他在1871年出版的《原始文化——关于神话、哲学、宗教艺术和风俗的研究》一书中，第一次把文化作为一个中心概念提出来，并将它的含义系统地表述为："文化是一种复杂体，它包括知识、信仰、艺术、道德、法律、风俗，以及其余从社会上习得的能力与习惯。"①尽管泰勒的定义是描述性的，但却是第一次给了文化一个完整的概念，并为后来的社会学家和人类学家研究文化界定了一个基本的范围。泰勒之后，不少社会学家、人类学家、社会心理学家给文化重新下过定义。我们认为文化就是在一特定群体或社会的生活中形成的、并为其成员所共有的生存方式的总和。文化不仅包括价值观、行为准则、生活态度这类非物质的形式，也包括了体现这些非物质文化意义的物质表现形式。文化是有层次的，我们将一社会中起主导作用的文化称为主流文化，将某些群体所具有的既包括该社会的主流文化，同时又具有自身特点的生活方式称为亚文化。文化的内容非常丰富，我国社会心理学家孙本文把文化分为物质文化（指一切有形的具体实物)、社会文化（包括语言、风俗、时尚、法律、道德等)、知能文化（科学、技术等）和精神文化（包括宗教、艺术等）四类。② 文化和社会

① 引自司马云杰《文化社会学》，山东人民出版社，1990年版，第9页

② 参见孙本文《社会心理学》，商务印书馆，1935年版，第329页。孙本文所指的知能文化也属于精神文化，因此文化实际上应为三种：即物质文化、社会文化（或称行为文化）和精神文化。

对每一个具体的、现实的人来说，都是一种不以其意志为转移的客观存在，它们共同构成了人类除自然条件以外的全部生活环境，并也因此构成了人类行为的全部客观制约因素。所以社会科学家在说明外在世界对人的影响时，往往混用或并列使用“社会”与“文化”这两个概念；但是，“社会”与“文化”毕竟又是有区别的，社会由共享某种文化的、受制于特定关系的人构成，而文化则是该社会或群体共有的生存方式，是人类活动的产品或创造物。

最后谈谈人格。我们常听说某人人格高尚，某人人格卑鄙。这是从道德或伦理上对人的一种评价。又有人说某某人侮辱他人的人格，这是从法律规范的角度，说明某人侵犯他人的尊严或人身自由。但这些人格的意义不是社会心理学人格的主要意义。

人格这一概念起源于拉丁语“person”，其原意是“面具”的意思，因此有的心理学家将人格定义为个人的面目，是个人在社会生活中扮演的全部角色的综合。我们认为人格是在个体生理特点的基础上，在社会环境和文化的影响下形成的典型的、稳定的反应模式（或行为方式）。人格的产生是个体生理素质与特定社会文化环境相互作用的结果，人格一旦产生就具有相对的稳定性。人们社会行为的差异性，其直接的原因在很大程度上是由人格特点所致。社会心理学的兴趣在于研究人格的差异性及其影响人格形成的社会因素。具体的人格，既包含了独特的个性成分，也包含了由个人体现但又为某一群体成员所共有的群体成分。前者是规定一个人区别于他人的内在因素，后者则是规定一群体区别于他群体的内在因素。这种为一群体多数成员所共有的内在因素既是“这个群体共有的生活方式和基本实践活动的结果”，[①]也是社会学家和人类学家创设“社会性格”、“民族性格”“众数人

① 佛罗姆《逃避自由》，工人出版社，1987年版，第358页

格”等概念的理论依据。

社会性格的概念，是由法兰克福学派的弗洛姆（E. Fromm）明确提出来的，他在《逃避自由》一书中分析德国纳粹主义的社会基础时认为，纳粹主义之所以能够迷惑当时的德国人民，除了经济和意识形态因素之外，还有心理的原因，这就是德国社会中的下层中产阶级共有的心理特点，即对强者的爱和服从，对弱者的嫌恶和支配。弗洛姆对社会性格所做的规定是“一个集团的性格结构的核心，是这个集团共同的基本经验和生活方式发展的结果。”社会性格就是同一群体中多数成员所共有的心理特质和性格特点。社会性格依附于群体生活，它一方面建筑在个体人格的基础上，同时又是多数人共同的人格特点。因此，它是作为一种共性的东西，隐藏在个人人格的深处，成为对人格起作用的深层力量。

民族性格又称国民性，是一个民族大多数成员共有的反复出现的心理特质和性格特点的总和。民族也是一个群体，是在一定的地域、大体相同的社会生活和共同的语言、风俗、习惯、文化历史基础上形成的集团。因此，民族性格比一般的社会性格积淀得更深。民族性格起作用的范围比人格和一般社会性格要广泛，它像磁石一样，按照固有的磁力方向把全民族的性格吸引成一定的“型”，人们都是按照这个“型”来塑造自己的，而且越古老、历史越悠久的民族，民族性格越深沉、执着。

社会、文化和人格对人的社会行为的影响与制约不是孤立的，他们相互联系、相互作用，共同组成了人类行为的制约系统。

第二节 社会心理学的学科性质

关于社会心理学的学科性质，国内外社会心理学界还没有形成完全一致的看法。主要的观点可以分为三类：一是认为社会心理学是心理学的分支。这种观点以心理学家为代表，如美国社会心理学家G·奥尔波特认为“心理学的所有分支都是研究个体的科学，作为社会心理学当然是心理学的一个组成部分”。苏联社会心理学家安德列耶娃也认为“社会心理学是心理学的一个组成部分。”[①]我国学者也有不少人持此观点。二是认为社会心理学是社会学的分支。早期社会心理学家吉丁斯（F·H·Giddings）、埃尔伍德就认为“社会心理学是社会学的重要组成部分”，我国社会心理学家孙本文也曾说“应把社会心理学视为社会学的一个重要部门”[②]。持这种观点的人不及第一种普遍，实际上，他们并不是要将社会心理学纳入社会学之中，而是要使社会学成为“一门心理科学”[③]，如孙本文从芝加哥互动派心理行为理论出发，认为“社会学为研究社会行为的科学”，杨心恒也认为“社会学是研究人们的社会行为规律的科学”。三是认为社会心理学既不附属于心理学，也不附属于社会学，而是在社会学与心理学之间形成的具有综合性质的独立学科。随着时间的推移，持这种观点的人越来越多。我们认为社会心理学作为一门独立的新型学科，具有以下四个显著特点：

一、综合性

所谓综合性，就是在多种原有学科的基础上形成的新的学科，它既综合了原多种学科的特点，又具有原学科不具备的新特点。社会心理学就是一门由多学科组成的交叉性、综合性学科。特别是社会学、心理学和文化人类学是社会心理学的主要理论

① 安德列耶娃《社会心理学》，南开大学出版社，1984 第 5 页
② 孙本文《社会心理学》，商务印书馆，1946，第 31 页
③ 怀特《文化科学》，浙江人民出版社，1988 年版，第 79 页

来源。

社会学：社会学是从变动着的社会系统整体出发，通过人们的社会关系和社会行为来研究社会的结构、功能、发生、发展规律的一门综合性的社会科学[①]。也有人把社会学定义为“是关于社会良性运行和协调发展的条件和机制的综合性具体社会科学”。[②]也有人说社会学是研究社会关系的科学。它研究社会组织、社会结构、社会制度、人的社会化和社会角色以及社会问题等。现代社会心理学与社会学的关系十分密切，二者在理论方面有许多内在的相同之处，他们都非常重视从社会环境和个人的相互作用的关系上来分析人们的行为，重视人的社会行为与社会关系的研究。在研究方法上，社会心理学要运用社会学的知识和方法探索人在社会关系中表现出来的行为，研究人的社会化、社会角色、人际关系、群体心理都需要社会学的知识和方法。

在社会心理学形成的过程中，社会学家起了重要的作用。对早期社会心理学的发展有重要影响的人物是法国社会学家迪尔凯姆（E·Durkheim），他认为相互作用的情景能自然产生出规范，这些规范具有一种强制力，制约着而后的行为。法国的另外几名社会学家塔德（G·Tarde）、黎朋（G·LeBon）等人主要研究了人们面对面的互动过程，研究了暗示、同情等问题。1908 年，美国的社会学家罗斯出版了《社会心理学》教科书，集社会学者之大成，对社会心理学做了系统的阐述。

心理学：心理学是研究人的心理活动规律的科学。人的心理是在内外环境的影响下形成的，并对人的行为起着引导、调节和维持的作用。所以西方心理学家把心理学定义为研究人的行为规

① 韩明谟主编《社会学概论》，中央广播电视大学出版社，1997 年版，第 14 页

② 《社会学概论新修》，中国人民大学出版社，1994 年版，第 1 页

律的科学。社会心理学要借鉴心理学观察、实验等方法研究社会心理学的规律，要运用心理学已阐明的心理活动的一般规律，解释社会心理现象。如用联想的接近律和对比律解释群体的沟通、广告心理、时髦现象；用个性理论解释社会交往、社会定势和社会适应等社会行为。社会心理学受益于心理学关于人格、行为等基本概念及其实验方法等成果，以个体一般心理过程为基础，着重研究个体与社会文化环境之间的关系。心理学与社会心理学都研究人的行为，但心理学所研究的行为是个体在任何环境下表现出的行为，研究范围是个体行为过程及其生理机制。而社会心理学是研究人们在特定社会环境下的社会行为，研究社会环境和个人行为的相互作用，涉及范围既包括社会环境下的个体行为，也包括群体行为。

文化人类学：文化人类学是研究人类文化的起源、演化和发展以及不同时代和不同地理环境的人类文化结构和功能的科学。文化人类学对社会心理学的贡献主要表现在特定社会环境中人的行为与人类社会的起源理论，人类社会行为以及人类和文化的关系等。在人的行为中，文化性的行为多于生物性的行为，人类通过不断社会化的学习过程，使行为超越了本能的行为，在特定的文化环境中形成特定的价值观念、规范、风俗、习惯和民族性等。由于各国文化背景的差异，其所熏陶出的民族性格也不同。因此社会心理学的研究离不开文化人类学的基础。

除此之外，政治学、管理学、伦理学、生物学、生理学等都是社会心理学的理论基础，一起推动着社会心理学的发展。社会心理学的发展所产生的“反哺”功能，又为母体学科的进一步发展注入了活力。

二、独立性

无论从社会心理学的研究对象、方法，还是理论体系来看，社会心理学都是一门独立学科。它虽然是在社会学、心理学和文化人类学等学科的基础上形成的，但它不是某一学科的附属物，也不是上述多种学科的简单相加，它具备以上学科不具备的全新的性质和特点。

首先，从研究对象看，社会心理学研究在特定社会环境下正常人及其群体社会行为发生、发展和变化规律的科学。它吸收了社会学、心理学和文化人类学理论和研究成果，但并不是母体学科的附属物，社会心理学就是因为已有的学科不能解释社会发展过程中诸多社会现象而产生的。因此从它一产生，就确定了其特殊的研究对象和研究范围，并具有完整的研究内容（图 1－2）。

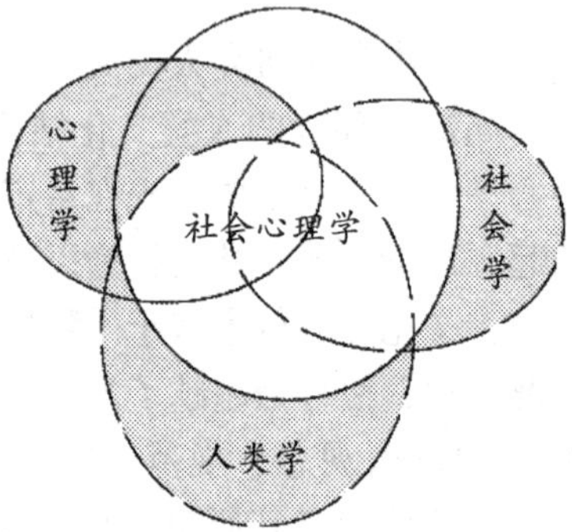

图 1－2 社会心理学与相邻学科的关系

其次，有自己独特的方法。社会心理学之所以成为一门具有自己独特存在价值的现代科学，除了具有自己独特的研究领域和研究对象，还在于在社会学、心理学和人类学等学科方法的基础上形成了自己完整的方法体系，在对人类社会行为研究的过程中采取了一系列特殊而有效的方法和程序。

其三，社会心理学发展出了一套有效地解释社会行为的理论。

正因如此，我们说社会心理学是一门独立的学科。它既不属于其他任何学科的分支，也不能被其他任何学科所替代。

三、层次性

层次性反映了社会心理学的结构特点，因为社会心理学探讨人的行为与社会环境之间的关系，使社会心理学的研究对象具有多层次的特点。根据从微观到宏观的顺序，我们把社会心理学分为以下四个研究层次：

1. 个体社会心理和社会行为。探讨社会文化因素对生活在这一环境下的个体的作用及其个体的行为规律。属于这个层次的内容有人的社会化、自我意识、社会认知、社会动机、生活态度等。

2. 人际关系。探讨社会环境中人与人之间的相互作用及其关系。包括社会角色、人际交往、人际沟通、社会期望、利他行为、侵犯行为等。

3. 群体行为。社会不是由单个的个体直接组成的，而是个体通过群体或组织组成的。因此探讨群体行为是社会心理学的重要内容，包括群体规范、群体内聚力、社会促进、社会互动、集群行为以及民族心理、性别差异等。

4. 社会环境。研究社会环境的特点、发展变化规律以及对个人及其群体行为的影响。这方面的主要内容有大众传播、社会舆论、社会运动、社会文化变迁等内容。

社会心理学的各个层次并不是绝对的，对任何一个层次的研究都不能孤立进行，各个层次交织在一起，相互影响、相互制约，构成了社会心理学研究的整体。

四、应用性

任何理论或技术如果在社会实践中无用武之地，便没有存在的必要。社会心理学是一门应用性极强的科学。社会心理学所考虑的问题同社会生活有着最为密切的关系，[①] 从某种意义上说，社会心理学与普通大众所思所虑的联系，正是这门学科的生命力所在。事实上，不仅社会心理学的产生来源于人们为解决与现实生活有关的社会心理问题的迫切需要，而且社会心理学在日后的每一步发展都直接从社会需要中获得了巨大的动力。20 年代这一动力来自工业生产的实际需要，“霍桑实验”发现了工人的士气与生产效率的关系。30 年代这一动力来自世界经济的萧条和社会的动荡不安，社会舆论、流言与谣言、种族关系和价值冲突、民意及其测量都成为当时不得不研究的课题。40 年代这一动力来自第二次世界大战，信仰、偏见、劝导、态度及其转变、民族性格等成为这一时期的主题。五六十年代是社会发展相对稳定平和的时期，为社会心理学提供了全面发展的机会。其研究范围几乎触及了人类社会生活的各个领域，许多社会心理学的分支相继出现。如环境社会心理学要研究人和生活环境之间的关系，研究噪音、污染、自然灾害对人的社会心理的影响，研究居住环境的设计和安排应如何适应人的心理的需要；健康社会心理学要研究某些身心疾病与社会因素之间的关系；法律社会心理学要研究犯罪心理的形成和犯罪行为的发生规律，研究预防、预测犯罪的措施；宣传社会心理学要研究电影、电视、广播、报纸、杂志、图书馆对人的态度的改变作用，以及如何引导人的行为朝着有利于社会需要的方向发展；教育社会心理学要研究教育环境

① 正是这个原因，社会心理学也往往受到人们的轻视和嘲笑，认为社会心理学的理论不过是从日常生活的普通假设中套搬过来的。社会心理学是对社会生活、对人在社会中的所思所虑、所作所为的本质思考。因此，一个人在社会生活中八面玲珑、如鱼得水，可能并不能改变他对社会生活及人类行为一无所知的事实。社会心理学的理论既有来自母体学科的内容，也体现在它本身提出的一系列有别于其他学科的理论体系与学术观点之中。

(社会风气、传播媒介、学校、班级的特点) 对学生发展的影响，促进学生的全面发展……。可以说每一种事情，每一类人都有其丰富的社会心理学研究内容。在一些发达国家社会心理学的社会职能在社会生活中体现的越来越明显，在社会政治、经济、文化、教育、医学、卫生、社会管理、法律、宣传、宗教、公共关系等诸多领域，都有许多社会心理学家从事实际应用工作。社会心理学的许多研究成果已经转化为“直接的生产力”。

第三节　社会心理学的产生与发展

19 世纪末 20 世纪初，随着资本主义的发展，社会矛盾日益尖锐，新的社会问题不断涌现，为了解决这些问题，稳定社会，需要对这些社会问题以及产生这些问题的原因进行研究。社会学和社会心理学都是在这种背景下产生的。关于社会心理学的创始之年一直是一个莫衷一是的议题，有人认为，社会心理学创设于 1897 年，这一年美国人特里普利特 (N.Triplett,) 对“竞争”现象进行了研究，这是社会心理学领域的首次实验结果。也有人认为，社会心理学创设于 1908 年，这一年，美国社会心理学家爱德华·罗斯和英国心理学家威廉·麦独孤分别出版了以社会心理学命名的同名教科书。也有人认为，社会心理学创设于 1924 年，这一年，美国社会心理学家 F. 奥尔波特在对群体进行系统研究的基础上出版了《社会心理学》一书。正是这种不统一，社会心理学界一般采用美国当代社会心理学家 E. P. 霍兰德的“三阶段理论”。1976 年他在《社会心理学的原则与方法》一书提出可将社会心理学的发展划分为社会哲学、社会经验论和社会分析学三大阶段。我国社会心理学界相应提出了社会心理学发展的三个时期：孕育时期、形成时期和确立时期。

一、社会心理学的孕育时期

社会心理学同社会学、心理学一样，在其形成之前都依附于西欧思辩哲学的母体中，尽管我们无法从中寻找出社会心理学方面的直接论述，但不难发现其中不少涉及这个领域的思想观点。作为哲学这一母体，论及社会心理学的主要有两条基本线索：

其一，源于古希腊的苏格拉底和柏拉图。他们认为，人性虽然不能摆脱生物遗传的纠缠，但却可以受到环境和教育的影响，因此认为人的行为是由社会决定的。柏拉图在《理想国》一书中企图设计一种社会，使其中的孩子因适当的教育而得到适当的塑造。这一观点为康德、歌德和卢梭等人所继承并得到进一步的发展。他们认为人具有潜在的善性，使人变得邪恶的原因是邪恶的社会，要改变人性首先要改变社会。卢梭致力于探究人类不平等的起源以及克服这种不平等的办法。认为在原始社会的自然状态下，人们漂泊于森林中，“没有记忆，没有语言，没有战争”，人人都自由平等。后来有了私有制，出现了贫富的对立，这是社会不平等和一切罪恶的根源。在小说《爱弥尔》中他表达了对人性及教育的基本看法。他认为婴儿诞生时本来是完美无缺的，教育的责任就是保护这种完美。他强调儿童的爱好和儿童的个性，教育要促使儿童自由地发展，小说塑造的爱弥尔就是理想社会教育出来的理想少年。他的《社会契约论》是以他的人性观为基础提出的社会改革论，他认为自由和平等是人类最大的善，但在自然状态下人不能生存，因而要用契约组成社会，受社会共同意志的约束。根据契约论的观点，他提出民主的思想，强调人民的意志是主权者，社会的领导者只能是共同意志的执行者，应该受到人民的监督，以防止执行者个人意志篡夺人民意志。他曾经讲过“人生来是自由的，却处处都在桎梏中”，“不服从共同意志的人应当强迫他服从，也就是强迫他自由”。新行为主义者斯金纳的《超越自由与尊严》、《沃登第二》等一系列著作也都与这一来源一脉相承。

其二，源于古希腊的亚里士多德。亚里士多德是柏拉图的学生，他认为社会源于人的本性，而人性又是由生物或本能的力量支配的，人只能在生物性的基础上建立仁爱和文明的社会。与社会心理学有关的著作有《论灵魂》、《论演说》、《论理学》和《政治学》等。他的许多著作为当代社会心理学开辟了诸多的研究领域。如《论演说》中讨论演说家如何支配听众的情绪，与现代心理学关于宣传、劝说、态度的改变有密切关系。他在《诗学》中提出的“宣泄说”孕育了佛洛伊德的“心理动力说”，进而影响到当今社会心理学对人类侵犯行为的研究。《论理学》和《政治学》论及了人的自制和人与人的关系等社会心理学问题。

二、社会心理学的形成时期

19 世纪下半叶到 20 世纪初，是人类社会发生重大历史变化的时期，伴随着工业文明的进步和由此带来的整个资本主义世界的相对稳定的发展，许多学科都发展起来。这一时期，与阐述人及人类社会本质有关的社会学、心理学、文化人类学都逐步确立起来。为现代社会心理学奠定了基础。社会心理学成为一门独立的学科，一个重要的原因就在于当时已有的学科（如社会学和心理学）无法解决伴随社会发展而带来的某些社会问题。

这一时期影响社会心理学发展的因素相当复杂，一方面，达尔文进化论的提出结束了对人性的思辩讨论，使心理学家倾向于从生物学和人类学的研究中吸取对人类本性的理解，并从进化论的观点理解人类社会的进化。另一方面，社会科学的研究成果也吸引了科学家的注意，社会对个人的影响越来越重要。特别是资本主义大工业和都市化的发展，多种社会问题的出现和社会生活范围的扩大迫使人们关注社会心理学的研究。

在这一时期，形成了一系列被不同的社会心理学家视为社会心理学形成的标志的重大事件。其中包括：

1895 年，德国人 M. 拉扎勒斯（M. Lazarus）和 H. 施泰因塔尔（H. Steinthal）主编的《民族心理学和语言学杂志》，借助哲学、人类学和史学的取向对民族的语言、风俗、习惯进行了研究，发表了许多民族的民间传说、风俗习惯和宗教信仰的资料。他们假定存在不同的民族心理，他们发现挪威人看问题与印地安人和意大利人不同，这里提出了群体中个人社会心理形成的共同规律问题。

1875 年，德国学者 A. 谢夫勒（A.schaffle）首先在现代意义上使用了“社会心理学”一词。在《社会躯体的结构及其生活》一书中，沿袭了斯宾塞和孔德的传统，用大量的篇幅论述了社会生活中的心理状况和民族意识。20 年后，A. 斯莫尔（A·W·small）和 G. 文森特（G·Vincent）在美国首先使用了“社会心理学”一词，并将社会心理学列为《社会研究导论》（1894 年）一书的重要章节。

1897 年，美国人詹姆斯·鲍德温（J·Baldwin）以“一种社会心理的研究”为《心理发展的社会和伦理解释》一书的副标题，声称“与其说人是社会的单位，不如说人是社会的结果”。接着，法国人 G. 塔德写出了《社会心理学研究》一书。10 年后，英国心理学家威廉·麦独孤和美国社会学家爱德华·罗斯分别写出了第一本社会心理学的同名教科书，标志着社会心理学家在这一时期取得的最高成就。

三、社会心理学的确立时期

19 世纪 20 年代以前，社会心理学尽管已经成为一门独立的学科，但从整体上看，仍然没有完全摆脱哲学的思辨和抽象性质。从 20 年代开始，伴随着各种实证手段的运用，社会心理学完成了其在这个发展过程中具有革命意义的转折，即由“社会经验论”阶段进入了“社会分析论”阶段。其重要特征是：社会心理学从描述转变为实证，从定性转为定量，从理论转变为应用，从大群体分析转变为小群体和个体研究。这一系列的转变标志着这一学科逐步走向成熟。这一阶段的研究众多而分散，只选取以下三个方面略做说明。

1. 奥尔波特与实验心理学

F. H. 奥尔波特是具有极端个人心理学倾向的社会心理学家，他创立的社会心理学中的实验方法以及有关实验成果都具有划时代的意义。在 1916～1919 年他在前人的基础上进行了一系列有关“社会促进”的实验，富有成效地观察到合作群体中存在的社会刺激对个人工作效率的影响。此外，他还对从众、群体中的态度实验和人格特征等问题进行了研究。在奥尔波特的影响下，小群体和个体的研究成为二三十年代社会心理学研究的主要趋势。其中为人们所熟悉的有以下几项：

瑟斯顿（L. L. Thurtone，1928）和李凯尔特（E. A. Likert，1932）对态度测量的贡献，前者提出了态度量表的结构（这是有史以来的第一个量表），后者对量表的结构进行了简化，他把态度的强度从强烈同意到强烈不同意分为 5 级或 7 级，如下图所示。

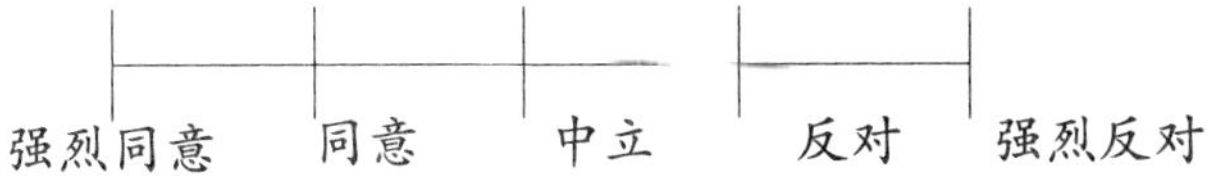

这种测量方法现已广泛应用在各种民意测验和等级评定中。

谢里夫 1935 年完成了有关社会规范形成的研究，发现人们的认识受以往学习和现在态度的影响，但在群体中却主要受制于群体认识的影响。这一实验是五六十年代阿什（S. E. Asch）的从众行为研究和米尔格雷姆（S·Milgram）的服从行为研究的先导。

K. 勒温对群体动力学的研究。他对种族歧视、人际关系、群体形成、群体内聚力、领导作风等问题进行了一系列的实验和理论研究。他认为群体是一个整体，具有自身的特性，只有依据群体所处的社会环境和当时的时代精神才能理解群体的动力。他研究了领导作风与群体内聚力的关系，认为民主的气氛会引导一种更富有内聚力和更具创造力的群体。在这些研究的基础上形成的群体动力学至今仍对社会心理学的研究产生着重要影响。

2. 米德的社会学传统。社会心理学作为一门研究人类自身行为的科学，用自然科学的实验室实验方法来研究社会行为，显然有很大的局限性。以乔治. 米德为代表的美国社会心理学家所从事的研究，在一定程度上弥补了这一不足。他的《心灵、自我和社会》一书，为后来被赫伯特·布鲁默（H·Blumer）称之为“符号互动论”的社会心理学奠定了基础。他通过分析社会生活中的互动来理解社会行为的思想，直接孕育了后来形成的诸多社会学倾向的社会心理学理论。如萨宾（T·sarbin）的“社会角色理论”、海曼（H·Hgmam）的“参照群体理论”、戈夫曼（E·Goffman）的“社会戏剧理论”以及勒墨特的“社会标签理论”都与米德的“符号互动论”有着这样或那样的联系。

在具体研究方面，社会学家的经验研究主要有这样几项：

三四十年代进行的有关社会心理和社会流动的调查，代表作有罗伯特. 林德的《中镇》和沃纳的《杨基城》，他揭示了一个人的社会地位对其世界观的影响。

30 年代对民意、恐慌、流言与谣言的研究，其中最富有成效的是美国社会学家乔治·盖洛普（G·Gallap）1935 年运用分层抽样的方法进行了科学的民意测验。它一方面导致了民意测验在美国的迅速发展；另一方面同 20 年代由心理学家梅约进行的“霍桑实验”一起，将社会心理学引向了应用。

3. 文化人类学的贡献。社会心理学产生在西方，这就促使人们把西方文化影响下的西方人的行为以及这些行为所遵从的标准当成是全人类的。从认识论角度看，人类普遍有一种以自身及自己的生活标准判别他人行为的倾向，这也是种族中心主义形成的原因之一。马克思曾对此进行过精湛的分析，“在不同的所有制形式上，在生存的社会条件上，耸立着各种不同的情感、幻想、思想方式和世界观构成的整个上层建筑，……通过传统和教育承受了这些感情和观点的个人，会以为这种感情和观点是他的行为的真实动机和出发点。①”

由于文化人类学研究的性质，使文化人类学家首先突破了自身认知的限制。在与外族及外族文化的直接接触过程中发现，先前社会心理学对人的行为模式的阐述并不具有绝对的普遍意义，进而他们宣称：“人类学家关心的是整个人类的行为，不单单是一种传统（如我们自己的传统）所塑造的行为，而是无论什么传统所塑造的人的行为。②”从20～40年代，由文化人类学家完成的社会心理学研究主要有以下几项：

英国人类学家马林诺夫斯基进行的有关新几内亚特罗布里恩德群岛土著居民心理的研究。他在1927年出版的《原始社会的性与压抑》一书中，运用其研究成果批驳了弗洛伊德关于“俄迪浦斯情节”在人类心理发展中具有普遍性的观点。

20年代末30年代初，美国文化人类学家马格丽特．米德在她对南太平洋上的萨摩亚群岛和新几内亚的现场研究基础上，分别出版了《萨摩亚人的成年》（1929）和《三个原始部落的性别与气质》（1935）。前者提出，青春期危机并不是伴随着生理成熟

① 《马恩全集》第八卷，人民出版社，1960年版，第149页

② 本尼迪科特《文化模式》，浙江人民出版社，1987年版，第1页

而必然出现的生理反应。①后者则认为男性和女性的心理特征并不依赖于生物学的性差异，它们是特定社会的文化条件的反映。②

1934年，美国文化人类学家本尼迪克特在《文化模式》中，探讨了人的心理和行为特征与所处的文化之间的关系。③

四、社会心理学研究的现状及趋势

20世纪40年代以后，社会心理学得到了进一步的发展。第二次世界大战的爆发刺激了美国社会心理学的繁荣，社会心理学的研究成果也为战争做出了贡献。如心理学取向的社会心理学家霍夫兰德（C.I.Hovland）进行的沟通与说服实验，对说服、宣传、态度的改变做出了贡献。社会学取向的社会心理学家拉扎斯菲尔德（P·F·Lazarsreld）根据1940年进行的美国战时总统选举的调查，发表了《人民的选择》（1945）一书，对大众传播的社会心理功能进行了出色的描述。文化人类学取向的社会心理学家将先前本尼迪克特开创的关于原始民族心理和行为的文化思考转向了对现代社会国民性格的比较研究，M·米德的《一个人类学家眼中的美国人》(1942)和本尼迪克特的《菊花与刀》（1946）对美国的战争动员和对日政策的制定都产生了直接影响。

20世纪的50～60年代，由于战后资本主义的繁荣，为社会心理学的发展提供了良好的时机，社会心理学的研究范围几乎涉及到人类社会行为的各个方面。各种社会心理学理论层出不穷，在心理学的社会心理学中，除了早期的精神分析理论、群体动力学理论外，在华生、赫尔和斯金纳的影响下又形成了学习理论，

① M. 米德《萨摩亚人的成年》，浙江人民出版社，1988年版

② M. 米德《三个原始部落的性别与气质》，浙江人民出版社，1987年版

③ 本尼迪克特《文化模式》，浙江人民出版社，1987年版

在勒温的影响下形成了社会认知理论。在社会学的社会心理学中产生了社会交换理论、参照群体理论和社会角色理论。与此同时，社会心理学在世界各国也取得了较快的发展。

1. 现代社会心理学的危机。历史往往在人们对它寄予太多希望的时候，会发生令人失望的转折，美国社会心理学在经历了五六十年代的鼎盛期后，从 60 年代末开始进入了危机阶段。在这场危机中，黑人运动、妇女运动、反战运动以及以“全球大造反”为标志的青年运动此起彼伏，社会处于激烈的动荡中。面对日益严峻的现实，许多人呼吁社会心理学家“应该走上街头，迅速解决最迫切的社会问题”①，但令人遗憾的是社会心理学家却一时手足无措，他们无法为医治社会疾病提供良方。这导致了以往作为一般大众心目中“宠儿”的社会心理学开始失去人们的信任。有人甚至形象地说，1968 年的青年运动象一张试纸，检验出了西方社会心理学的不成熟性。

围绕着社会心理学危机的原因，学者们给予了不同的理解，寻找出各种各样的原因。在美国，许多人尖锐地指出，社会心理学的知识是建立在欺骗手段使用的前提上的，象阿希、米尔格拉姆（S. Milgram）那样的经典实验，不凭借欺骗就得不出任何有意义的结论，而这显然是违反社会道德的。……但也有人认为，社会心理学的所谓“现代特征”即实证主义、实验主义和个体主义，是危机的重要原因。②

实证主义对社会心理学挣脱哲学的怀抱，成为一门独立的现代科学，做出了巨大贡献。但是实证主义在现代社会心理学中的盛行，直接造成了两个相互联系的恶果：一是对研究方法和技术手段的过分崇拜，另一个是对理论研究和理论综合的极端轻视。

---

① 伯克威茨《社会心理学》，吉林人民出版社，1988 年版，第 4 页

② 参见周晓虹《现代社会心理学》，上海人民出版社，1997 年版，第 59 页

这种对理论的虚无主义态度，使人们对理论的兴趣降低到最低的程度。结果，“在报纸、杂志和教科书中塞满了特殊的和个别的调查研究”，使“一些研究似乎停滞在对琐屑工作的悉心修补上”①，这样就使得整个社会心理学缺乏理论综合，无法对涉及人类社会发展和人的行为本质的问题做出成功的解释。

实验主义同实证主义一样，也功过兼半。从积极的意义上说，实验法增强了社会心理学的科学性，使之摆脱了空谈与臆想，在使社会心理学由形而上学向科学转变过程中起到了决定性的作用。但伴随着现代社会心理学的发展，当实验法成为这一学科占主导地位、甚至是唯一的研究方法的时候，这种“唯实验才科学”的实验主义也造成了越来越明显的两大弊端：第一个弊端是与社会现实相脱离，割裂了社会心理学研究同现实社会的联系。这是实验法的天然局限造成的，因为在实验室中是极难将一些重大的历史过程作为研究对象的。如尽管对有关暴力、侵犯和社会动乱方面的实验不胜枚举，但由于其与社会现实相脱节的抽象化倾向，使得这类研究及其结果不能解释更不要说防止像 60 年代美国出现的社会大动乱。就像 G. 墨菲一针见血指出的那样，“从实验室中的‘社会助长’问题研究到理解校园内的动乱或国际间的仇恨还有很长一段距离。”②第二个弊端是造成了“价值中立”或“文化中立”的假象。在孔德提出实证主义后的相当一段时间中，人们深信社会科学应该也能够像自然科学那样，消除主观偏见，以价值中立或文化中立为原则，客观地、不带价值判断地揭示社会行为和社会现象的内在规律。但大量的事实证明，包括实验法在内的各种实证手段不仅不能保证社会心理学研

① 参见周晓虹《现代社会心理学名著菁华》，南京大学出版社，1992 年版，第 416 页

② 墨菲《近代心理学历史导论》，商务印书馆，1980 年版，第 613 页

究的客观性，反而因为学者们放松了对研究可能受到主客观影响的警觉，使许多研究离科学性和客观性更远。

由心理学倾向占主导地位造成的个体主义，曾有效地抵制了早期社会心理学家将“群体心理”视为超个体的精神实体的唯心主义错误，在实际研究中，使研究者能够直接而便捷地获得数量资料，使社会心理学的定量研究成为可能。但从社会心理学的整个发展看，由于个体主义立场从根本上混淆了个体与群体的辨证关系、完全否定了群体的现实性及其对个体行为的制约，对现代社会心理学有较大的消极作用。大多数学者习惯于从行动者个人的认知、经验、人格特征入手去寻找社会行为的原因，导致了现代社会心理学缺乏对宏观社会过程的理论解释，以及把现实中的个体置于广泛的社会生活中去考察的社会性。这种社会心理学割断了人们的社会联系，自然也难于服务现实社会。

危机使社会心理学家认识到“要建立真正的社会心理学，就必须改弦更张，把当前这种抽象社会活动的研究变为对社会关系的具体研究。”①因此，自70年代以后，美国社会心理学研究形成了这样一种趋势，即对从社会学角度研究社会心理学的普遍关注。在美国之外，一个世界范围的社会心理学本土化运动日益高涨。

2. 社会心理学研究动向。从许多资料来看，美国的社会心理学发展最快。许多大学都开设社会心理学课，并且有庞大的社会心理学专业队伍（有5 000多社会心理学的专业人员和一批享有盛名的社会心理学家）。美国社会心理学强调研究群体情景下人际关系中的个人心理及行为。近些年来研究的群体范围由小群体扩大到大群体，在研究方法上由偏重实验室研究发展到重视现

① 卡尔. 拉特纳《美国社会心理学的历史与现状》，中国社会科学，1984年，第2期

场研究法。越来越多的人主张对社会心理现象要采用多种研究方法进行综合研究，可以取长补短。

在日本，加强社会心理学与社会现实的联系的趋势也日见明显。从1966～1982年的日本《社会心理学年报》发表的文章就可以证实：群众交往社会心理学研究（1966）、战争与和平的社会心理学（1967）、社会不安宁的社会心理学（1968）、现代人际关系的社会心理学（1969）、领导和社会群体结构的社会心理学（1970）、冲突社会心理学（1971）、对时代的社会适应（1972）、环境社会心理（1973）、语言、符号与沟通（1974）、生活方式社会心理学（1975）、民族社会心理学（1976）、会议社会心理学（1977）、关系社会心理学（1979）、持续和变化的社会心理学（1980）、家族解体社会心理学（1981）、灾害社会心理学（1982）[①]。进入70年代后，日本社会心理学界出现了三大动向：①摆脱了假说的验证阶段，进入实证化阶段；②加强了同社会学、心理学、文化人类学、政治学、经济学、管理学等一系列行为科学的联系；③研究课题广泛地面向实际，从理论探索转向应用研究。

苏联的社会心理学经过50年代末和60年代初的大讨论之后，得到了进一步发展，据1977年统计，社会心理学的文献已达2 500多种。70年代末，社会心理学朝着深入研究个性、小群体和集体问题的方向发展，社会心理学家的触角已伸向社会规划、社会管理、工业生产、日常生活、婚姻与家庭、大众传播等领域。在理论研究方面，安德列耶娃的《社会心理学》和《西方现代社会心理学》在内容的丰富性、体系的完整性和理论的深刻性方面都较之前进了一步。在实际研究方面，热心于解决由科技革命、政治改革和社会变革引起的各种社会心理问题。帕雷金声

① 管连荣《四十国心理学概观》，山东教育出版社，1985年版，第103页

称“社会心理学要敢于大胆地提出和解决社会生活中各种骇人听闻的问题，不要怕做安宁的打扰者。”①

在我国大陆，1981 年恢复社会心理学研究，近 20 年来大陆的社会心理学从无到有，从小到大，得到了迅速发展。先后撰写、翻译的教科书和专著有 50 余部，其中影响较大的如时蓉华的《社会心理学》、孔令智的《社会心理学新编》、孙晔、李沂的《社会心理学》、沙莲香的《社会心理学》和周晓虹的《现代社会心理学》等。在应用方面，有人统计近 20 年来发表的数百篇论文，大都与应用有关。不少社会心理学工作者深入基层，完成了一系列范围不等的社会心理调查，为政府改革方针的制定提供了科学依据。但也应看到，我国的社会心理学还处在刚刚起步阶段，人们一方面对社会心理学怀着浓厚的兴趣；另一方面又不知从何下手才能切合实际地研究中国社会的具体问题。因此，和社会心理学出版物极其“繁荣”相对应的是有深度的理论与现实研究极度“贫困”。立足于改变这种状况可以说是今后中国社会心理学研究的重要任务。

关于社会心理学未来的发展趋势，目前大多数社会心理学家都已经意识到改造社会心理学现有知识体系的必要性和紧迫性，他们从各种可能的角度提出了一系列富有远见卓识的设想，综合这些设想可以发现以下三个趋势：②

1. 社会心理学在今后的发展中将呈现出本土化和世界化相统一的趋势。没有本土化，社会心理学就不可能在一个国家或民族的社会文化结构中扎根；而没有世界化，一国或一个地区的社会心理学就无法参与该学科的全球合作，无法为揭示人类社会心

① 参见龚浩然《从两次大辩论看苏联社会心理学的发展》，心理科学通讯，1983 年第 1 期

② 参见周晓虹《现代社会心理学》，上海人民出版社，1997 年版，第 77～78 页

理与社会行为的共同规律做出自己的贡献。

2. 社会心理学的发展将呈现出实证主义与人文主义相并存的趋势。

3. 社会心理学在今后的发展中将会呈现各种研究取向相综合的趋势。具体说，将继续沿着两个方向变动，一是由于心理学化造成的社会心理学的危机，促使学者更多地从宏观的社会文化因素入手探讨人类行为的原因；二是由于分子生物学和分子遗传学的发展，使人们有可能从微观的生物遗传因素入手，重新探讨人类行为的先天和遗传倾向。

第二章

社会心理学的研究方法

社会心理现象是人们自古以来就十分关注的现象。一般人和社会心理学家都关注和考察这类现象，他们得出的看法和结论可能一致，也可能不一致，无论一致与否，这是两个不同的结果。一般人在日常生活中形成的对社会心理现象的看法，往往受个人经验和主观因素的影响，他们收集的资料是偶然的，不系统的，对资料的解释也往往以个人的经验为依据。心理学家对社会现象的研究则不同，他们采用客观、科学的方法进行研究，采用标准化的方法系统地收集资料，分析资料，并以报告的形式发表出来。他们在研究过程中要尽量避免偏差，其结果可以重复,别人可以验证。因此，他们得出的结论往往不同于一般人的看法，即使看法是一致的，两种结果的意义也不相同。一种是个人经验得来的，一种是经科学方法验证的。

第一节　社会心理学方法概述

一、社会心理学方法的重要性

“工欲善其事，必先利其器”，这是一句脍炙人口的格言。显然，如果没有这些“利器”，再高明的工匠也不能做出高质量的产品。在社会心理学的发展过程中，人们积累了各种各样的研究社会行为的方法，这就是我们了解和研究人的社会行为的“利器”。就像过河必须架桥或备船一样，过河是目的，架桥或备船是实现目的的手段。在谈到科学研究时，巴甫洛夫指出“方法是首要的、基本的东西。研究上的重要关键都决定于方法和进行的方式。一切事情都在于有好的方法。在有好的方法时，才能不大的人，也能做出许多事情。而在没有好的方法时，即或是有天才的人来工作，也是徒劳无益的，得不到有价值的结果。”①因此，科学的方法对社会心理学的研究十分重要。

我们每个人都在社会中生活，都有自己对社会的感受、理解和对人的社会行为的解释，但这些感受、理解和对人的社会行为的解释往往是经验的，不可靠的，国外一位社会学教授，在上课之前为学生出了一个简单的测试题目，是关于自杀的：妇女是弱者，所以妇女在总体上要比男子自杀的多；穷人生活有困难，面临更大的社会困难，因此穷人要比富人自杀的多；老年人年迈体衰、孤独无望，因此要比年轻人自杀的多；冬季是寒冷的季节，人们情绪容易低落，因此冬天自杀的要比夏天多，等等，一共有十几个问题，让学生判断是对还是错。结果学生基本上认为以上

---

① 《巴甫洛夫全集》第五卷，第26页

结论是对的。而科学研究的结果证明以上结论是错误的。因为人们的日常经验有很大的局限性。它只是个别的、特殊的、少量的，因此不具有代表性，甚至是错误的。正如人们都“亲眼看到”太阳是围着地球转，但哥白尼的“太阳中心说”却推翻了所有人的经验，科学地证明了“地球是围着太阳转的”。可见经验是靠不住的，虽然它对个人生活可能是有用的，但是并不是普遍的真理。科学研究的是普遍性，是事物的规律。我们所说的“实事求是”不只是简单地从事实出发，重要的是看事实是否有代表性，有时候，个别事实不能说明任何问题，列宁曾说过，任何荒谬的结论都可以找到它的事实根据。

研究方法总是同具体对象发生关系,社会心理学的研究材料只能是那些能说明个体、群体社会行为特点的材料以及与社会心理现象相关的各种具体材料。社会心理学不允许在没有任何具体对象材料的情况下,对个体或群体的社会行为做出任意的说明。这是由社会心理学的重要性和严肃性所决定的。社会心理学研究的目的有三个方面,即解释、预测和控制。解释是社会心理学研究的基本目的,解释某种社会行为或社会心理现象需要真实的材料,而科学的方法可以使我们获得这些资料。预测是指在掌握人们社会行为规律的基础上,预见在某种社会环境下可能出现的社会行为。控制则是在预测的基础上采取一定措施减少或避免人们不符合社会要求和社会规范的行为,引导人们的行为向着合乎社会要求的方向发展。没有科学的方法,社会心理学的研究就会局限于对经验和现象的一般描述,不能成为解释社会行为的科学原理,也就失去了对社会的指导意义。对于社会心埋学工作者来说,不掌握和运用科学的研究手段,也难以对社会心理学的理论与实践做出开拓性的贡献。

二、社会心理学方法论和原则

社会心理学面对的是千头万绪的社会心理现象和千差万别的

个体与群体社会行为，我们要从中理出头绪并揭示其一般规律及其在特定社会环境中的行为特点，就必须采取综合的方法。事实上，社会心理学研究方法是由各种不同层次的理论、原则和技术组成的一个系列，我们认为，同其他学科一样，社会心理学的研究方法也应由以下三个层次组成。

第一个层次是方法论，具体说即哲学、世界观层次的方法论。它是指研究方法的指导思想，是社会心理学研究的哲学基础。离开了它，研究工作就会无所发现或偏离方向。任何研究都是在一定的哲学理论的指导或影响下进行的。这个层次要探讨的主要问题是：① 社会心理学能否像自然科学那样客观地认识社会现象；② 是否存在客观的社会心理学规律；③ 应采用何种方法来研究社会心理学现象；④ 如何判断研究结果的真理性；⑤ 人的主观因素对研究结果的影响。

方法论与一定的哲学思想和科学理论相联系，从现代社会心理学的发展来看，对这一学科发生影响的一般方法论体系有三个：一是实证主义方法论，这是近百年来在社会心理学发展中占主导地位的方法论。二是人文主义方法论，是为了克服实证主义方法论的弊病而发展起来的。三是马克思主义方法论，我们认为现代社会心理学研究应以马克思主义哲学为一般方法论，重视辩证唯物主义和历史唯物主义对研究的指导作用，在任何时候都要把人的社会本质放在首位，不能把对人的观察等同于对其他生物或物体的观察，研究者只有对所要研究的事物采取客观的态度，科学地、实事求是地收集资料，分析资料，才能使研究结论最大限度地反映人类行为的客观规律。

第二个层次是社会心理学这个知识领域采用的基本研究方式和具体研究方法，即社会心理学的专门方法论。在这个层次上，社会心理学是在综合社会学、心理学、文化人类学等多种学科方法和模式的基础上形成的。它包括社会心理学家借以从事科学研究的基本假设、研究逻辑（归纳与演绎）、研究原则（如实证性、客观性、系统性、再现性、预见性等原则）、研究目的（解释、预测和控制）、研究程序及过程等。

第三个层次是社会心理学研究的具体步骤和研究所使用的具体技术与手段，是在一般方法论和专门方法论的指导下社会心理学研究的具体技术和手段。通常的研究方法包括观察法、实验法、调查研究法和跨文化研究法，其中在传统的研究方法中占主导地位的是实验室实验，近几年调查研究法的运用在日益增多。

社会心理学研究方法经常受两个方面的影响。一是受研究者的态度、立场和世界观的影响；二是受社会心理学理论及其哲学观点的影响，这种影响主要通过第一个层次间接地影响第二和第三个层次。所以，在社会心理学研究过程中无论采取何种具体方法，都必须遵守以下几个原则：

第一，理论与实践统一的原则。实践证明，进行一项具有一定水平的社会心理学课题研究、首先要掌握一定的理论原则，还必须掌握有关的理论知识和具有一定的实践经验。这是论证研究课题，确定研究步骤和研究目的的前提。任何形式的社会心理学研究都受一定的理论知识、观点和思想的支配，人们从事具体课题研究不过是这一理论思想的先导而已。

然而从理论来源的观点讲，实践则先于理论，任何新的理论都产生于分析现实材料之后，这些材料是在实践基础上产生的。社会心理学作为一门新的学科更是如此。社会心理学理论只能在实践的基础上才能得以形成、发展，在实践中才能得以修正、检验、确认或被新的理论所代替。

第二，动态研究和静态研究相统一的原则。人的社会行为随着社会的发展变化而处在不断的发展和变化过程中，任何一种研究都只能截取其过程某一现存状况作为自己的对象，这对于一个确定的研究项目是必要的，但作为一种完整的研究方法或研究过程仅限于此是不够的，而应把现状的研究同过去的历史和未来的趋势结合起来，把静态的研究同动态的研究结合起来，通过动态的研究预测社会行为的发展趋势和发展规律，对社会心理学实践具有重要的意义。因此，只有把动态研究和静态研究结合起来，从动中把握静，从静中看到动，才能全面、准确反映研究对象，使研究达到较深的程度。

第三，宏观研究与微观研究相统一的原则。社会是一个整体，任何一种社会现象或个体的社会行为都是这一整体的一个片断或方面，并且受到整体的制约。只有从联系的整体出发，通过对社会的、政治的、经济的、法律的以及文化的等各种因素的综合系统考察，才能正确地认识它们。同时也应看到，整体又是由无数相互联系、相互制约的部分组成的，对整体清晰的认识又有赖于对各种具体现象的研究。因此，社会心理学必须把对宏观与微观的考察结合起来，把具体社会心理现象或社会行为置于整个社会联系中去认识、去解释。只有这样，才能发现事物的真正规律，探究事物的真正原因，所研究的结果才能对实践具有科学的指导作用。

三、社会心理学研究的常用术语

科学研究有自己的语言，即一些专业术语。正确理解和使用社会心理学研究术语是顺利进行社会心理学研究的前提。

1. 模型。模型简单地说就是对某些现实事物的抽象，是对某种现实事物的简单化表示。模型不同于理论，尽管两者都是对现实事物的抽象，但理论是抽象出各种事物的本质特征并加以概括，因此往往具有普遍的指导意义。模型则并不一定抽象出事物的本质特征，而是根据研究的需要抽象出某些特征，帮助了解事物。模型是多种多样的，飞机模型是一种模型，企业的组织结构图也是一种模型。社会心理学用模型来说明人们的各种社会心理与行为的关系，社会心理与环境的关系。根据不同的标准可以把模型分为以下几类。

主观模型与客观模型：主观模型也称为观念模型，是观念地存在于人们头脑中的对事物的一些直觉。一般认为这些模型比较粗糙，不是依靠科学方法获得的。客观模型是运用系统、科学的分析取代个人的直觉而得出的模型。

物理模型与抽象模型：飞机模型、人体模型、建筑模型等都是物理模型，抽象模型是无形的、用符号表示的模型，常见的抽象模型是数学模型。

标准模型与描述模型：标准模型是用来表示事物应当是什么样子的模型，如各种学校的行为规范、工厂的操作规程等都是标准模型，因为它规定了人们的社会行为应当是什么样子。描述模型表示人们正在进行的行为，社会心理学的研究常常使用描述模型。

静态模型与动态模型：静态模型是表示事物静止状态的模型，而动态模型则是表示事物发展动向的模型。一张组织结构图就是一个静态模型，因为它不表示该组织过去和未来的状况。图 2-1 是一个简明的动态模型。

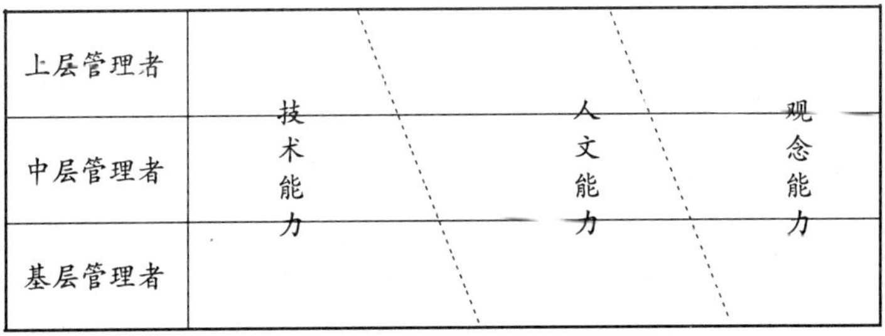

图 2-1　不同层次管理者的能力结构要求

上述模型的分类只是为了理解上的方便，实际上一个模型可能既是抽象的，又是客观的、动态的和描述的。

2. 概念。它是我们用来反映研究对象的特有属性或本质属性的思维方式。我们常常通过将一组在某种程度上相似的现象，经过抽象和概括找出其共同属性并用词或词组表示出来，这个词或词组就是概念。例如，“社会行为”就是社会心理学的一个基本概念，它指的是人对各种简单和复杂的社会刺激的反应。

3. 命题。它是关于一个或数个概念相互关系的陈述。在社会心理学中，任何有关社会行为的描述、解释和预测至少需要一个命题。我们用它来指那些可以观察到并可以检验到的现象。“如他人在场会对个人的行为产生影响”就是一个命题。“变迁越剧烈的社会，两代人之间的代沟也越明显”也是一个命题。这些陈述之所以被当成一个命题，是因为他们包含着某些变量。

4. 变量。在科学研究中，概念或属性往往会在质或量上有所变动，研究者将这种具有变动特点并可以进行量度的概念称为变量。变量可以作为检验命题是否正确的因素。如在上述命题中“他人在场”和“个人行为”都是可以观察和测定的，通过精心设计的实验以及结果分析，就能够知道这一命题是否正确。

但在实践中，有些概念测量起来比较困难，其量度指标不易确定。这就需要通过“操作性定义”使这些概念变成可以进行度量的变量。“操作性定义”是对应于“文义性定义”而言的，我们平常从字典中查到的都是文义性定义，它直接述及了被界定概念所代表的事物的性质或特征。但操作定义不同，它是为了便于确定研究的对象总体，它不是直接述及概念所代表的事物的性质或特征，而是举出测量该变量所作的活动。如“群体凝聚力”的文义性定义是“成员被群体吸引并愿意保留在群体内的程度”，而它的操作性定义则可能是群体成员在交谈时提及“我们”这一词语的次数，或成员离开群体的比率与频率。许多概念如“家庭”、“专业户”“偏见”、“智力”等，在不能对他们进行直接量度的情况下，研究人员就要通过下操作性定义来设计出某些能提供资料的概念指标。

5. 信度与效度。社会心理学经常用测验法来反映变量之间的关系，必须保证测量具有较高的信度和效度。信度是指测量本身的稳定性或可靠性，即对人的行为先后数次测量的一致性。如果测得的分数是可重复的、一贯的，则测得的分数就是可信的。也就是说，一项研究结果经重复后得到类似的结果，就意味着这项研究是有信度的。效度是指行为测量的有效性，即研究者所测量的正是他所要测量的东西，所发现的正是他要发现的东西，研究就有了效度。一项测验有信度，并不意味着就有效度。如我们进行一个心理学能力的考试，可考卷充满了概念和语法方面的问题。尽管这个考试是有信度的（可以重复测验），但却是无效度的，因为实际测验的东西不是想要的东西。

6. 假设。假设是一个有待检验或验证的命题。其陈述方式有三种：条件式陈述，即“如果 A，则 B”；差异式陈述，即“A 不同，B 亦不同”；函数式陈述，即“Y 是 X 的函数”。一般说假设应有可验证性，应该能对所研究的问题提供答案。社会心理学的研究一般是从假设开始，而后针对假设选择适当的研究方法加以检验，引出结论。形成适当的假设对研究工作十分重要，假设的来源可以是过去的研究，也可以是对人们社会行为的日常观察。

7. 理论。它指的是一组具有逻辑关系的假设或定律。作为科学中的最高概念构架，理论具有四种功能：对现有知识的整合功能，即使现有知识简约化、系统化；对已有事物的解释功能；对未来事物的预测；对科学研究方向的指导功能。

一般说，理论有三种形态，第一种是全部由定律构成的，其中的命题已被检验过，因此是成熟的理论。第二种是由假设与定律共同组成的理论，由于有未经证实的命题存在，因此是不成熟的理论。第三种是全部由假设构成的理论，由于所有问题均未被证实，只称得上是理论的雏形。在社会心理学中大多数理论属于第二和第三种形态，这就需要我们重视理论的综合，提高社会心理学理论的成熟度。

第二节 社会心理学的具体方法

在社会心理学的研究中常用的方法主要有观察法、实验法、调查法和测验法，其中观察与实验是最基本的方法。观察法和实验法的广泛应用对于提高社会心理学研究的科学性，具有十分重要的意义。社会心理学的观察和实验与自然科学的观察和实验有很大不同。因为观察者和被观察者、实验者和被实验者，都是人类共同体的成员，都具有情感、意志。正像K·格根所说“物体的降落不会因牛顿发现自由落体的规律而发生改变，但现代妇女却完全可能因为心理学家认为女人较易说服而变得更加难缠”①。所以我们不能以纯自然科学的方法来进行观察和实验研究。

一、观察法

观察是一种有计划、有目的的知觉过程，观察法是通过直接观察收集有关人类社会行为的各种非语言资料，从而分析判断两个或两个以上的变量之间存在何种关系的方法。观察是一切知识

① 参见周晓虹《现代社会心理学》，上海人民出版社，1997年版，第86页

的门户，在人类认识世界和改造世界的一切领域中，观察都起着重要的作用。巴甫洛夫把“观察、观察、再观察”作为自己的座右铭，并告诫青年“不学会观察就永远当不了科学家”。观察在社会心理学的研究中同样占据着十分重要的地位。首先观察可以获得有关社会行为的详细的第一手资料，可以对社会情景有直接的感性认识。观察法还可以搜集用其他方法难以获取的信息。特别是研究者与被研究者无法进行语言交往或处于不同文化背景的情况时，常常采用观察法。观察法也是提出理论假设的基础，在理论研究过程的初期，往往要通过观察法对研究对象的特点进行初步的了解，在此基础上与其他方法一起形成理论假设。许多社会学和社会心理学的研究成果都是在对社会现象进行大量细致观察的基础上取得的。恩格斯的《英国工人阶级状况》就是在对伦敦工人聚集的贫民窟的深入观察的基础上写成的。费孝通的《江村经济》和怀特的《街角社会》资料的收集也主要是采用的观察法。

观察方式是多种多样的，按不同的标准可以分为不同的类型：如按观察的程序化程度可分为结构观察和非结构观察。结构观察是事先对观察的范围、内容以及记录方法等具有详细规定的观察，其观察结果通常可以像问卷调查结果那样进行定量的处理和分析。非结构观察并不要求观察者专注于某些特定的行为和特征，在观察过程中也不期待着这种行为出现，其观察结果通常只是从定性的角度用来描述所研究对象的行为。按观察地点和组织条件可分为实地观察和实验室观察。实地观察是在自然的环境中进行的，不需要对观察的场所和对象进行控制，而是深入到现实生活中对实际发生的现象进行观察。实验室观察通常是在装有透镜、摄像机、录音机等设备的实验室进行，有时也可在经过一定控制的自然环境中进行。按观察的进行是否有规律性可分为系统观察和随机观察；按观察者的立场可分为参与观察和非参与观察，参与观察是指观察者亲自投身到所观察的社会现象或社会生活中去，比如到工厂、农村，边参加劳动边进行观察就属于参与观察。非参与观察就是观察者置身于所观察的现象之外，“冷眼旁观”研究对象的活动和表现，实验室观察就是典型的非参与观察，在汽车站附近的楼房内观察车站排队候车人的行为也属于非参与观察。此外，根据观察对象的不同，还可分为直接观察和间接观察。下面我们介绍几种社会心理学常用的观察方法。

1. 参与观察。是观察者进入被观察者的社会环境和社会关系中进行观察、收集资料的一种方法。较早使用这种方法的是马林诺夫斯基，1914～1921 年他先后三次在西太平洋上的突布兰群岛从事土著文化的研究，在这六年间，他一方面学习土著语言，一方面全面参与土著人的社会生活，他从被研究者的角度出发来分析文化现象。他在《西太平洋的航海者》一书中，描述了他对突布兰群岛土著文化进行实地观察的情况：“当我在突布兰群岛的村落中安定下来不久，我就开始用各种方法参与到村落的生活中，等待着村中各项事情的发展……当我每天清晨在村中散步时，我可以很靠近而且详细地看到他们的家庭生活，包括清洁、排泄、烹煮食物以及进餐等；我也可以看到他们安排一天的工作，看到人们开始干自己的事情，男人们或女人们忙于生产某种东西。争吵、开玩笑，家庭琐事等等，有时是琐碎的，有时是戏剧化的，但这些都形成了我们及土著的日常生活中重要的气氛。土著们每天都看到我，所以他们不再对我有兴趣，对于我的出现，他们既不感到惊慌，也不会在意。……我经常违反他们的习惯、规范，土著们因为已跟我熟识，也就会很快地指正我的错误。我要不断地学习像他们那样行动，而且在某种程度上，我已经学到了他们那种辨别是非、好坏的态度。由于这些，以及由于同他们友好相处，分享他们的游戏与欢乐，我开始觉得自己真正地与这些土著们相同了，这种境界才是完成一个成功的实地工作的初步状态。”[①]在这段话里，马林诺夫斯基描述了观察的过程和观察的一些基本特点。

1923 年，社会学家 N·安德森曾用这种方法加入到流浪汉的队伍，写成《流浪汉：无家可归的社会学》，另一位社会学家怀特在 1936－1940 年间在对美国波士顿的一个意大利贫民区观察的基础上写成《街角社会：一个意大利贫民区的社会结构》，都是运用参与观察法的典范之作。这种方法的优点是减少了对所观察对象的干扰，可以使被观察者做出自然的反应。

根据参与程度又可以分为完全参与观察与半参与观察。完全参与观察实际上就是间谍类型，被观察群体成员相信他（观察者）就是他们群体的一员。如为了研究生产集体中形成和确立的社会价值的性质和内容，找出个体把这种价值内化的机制，苏联的社会心理学家奥里珊斯基来到工厂，并成为享有充分权利的工人群体的成员。在好几个月中他一直干装配工作。他经常到工人家串门，很快与工人建立了友谊，并在工人中享有较高的威信。没有一个人疑心他是一位研究者。他用这种方法获取了十分珍贵的资料，发现了许多现代社会心理学最迫切的问题。美国社会学家奥瓦波安用完全参与的方法进行监狱管理和囚犯生活的调查。他装成一个犯人与犯人一起生活，获得了许多真实的材料，在 1914 年用这些材料发表了一本名为《在监狱内》的著作，对监狱生活进行了详细的描述，对美国改善监狱设施做出了贡献。有关报刊报道过美国一位 33 岁的妇女为了解老年人的处境，于 1979 年化装成 85 岁的老妪，足迹遍布 14 个州，100 多个城市的大街小巷。三年之后她遍体鳞伤，感情受到了严重摧残，她把自己的经历写了一本《一个真实的，令人厌恶的故事》，描述了美

① 袁方主编《社会研究方法教程》，北京大学出版社，1997 年版，第 343 页

国老人的悲惨情景，并要求改变这个国家对待老人的方式。①

半参与观察是指观察者在不隐瞒自己的真实身份的情况下参与被观察群体的活动，通过与被观察者的密切接触，取得被观察者的信任。这种方法对问题的了解虽然不能象完全参与那样深入，一些隐蔽的事实也难于了解到，但是这种方法由于较少地带有个人情感色彩，能够保持研究者的客观立场。

2. 非参与观察（局外观察法）。由于社会心理学的研究对象是有思想、有感情的人，许多研究方法都不可避免地会引起研究对象的各种反应，从而影响研究结果的客观性。为了克服这一现象，重要的是要使被研究者意识不到他们在被研究。非参与观察正是要达到这一目的的方法。它要求观察者完全处于旁观者的立场，不参与被观察者的任何活动，适于研究某些公共场所或公众闲暇活动（如看足球）中人们的行为表现。这种观察方法容易做到客观冷静，但是观察者要注意采取最不引人注目的姿态出现，做到不露声色，不对观察对象表现出过分的兴趣，多听、多看、不提问、不加评论。如果允许的话，可与被观察者保持较大的距离，或与被观察者隔开，进行暗中观察。例如，70 年代美国反淫秽书刊委员会需要了解经常光顾这类书店的是哪些人。用问卷和访谈法很难得到调查者的合作，他们就采用了这种观察法。在书店的外边设置了隐蔽观察所，记录进入书店的每一位顾客特征。记录表格是事先设计好的，主要有 4 项指标：性别、年龄、社会阶层、婚姻状况。对这些指标进行了操作化，如以服装来区分各阶层，以是否戴结婚戒指来确定婚姻状况。

有人为了研究人们光顾书店的目的性，就在书店内选择了一个既便于观察又不引人注意的位置，按照事先准备好的观察记录表（表 2－1），对进入书店的人的行为特征进行了观察。得出了

① 袁方主编《社会研究方法教程》，北京大学出版社，1997 年版，第 347 页

女性顾客比男性顾客在书店中的行为更具有目的性的结论。

表 2-1　　书店观察表

书店观察表

观察开始时间：__________结束时间：__________。

被观察者个人情况：性别　　婚姻状况

男 □　　已婚 □

女 □　　未婚 □

不清楚 □

年龄估计：10 岁以下 □　11-20 岁 □

21-30 岁 □　31-40 岁 □

41-50 岁 □　51-60 岁 □

61 岁以上 □

职业身份：__________　不知道 □

单独一人 □　______个同伴　是谁__________。

买了几本书____本　一本也没买□　不知道□

进书店时的最初行为：__________。

同服务员的接触情况：__________　一个也没接触□

同其他顾客的交谈情况：__________　一个也没交谈□

翻阅书籍情况：__________　一本也没翻 □

评价目的性　有目的 |—|—|—|—| 无目的浏览

3. 间接观察。以上所讲的观察方法都属于直接观察，研究人员直接目睹他的观察对象，而间接观察则是通过某些中介物来观测调查对象，包括物质痕迹观察和行为标志观察两类。

物质痕迹是指人们行为留下的迹象，通过对这些痕迹的分析可以作为行为研究的辅助手段。如观察图书馆的哪些书磨损的严重，可以分析读者的阅读倾向。通过观察刑警队汽车轮胎的磨损程度可以判断这一时期刑事案件的发案率。对垃圾箱中的丢弃物进行分析可以得到许多有关行为的信息。美国性研究专家通过对公共厕所墙壁上遗留的涂写文字分析人的性心理。

行为标志观察是通过一些表面的或无意识的现象来推测人的行为方式和价值观。它假定这些现象是人们行为和态度的反映。国外研究人员曾设计一种“丢失邮件或物品”的观察，以此来衡量不同地区、不同城市居民的助人程度。间接观察的优点是对被观察者不发生干扰，可以收集到真实的行为资料。但是很难对间接观察的效度进行检验，无法知道所观察的迹象和标志是否真正反映所要调查的行为或现象。所以，间接观察一般作为辅助手段，用以对其他方法进行补充和检验。

二、实验法

实验法是根据一定的研究假设，系统地操作一个或多个变量，并观察这种操作对其他变量的影响，从而发现因果关系的一种方法。可以说，在控制的情景下研究事物的变化，从而发现并确定其变化的因果关系是实验法的主要特征。一个典型的例子就是罗森塔尔（R·Rosental）在 1968 年做的一项实验。他的研究基于下列假设“人们对他人行为的期望通常可导致他人向所期望的方向转变”。由此他提出工作假设：那些被教师认为聪明的学生，会因为教师的这种偏见而在实际上变得比别人更聪明。他选择了一所学校为实验室，让几百名学生参加智力测验，然后从中随机抽取 20% 的学生，并告诉老师这些学生是测验成绩最高的，因此是最有培养前途的。一年后，他们又对这几百人进行了测验，统计分析表明上述 20% 的学生其平均成绩明显高于其余的学生。实验结果证明了工作假设，即教师的期望与学生学习成绩之间存在着因果关系。

从这个例子我们可以看出实验法的基本原理：即首先以一个理论假设为起点，这个假设是一个因果关系的陈述，它假定某些自变量会导致某些因变量的变化。

常用的社会心理学实验主要有实验室实验和现场实验。

1. 实验室实验。实验室实验包括一般实验室实验和模拟实验。一般实验室实验是指研究者在严格控制外部变量的情况下，研究变量之间的相互关系。这一方法最重要的特征就是研究者能够控制自变量和因变量，最大限度地突出主要因素，防止无关因素的干扰。另外，实验室实验的被试是通过随机分配组合而成的，这样便保证了实验结果在各比较组之间不存在系统误差。因此，实验室实验可重复验证，具有较高的效度。

社会行为是非常复杂的，社会心理学的实验往往包含一个以上的变量，例如考试作弊的原因可能是取得成功的压力，压力越大，作弊情况越严重。但其他因素也可能在起作用，如对课程的兴趣等。如何说明取得成功的压力和对课程的兴趣与作弊程度的关系呢？社会心理学家采用因素实验法来回答这个问题（见表2－2）。传统实验室实验一般要设对照组，社会心理学的实验，因为实验变量是复杂的社会变量，因此，也可以不设对照组。

表2－2　成功压力与兴趣对考试作弊影响的因素设计

<table>
<tr><td colspan="2"></td><td colspan="2">因素2（对课程的兴趣）</td></tr>
<tr><td colspan="2"></td><td>低兴趣</td><td>高兴趣</td></tr>
<tr><td rowspan="2">因素1（成功压力）</td><td>低压力</td><td>低兴趣
低压力</td><td>高兴趣
高压力</td></tr>
<tr><td>高压力</td><td>低兴趣
高压力</td><td>高兴趣
低压力</td></tr>
</table>

模拟实验就是让被试扮演某种角色，根据对其行为观察的结果推论在现实环境中的情景。如金巴尔多（J. Zimbardo）在1973年曾做了一个非常著名但也引起激烈争论的研究。

研究者把一些志愿应试的大学生随机分成“犯人组”与“看守组”。“犯人”被“逮捕”后，“警察”给“犯人”戴上手铐，并把他们带到“警察局”。签字画押，验明正身后，“犯人”被蒙住眼睛，带到斯坦福大学地下室的一个“监狱”里，这些被试经历了真正犯人所碰到的一切事情（如戴手铐、脚镣、全身消毒、穿上统一制作的衣服，不再有姓名，而只是有一个号码）。监狱内有三个“看守”负责监视“犯人”的行动。研究者通过闭路电视与录音装置观察“犯人”与“看守”的反应，并定时与他们个别谈话。这一模拟实验原定做两个星期，但只进行了六天便不得不停止。因为“犯人”和“看守”都出现了异常的行为表现。如扮演犯人的被试普遍变得依赖、软弱、抑郁、易怒。而扮演看守的被试则越来越有虐待“犯人”的倾向。这一模拟实际监狱情况的研究，暗示了现实监狱中可能出现的问题。

2. 现场实验。在实际研究过程中，有时研究不能在实验室进行，只能在自然环境下进行，但研究者可以对某些自变量施行某些控制。这种不控制外界变量和实验条件，而是引进新的实验刺激的设计称为现场实验或自然实验。如霍桑实验就是典型的现场实验。现场实验一般都把对情景条件的适当控制与实际社会活动的正常进行有机地结合起来，因而具有较大的现实意义。

实验法在增强社会心理学研究的科学性，具体地把握人们社会行为的活动规律方面起了决定性的作用，它是确定现象之间因果联系的理想方法。但是我们应该看到实验法本身的局限性决定了它很难将一些重大的历史过程作为研究对象。过分地依赖实验法，造成了社会心理学研究忽视宏观的社会现实，而将注意力集中在社会活动的微观领域的现象。导致社会心理学的研究要么回避现实，要么所研究的“成果”与社会现实不符合。

三、调查法

调查法是社会学家和社会心理学家在社会结构和社会行为研究中常用的收集、分析资料的方法。按不同的标准，调查法可以分为：典型调查、个案调查和抽样调查。

1. 典型调查。“是从研究总体中有意识地挑选出少数具有代表性的对象进行调查，以达到了解总体特征和本质的方法。”①其含义有二：一是研究者有意识地选择代表性的单位进行解剖；二是通过对若干事物的解剖达到对一般事物本质特征的了解。典型调查在民主革命和社会主义革命时期，是中国共产党人的重要调查方法，在历史上曾起过重大作用。世界上的一切事物都是个性与共性、一般和个别的统一，人们对事物的认识总是先由个别到一般，再由一般到个别这样不断循环往复的过程。典型调查的方法正是这一人类认识规律的具体体现，因此典型调查永远是调查法的一个重要类型。典型调查的关键在于调查对象的选择，在典型的选择中要遵循以下规律：

第一，选择相对纯粹的典型。也就是选择相互关系相对简单、受其他因素影响较少的地方进行调查，这样有利于探求事物的本质和规律性。

第二，选择更能代表一般情况的典型。选择那些在众数和平均数之内的单位，其基本情况具有普遍的代表性，便于揭示同类情况（或条件）下的一般规律。

第三，选择那些有详实的历史资料的典型。在社会学恢复初期，我国许多研究者选择江村、定县等地为调查基地，一个重要

① 《中国大百科全书·社会学卷》，中国大百科全书出版社，1991年版，第31～32页

的原因就是费孝通、李景汉等老一辈社会学家在这里作研究时收集和保存了完整的资料，研究者通过当时的资料与现在的情况进行对比，研究事物的历史过程和变迁规律。

第四，选择同历史发展趋势相吻合、具有生命力的新生事物作典型。典型的选择决定着调查研究的成败和调查结果的社会价值，一个陈旧的或脱离实际的选题，不论你调查工作花多大的精力，资料如何详实，也不能产生好的社会效益，甚至还会给社会造成损失。

典型调查可以节省人力、时间和经费，如果应用得当，会收到事半功倍的效果。影响典型调查的关键是典型的选择是否具有代表性。由于典型的选择容易受调查者主观意志的左右，调查的典型与调查对象总体之间总会存在一定差异，其代表性总是不完全的，调查所得到的结果，哪些具有普遍意义，哪些具有特殊意义以及适用范围都需要慎重对待。

2．个案调查。是对少数个人或小型群体的全面情况及背景进行调查的一种方法。通过对背景情况如家庭情况、社会地位、教育影响、文化水平、职业经历、社会交往、人际关系等内容的分析，揭示社会行为的本质和规律。个案调查的对象可以是一个人、几个人或一类人，也可以是一个群体或班组。

个案调查可以使研究者获得丰富的感性认识，因此常用于个人生活史和社会背景的研究，特别是应用于社会反常个体、事件或新生事物的调查研究。但是个案调查对象一般是在缺乏对总体的全面了解下确定的，调查结果不能对总体进行推论。此外，个案调查适应于定性分析而不利于定量分析。

3．抽样调查。是指从调查对象的总体中，按照随机原则抽取一部分对象为样本加以调查分析，并依此推断全体调查对象的一种方法。随机抽样和现代统计技术的发展为社会心理学抽样调查法的完善提供了条件。在社会心理学的研究中经常采用问卷法进行调查，抽样、问卷和统计构成了现代社会调查方法的基本特征。其中，抽样解决的是调查对象的选取问题，问卷是进行变量测量和收集资料的工具，而统计则是对数据资料进行整理、揭示各变量之间关系的不可缺少的途径。

从抽样调查的定义我们不难看出，抽样主要涉及或处理有关总体与部分之间关系的问题。抽样作为人们从部分认识整体这一过程的关键环节，其基本的作用是向人们提供一种实现“由部分认识整体”的途径和手段。由于抽样调查是建立在数学的概率论基础上的，因此具有较强的科学性。简单说，它是从大量的偶然现象中寻找必然性。社会现象具有随机性，表现为一个一个的个别现象，通过对大量的个别现象的研究，就可以发现一般的普遍规律，称为统计规律。它不表现为完全的必然性，而是一种最大限度的可能性。任何随机现象，只要调查的样本大到一定程度，就会显示出一定的规律性。现代抽样调查已经达到了很精确的程度，美国的“盖洛普民意测验”对总统选举的预测以非常准确而著称。那么多选民，它只抽取 3 000 人做调查对象，就可以准确地预测谁可以当选总统，误差只有几个百分点。抽样调查有时甚至比普查更准确。

为了更好地理解抽样调查，我们介绍一些抽样的概念。

总体：包括研究总体和调查总体，研究总体是在理论上明确界定的个体的集合体。它有多方面的限定，如内容、单位、范围、时间等，例如一项关于妇女生育行为的研究，如果未加限定，妇女只是一个模糊的整体，还不是研究总体。只有经过限定为“某某年 15～45 岁的中国妇女”后，才成为可用于调查的研究总体。研究总体是理论上明确定义的整体，但实际上很难使符合这一定义的所有个体均能有机会被选为样本（如游牧区的妇女、患精神病的妇女等）。实际上样本是从调查总体中抽取的。调查总体是研究者从中实际抽取调查样本的个体的集合体，它往往是对研究总体的进一步限定。

样本：样本就是从总体中按一定方式抽取出来的部分单位。如果我们从某市户口中抽取 3 000 户进行子女教育行为的调查，这 3 000 户就是样本。样本中的单位称为样本单位，它可以是个体，也可以是群体，如 3 000 户中的某一户就是样本单位。样本中含有的单位的数目称为容量。

抽样框：也称抽样范围，是指从中抽取样本的抽样单位名单。如果我们随机调查某市汽车司机的交通意识，那么这个市的汽车牌号薄就是一个抽样框。如果我们对一所中学的部分班级作为调查样本，那么抽样框就是全校所有班级的名单。

参数值：参数值也称总体值，是关于总体中某一变量的综合描述。在统计中最常见的参数值是总体某一变量的平均值，如某市失业人口的平均年龄，某单位平均收入和平均受教育程度等。

统计值：统计值也称样本值，是关于调查样本中某一变量的综合描述。统计值是从样本中计算出来的，抽样调查的重要任务之一就是通过样本的统计值推算总体的参数值，从而达到由部分认识总体的目的。

抽样调查也有一定的局限性，主要表现在它适用于定量调查，而不适应作定性调查，对调查总体范围尚不明晰的调查对象难于适用抽样调查。

四、测验法

测验法是使用某种量表对个体进行考察研究的一种方法，测验为心理学研究广泛使用，也是社会心理学研究的重要工具和手段。

由于测验的对象不同，目的不同，测验的类型也多种多样。在西方，心理测验已发展到数百种。从方法上分可分为两大类，一为投射测验。一为问卷法测验。投射测验所用的是刺激意义不明确的各种图形或墨迹，让受试者自由地做出反应，从反应结果分析推断他的个性。投射的意义是指一个人把自己的思想、态度、愿望、情绪等个性特征，投射到外界事物上，通过对外界事物的反应，表达自己的内心感受。投射法的理论依据是心理动力学理论，这个理论认为，一个人的个性结构大部分处于潜意识中，通过明确的问题很难表达真实感受。投射法可以使隐藏在潜意识中的欲望、需求、态度和心理冲突渗露出来。影响最大的投射测验是瑞士精神病学家罗夏创立的罗夏墨迹测验。

问卷法测验使用的工具是各种测量表，测量表有明确的结构，包括很多具体问题。这些问题从不同角度来了解受试者情况，根据受试者对问题的回答对其心理特性给予评定。量表有标准化量表和非标准化量表两种，标准化量表是经过大规模抽样预测试，建立常模，有较大的参照性，科学性比较强。非标准化量表是根据测试目的随时编制的，一般比较灵活，不需建立常模。问卷法用于自己作答称为自陈量表，多采用客观测验的形式，设计出一系列陈述句或问题，要求受试者做出符合自己情况的回答。问卷法用于评定他人的称为评定量表。这种方法不是以受试者本人的反应为依据，而是以观察为基础，给受试者的某种行为或特征确定一个分类或等级，称为评定。

除了方法上的不同外，从内容上分有人格测验、态度测验、价值观与行为取向测验等。按测验方式可分为个别测验和团体测验。按测验材料可分为文字测验和非文字测验（操作性测验）。

用测量法研究社会心理学中的某些问题，重要的是量表的信度与效度，量表如果缺乏信度和效度就无使用价值。标准化量表一般是具有信度和效度的，但由于量表的种类及地区、文化背景的限制以及使用过程中的问题，常使其信度和效度受到影响，因而不能依据一次测验的结果下结论。

五、访谈法与问卷法

访谈法和问卷法是调查过程中最常用的收集资料的方法（或工具），无论是典型调查、个案调查还是抽样调查，目的都是确定被研究的对象，当研究对象被确定以后，搜集被研究者的有关资料就成为首要的问题。前面提到的观察法和实验法实际上也是收集资料的方法，这里再介绍两种常用的收集资料的方法，即访谈法和问卷法。

1．访谈法。访谈法是指研究者通过面对面的谈话，以口头信息沟通的途径了解被研究者的心理状态和行为特征的方法。

根据访谈过程中结构模式的不同，可以把访谈分为标准化访谈和非标准化访谈两大类。标准化访谈结构严密，层次分明，有固定的访谈模式和一定的结构。选择访谈对象的方法和标准，访谈中提出的问题，提问的方式顺序，以及对回答的记录方式都是相同的。甚至连访谈的时间，周围环境等外部条件，也要求尽量保持一致。如对个体年龄、学历、工作经历、兴趣等内容的了解就可用这种访谈方式。标准化访谈的好处，是便于统计访谈结果和对不同访谈对象进行比较分析。但这种方法缺乏弹性，难于灵活地反映复杂多变的现象和行为，同时也不利于充分发挥访谈对象的积极性和主动性。

非标准化访谈，是按照一个粗线条的访谈提纲所进行的谈话。没有固定的模式，访谈结构松散，研究者可以灵活地提出问题，被研究者也可以根据自己的想法无拘无束的回答，使交谈在活跃的气氛中进行。通过这种访谈，不仅可以交换意见，也交流了感情，有利于适应千变万化的客观情况，拓宽研究的范围，加深研究的层次。

根据访谈对象的多寡可把访谈分为单个访谈和集体访谈。单个访谈是研究者与研究对象一对一地单独交谈。这种访谈形式针对性强，由于是在两个人之间进行的，彼此容易建立信赖关系，对于那些不宜在公开场合讨论的社会动机、意愿及其他涉及个人隐私的问题，采用单个访谈法有助于提高研究的准确性。集体访谈是指研究者同时面对多个访谈对象进行的访谈。其优点一是提高访谈效率，二是可以对不同访谈对象各方面的情况做出比较。这是社会心理学研究和实践中常用的一种方法，运用集体访谈方法要注意克服不同个体间的相互影响，提高研究结果的真实性。

无论采用哪种访谈方式，既要注意根据访谈目的保持访谈的基本内容和方向，又要注意根据访谈对象的反应，对问题进行适当的调整，更要注意发现被研究者的顾虑和心理动向，进行有效地引导。

2. 问卷法。问卷法是一种被社会心理学研究普遍使用的调查技术或工具，实质上是谈话法的一种特殊形式。所谓问卷，就是一组与研究目标有关的问题，研究人员借助这一工具获取所需的调查资料。问卷法的第一个特点是标准化，统一提问、回答的形式与内容对任何被调查者都是一致的，有利于定量分析。第二个特点是匿名性，被调查者敢于回答一些敏感问题。第三个特点是间接性，这一特点不仅节省了调查的用工和经费，同时也避免了调查者与被调查者的接触可能带来的不良影响和偏见，特别是适用于了解调查对象不愿面对面交谈或有顾虑的问题。当然问卷法不能控制被调查者在填写问卷时的情景，也无法了解问卷不能容纳但与问卷密切相关的问题。此外，问卷的回收率低，研究范围和研究深度等方面都受问卷自身特点到限制。

问卷的设计一般要经过四个步骤，既课题分析，提出假设；概念的具体化，寻找变项；确定指标；编制直接或间接的问题。见图 2－2。

通常一个标准的完整的调查问卷应由四部分组成，即说明部分，导语部分，资料登录部分和调查项目部分。调查项目部分是问卷的主体。常用的问卷有四种格式。

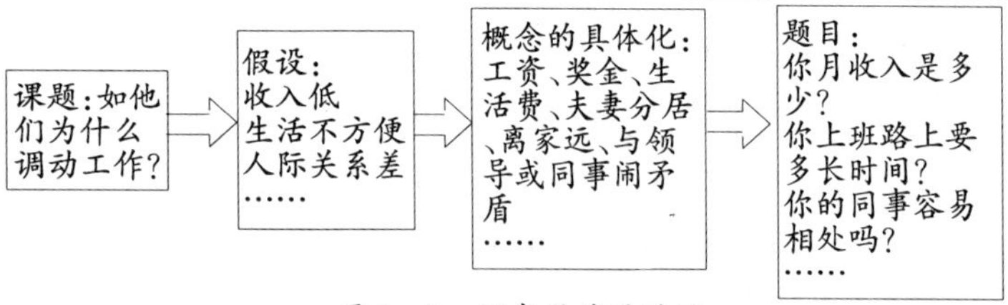

图 2－2　问卷设计的过程

（1）是非法。要求被调查者对问卷的每个题目做出“是”或“否”的回答。如

你经常把打牌作为自己消遣的内容吗？ 是　　　否
你家中是否订有报刊　　　　　　　　 是　　　否

（2）选择法。要求被调查者从并列的两个或若干个假设中做出选择。如

① { 喜欢听法庭辩论 / 喜欢听音乐会 }　　　② { 喜欢研究推销方法 / 喜欢校对稿件 }

（3）等级法。要求被调查者对各种可供选择的答案按其重要程度排列等级顺序。如

你对教师这个职业是否感到满意

① 很满意　②较满意　③一般　④不满意　⑤很不满意

（4）排序法。是要求被调查者对所选答案顺序排列的一种回答方式。如

请把下列职业按社会地位高低排列起来。

机关干部　技术人员　教师　出租司机　个体户　公司职员

在设计问卷时，应充分考虑问题的统计方法，如考虑统计时计算什么数值，怎样计算等。如果设计不周，有些问题在统计时便无法进行。同时还要注意提问的意义要明确，避免使用专业术语或那些容易让人误解的术语。同时要考虑调查对象的文化程度。问题的排列也要讲究逻辑顺序。

社会心理学的各种研究方法都有其优点和局限性，我们在使用这些方法时，应根据具体的研究目的和任务，选择适合的方法。或以某种方法为主，辅之以其他方法，以便取长补短，达到预期的效果。

社会心理学科学的发展，与其研究方法的发展是分不开的，而社会心理学各个领域研究的深入和广泛的应用又促进了新的研究方法的引进和运用。近年来，社会心理学研究中出现了一些引人注目的新趋势，表明了社会心理学研究方法的发展。具体表现在以下三个方面。

第一，研究方式跨学科、跨文化的特点。随着世界范围内新技术革命的兴起和发展，社会心理学研究面临着更高的要求和更广泛的课题。社会心理学涉及到许多学科，单纯地从任何角度都不能全面准确地解释这些现象，必须运用相关的各个学科的知识和方法才能开展深入的研究，体现出跨学科的特点。此外，随着社会心理学理论和实践的不断发展，人们越来越重视不同文化背景下社会行为的研究，从而寻求不同文化背景下的社会心理学研究和应用的特殊性，以及在各种文化背景下普遍一致的规律，以建设具有本国特色和适合本国国情的社会心理学理论研究与应用体系。

第二，研究方法的综合化趋势。现代科学研究越来越强调研究的可靠性和有效性，研究方法上出现了综合化趋势。由于单一方法本身的缺陷和局限，常使大部分信息被忽视或遗漏，因而难以做出全面的结论。正因如此，人们越来越重视多种方法的综合研究。同时，数理统计方法的应用，定量研究与定性研究相结合，使研究分析水平出现了大的跃进。

第三，计算机的普遍应用。计算机的应用为社会心理学的研究和发展开辟了广阔的道路。应用计算机进行数据处理和统计分析，极大地提高了研究结果的分析速度和准确性，并使多因素分析成为可能。

这些新思路、新方法、新手段对社会心理学的研究和应用无疑具有巨大的推动作用。

第三节 社会心理学的研究程序

任何科学研究都必须遵守一定的程序、原则方法和技术，它是研究得以顺利进行的保证。

社会心理学研究的程序与其他科学研究工作没有多大差别，基本上也是依次划分为四个阶段：选题阶段，设计阶段、实施阶段和总结阶段。

一、社会心理学研究的选题

选题就是提出问题，它是社会心理学研究中的首要环节，爱因斯坦曾说过："提出一个问题往往比解决一个问题更重要，因为解决问题也许仅是数学或实验上的技能而已，而提出新的问题，新的可能性，从新的角度去看旧的问题，却需要有创造性的想象力，而且标志着科学的真正进步"。社会心理学研究中选题是否得当决定着研究工作的价值和效果。错误的选题不仅会使整个研究工作失去意义，还会使研究工作失去方向。所以，无论是社会心理学的理论研究，还是应用研究，都应遵守以下四个选题原则。

1．实践性原则。实践是理论的源泉，也是检验理论的唯一标准。研究者能否提出有价值的问题，不仅依赖于自身的知识水平和理论素养，还与他实践经验的丰富程度有关。问题来源于实践，研究者只有深入社会实践，才能发现有价值的问题。社会心理学要研究的问题很多，研究者要把可能被列入研究课题的问题进行初步的整理，分类和排队，找出那些影响面大，有代表性，社会急需的问题来。

2．新颖性原则，也称创造性原则。创造的本质在于新颖性、独特性和先进性。如果选择的课题只是重复别人早已研究清楚的问题，那就失去了研究的意义。因此研究者必须了解他人已经研究过的问题及所达到的水平和取得的结果，选择那些别人没有做过的开创性的新问题，通过研究有新发现、新认识，探索出新的规律。如果要选择与他人相同的题目作为课题，也必须重新确定自己的研究角度，在已有研究的基础上有所突破和创新。社会心理学在我国刚刚起步，无论是开创自己的新理论，还是移植改造、扩展国外的研究，对建设适合中国国情的社会心理学理论和实践体系都具有新颖性。但我国的研究者应注意社会心理学研究信息的交流，尽量避免重复研究，使有限的人力、财力解决更多的问题。

3．科学性原则。就是要在科学理论指导下，使用科学的方法和技术，保证所选课题的理论或应用价值。特别是一些较大的课题，要充分论证其所具有的理论价值和实践意义之后，才能最后确定下来。因此，在选题过程中要在科学理论的指导下从现实生活中寻找实事根据，从相关学科及前人研究的基础上寻找理论依据，使选题建立在扎实的理论与实践的基础上。任何违背科学理论的选题，都不可能得出正确的结论。

4．可行性原则。这里的可行性包括两个方面，一是研究力量是否具备；二是客观条件是否允许。有些课题虽然对社会心理学理论与实践有重要意义，但解决这些问题的客观条件还不具备，如客观事物的成熟度、被调查对象的认识水平、有关单位的支持、有关政策的制约、经费等，都可能成为限制课题完成的因素。有些课题客观条件是成熟的，但受到研究人员的研究水平、知识结构、研究力量、精力等因素的限制。因此，课题的选择必须从主客观实际情况出发。对初涉社会心理学研究者来说，可先从那些需要人力、财力不多，又适合自己研究水平的具体问题开始。

二、社会心理学研究的设计

设计阶段是在课题选择的基础上，选择具体的收集资料与处理资料的方法。在实际研究过程中，资料可以是对某种现象产生的数量，产生的原因等方面的情况，也可以是各种文献和实验数据。所以在什么地方、多大范围、收集什么样的资料就成为研究工作首先面临的问题。设计工作包括问题初步分析、形成理论假设，设计研究指标和确定研究方案等内容。这里只对理论假设和研究方案的设计作些阐述。

1. 建立研究假设。科学研究是从假设开始的。假设在研究中具有指导和归纳两种功能。首先，研究的任何步骤都离不开假设包含的基本原则，特别是在研究设计、资料分析方案的拟定和实施中，都必须以假设为基本依据。否则，研究者就会在浩翰的资料中迷失方向。其次，假设是从理论命题中演绎产生的具体可观察的命题，实际研究过程则要从已验证的假设中归纳出一般的理论结论，从而使结构不仅在理论上具有逻辑性，而且具有实际验证性。

假设不能凭空想象，而是要从实际经验和已有的理论中得来。因此，假设必须是能够检验的，也就是通过研究可以被证实的。假设只是使研究活动有了一个中心，但绝不能把假设作为一个框框，绝对不能把研究活动变成为这个框框寻找事例的过程。研究结果对于假设无非是两种情况，一种是假设被证实，一种是研究结果部分或全部地推翻了假设。后一种情况称之为假设被证伪，证伪在科学研究中与证实具有同样重要的作用。

假设可以分成三种类型，描述性假设、解释性假设和预测性假设。描述性假设是关于社会现象状态的推测与判断，它向我们提供关于事物的大致轮廓和外部表现。解释性假设是关于社会现象变动原因或内部结构的推测性判断。预测性假设则是对社会现象发展趋向的判断。对社会心理学来说解释性假设和预测性假设都是十分重要的，特别是解释性假设应用更为广范，因为解释性假设是以一种可以检验的形式加以陈述，并对两个（或两个以上）变量之间的特定关系进行预测的命题。

假设的基本形式有三种：第一种称为条件假设式。其形式是“如果……，那么……”这是一般科学研究的逻辑推论形式，在“如果”的部分提出自变量，在“那么”的部分提出因变量。两者并不一定有因果关系，但都具有相关关系。

第二种是差异假设式。其形式是“A 不同，B 也不同”，这种形式主要用于双变量的关系假设，如研究不同年龄、不同学历的人与工作的适应性和满意感方面的关系，经常使用这种假设形式。具体使用时要注意在变量上能进行统计处理。

第三种假设形式是函数式。其标准数学式为：

$$A = f\ (B)$$

这种假设主要是针对各种现象建立数学模型，对变量测量技术要求较高，计算方法也较复杂。

无论采用什么形式的假设，都必须遵循以下方法论原则：第一，可验证原则。假设必须以事实为根据，能被实际资料证明或否定，不能是一种无法验证的假设。第二，理性原则。假设必须以科学原理作指导，不能与已知的科学原理相矛盾。当已有科学原理不能说明新事实时，就必须提出突破原有理论的新假说。第三，逻辑原则。假设不与逻辑规则相违背，不能包含逻辑上的矛盾，它的成立不需要其他附加条件。第四，简单性原则。假设必须结构简明严整，内容精炼，同时便于量化，以利于验证。

2. 确定研究方案。社会心理学研究方案是整个研究工作的纲领，对于保证研究工作顺利进行具有重要指导作用。一般说，研究方案主要包括六方面的内容。

第一，研究目标。首先是研究成果的目标，即通过本研究要解决什么问题，解决到什么程度，是做出理论探讨，还是提出实践建议？其次是成果的形式目标。即用什么样的形式反映研究成果，是研究报告、论文，还是专著或可操作性的规程等。目标不同研究方案的内容也就不同。

第二，研究内容和工具。研究内容是通过研究指标反映出来的，设计研究内容也就是设计研究指标的过程。所谓研究指标，就是研究过程中用来反映社会心理现象及其影响因素的类别、状态、规模等特性的项目。

按指标的特性不同，一般把指标分成四类：①定类指标反映研究对象的性质和类别。如性别、职业、婚姻状况等。②定序指标反映研究对象之间的等级或顺序。如文化程度有大学、中学、小学、文盲；工作满意程度有很满意、较满意、一般、不满意、很不满意等。③定距指标反映不同研究对象间的数量差别和间隔距离的指标。如收入上的差距、年龄差异都可用间距来反映。④定比指标是反映研究对象间的比例和比率关系的指标。如失业率、流动率、职业转换率等。具体使用何种指标，要依据所研究的内容而定。

研究工具是指完成研究的物质手段。它包括拟定的研究提纲，设计的表格、问卷，以及使用的照像机、录音机、计算机等。

第三，确定研究对象。研究对象是实施研究工作的基本单位和数量。它可以是人，可以是组织，也可以是某种社会心理现象。

第四，研究方法。主要是指收集资料和研究资料的方法，应根据研究目的、内容和主客观条件来确定使用哪些研究方法。

第五，经费计划。经费是保证研究顺利完成的重要条件。经费的筹集和使用要遵守花最少的钱取得最大的研究成果的原则。

第六，研究队伍的组成。研究人员配备要合理，课题负责人应是业务骨干和实际经验较多的人。辅助人员的配备也要注意其知识结构和研究素质。

以上是研究方案包括的几个主要方面。需要指出的是对于一些重大的、复杂的研究课题来说，往往需要设计几套不同的研究方案，经过可行性分析后，从中选出一个最佳方案进行实施。

三、社会心理学研究方案的实施和总结

研究方案的实施过程是研究目的、任务的落实过程，而总结则是研究结果的进一步深化。

1. 研究方案的实施。实施阶段是将设计阶段提出的方案付诸实践活动的阶段。按照理论设计的基本要求完成研究方案是本阶段的要遵守的重要原则。其基本任务在于努力收集、记录足够、真实、准确的资料，以保证研究结果的科学性、准确性和可应用性。

方案实施过程关键是要减少主客观因素的干扰，保证数据的客观性和真实性。影响研究资料的因素很多，除了方案设计、调查对象的选取等技术因素外，以下几个因素也对实施过程的客观性发生影响。

(1) 研究者的倾向性。研究者的愿望、态度、情感及行为趋

向必然会对研究对象造成影响。研究者的目的倾向性越明显，对被研究者的影响也就越大。特别是在采用谈话法、实验法的条件下，被研究者对研究者的行为非常敏感，即使研究者不明确表示要对方做什么或怎么做，由于研究对象对研究目的的了解，也会产生暗示作用，从而使被研究者的行为发生变化。此外，研究者的水平，包括知识、调查能力、归纳能力，理解能力等都会影响研究结果的客观性。

（2）被研究者的倾向性。社会心理学研究人的社会行为，当被研究者意识到自己正在被人"测验"时，他会极力做出"正确"的反应。在许多情境下，被研究者都会倍加注意自己的言行，大部分人会尽力做出社会能接受的反应，还有的被研究者甚至会取悦于研究者而改变自然的反应。

（3）环境因素的影响。如在研究实施之前或实施过程中发生了一些与研究无关的重大事件，会对被研究者的思想和行为产生暂时的影响。或是被研究者的家庭及人际关系出了问题，也会影响到研究的准确性。

要克服研究实施过程中各种无关因素的影响，关键在于研究的规范化和研究情境的同一化。除此之外，还应注意以下几个环节：

第一，研究方案的实施要由训练有素、技术熟练，并对研究目标有明确理解的人来担任。对辅助人员也要进行严格培训。

第二，对于方案中技术性或技巧性强的研究内容或项目，最好由一个人来完成，至少也应按项目进行分工，每人负责一个或几个项目，避免同一具体项目由多人共同完成。

第三，在研究时间上，同一具体项目或内容要尽量在短时期内完成，避免由于时间的推延而带来的环境变化和被研究者成熟度的变化而造成研究误差。

第四，及时调整研究方案。社会心理学的研究对象是相当复杂、不断发展变化的社会心理现象。因此，不管研究方案制定得多周密、具体，在实施过程也难免出现偏差或与实际不相符的情况，这就需要根据变化的情况调整实施方案，使研究方案在实施过程中不断完善。

2. 研究课题的总结。总结阶段是对收集的资料进行分析和做出结论的阶段，从资料分析中得出科学结论是研究工作最重要的环节。此阶段的主要任务是整理资料、统计分析和理论研究。

（1）资料整理。根据原来拟定的计划和研究方案，最后将得到大量内容极为丰富生动的第一手资料。然而，这些资料又是分散的、没条理的、不系统的，只有按照一定的程序和方法经过加工整理之后才能变成有用的东西。

首先要对所获得的资料进行审核。检查已研究的对象是否属于原定的研究范围，所获得的资料是否有遗漏和错误，判断材料的真实性和可靠性。其次是在审核的基础上对资料进行整理，使之条理化和系统化。对资料的加工整理目的是使第一手材料在数量上减少，通过分类、合并、筛选和取舍，使材料简单化。去掉那些表面的、偶然的、没有代表性的东西，使材料更集中、系统和富有代表性。

（2）资料分析。资料分为文字资料和数字资料，对文字资料的分析基本上采取定性分析的方法，对数字资料则采用定量分析的方法。资料分析的方式方法很多，最常用的是比较分析和统计分析。

比较分析是在相似条件的基础上，把不同研究对象的同类因素或同一对象不同时期的同一因素进行对比，以发现它们之间异同及原因的分析方法。将同一时期不同对象的状况进行比较是横向比较，横向比较的优点是可以一目了然地发现不同对象间的差别，找出差异的原因。如“不同文化水平青年就业行为的研究”，“不同职业岗位职工工作满意感的研究”都主要是运用横向比较的方法。将同一研究对象不同时期的情况或表现进行比较分析，称为纵向比较，其优点是展示同一事物在不同时间内变化的水平。如“改革开放以来我国农民科技行为变化的研究”，“改革开放以来农村居民社会心理承受能力的研究”等主要采取的是纵向比较方法。

统计分析的特点是通过对现象或实验数据的数量分析去揭示现象的内部联系和质的规定性。统计分析包括描述性分析和统计推论两部分。描述性分析回答“是什么”的问题，即通过分析指出研究对象的状况、特点和发展过程等。它主要包括：编制次数分布表、绘制次数分布曲线、测定某种现象的集中趋势或离散趋势等。常用的指标有频数、众数、中位数、算术平均数以及反映研究对象间差异的标准差和离散系数等。统计推断是回答“为什么”的问题。是在随机抽样的基础上，根据样本对总体进行推论的一种方法，是描述分析的继续和深化。常用的统计推论方法有两种：一种是区间估计，另一种是统计假设检验。

四、研究报告的撰写

研究报告是研究结果的一种公开形式。根据研究方法和研究内容可以把研究报告分成各种类型，如实验报告、调查报告、综合研究报告、专题研究报告、理论研究报告、应用研究报告等。研究报告的撰写没有固定不变的模式，但有其基本格式和结构。了解研究报告的基本结构和写作要点，无疑是写好研究报告的重要前提。

（一）研究报告的基本结构

研究报告一般包括五部分内容：标题、导言、方法与步骤、结果分析、问题与讨论。

1. 标题。研究报告都要有一个题目，以说明该报告的主要内容。标题通常有三种写法：一种是直接陈述所研究的问题，如

《关于产生干群矛盾的社会心理分析》、《关于进城农民职业满意感的调查》等，这种题目朴素、简明，一目了然。第二种是问题式题目，即以提出问题的方式作标题。如《农业科学技术为何难推广》、《环境治理难在何处》。这类标题的特点是尖锐鲜明，对读者有较大的吸引力。第三种是主标题加副标题的写法。有些研究通过某一局部研究结果可以得出一般结论，常用此种标题。如《农民需要科学技术——关于某县开展农业科技教育的调查》《女性就业为何这样难——对某某企业用人态度与行为的调查》。

2．导言。导言就是报告的引言，它需要回答这样一些问题：该课题研究背景和缘由；该课题在理论上和实践上有何意义；对以往同类研究的评价，本研究同以往的研究相比有何特点；本研究的理论假设和所要达到的目的；本研究探讨了哪些问题等。导言部分写法很灵活，一般要求文字简短。

3．方法和步骤。此部分是对研究过程的介绍，以向读者表明研究结果的可靠性、准确性和科学性。首先应介绍研究对象的数量、范围、确定方法及研究时间，使读者据此评价研究结论的适用范围及偏差状况。其次要说明研究所采用的方式、方法和基本程序，以使读者了解资料的准确性和可靠性。其三是资料收集的方法和资料处理的说明，以体现研究结果的客观性和科学性。

4．结果分析。此部分是对研究结论的分析过程，是报告的主体。要依据详实的资料数据，按照一定的思路，运用一系列科学的分析方法对资料进行比较、分析、归纳，并提出看法和判断。对于结果部分首先要求要有分析和结论，同时要求要有得出结论的数据。需要指出的是，分析过程并不是研究分析的记录，而只是获得结论的过程。因此要避免在报告中罗列大量的数字、图表，而只是有针对性地列出与结论有关的部分。

5．问题与讨论。此部分是报告的结尾部分，一般包括两部分内容，一是概括本研究的结论，深化主题。二是提出问题和建议。通过对研究结论的概括，可以提供一条线索把纷繁、分散、复杂的研究过程串联起来，使人对研究思路和研究结果一目了然。提出的问题和建议主要是指根据研究的结果指出当前存在的问题和改进工作的具体意见。在这部分里还要对研究过程中的一些问题开展必要的讨论，如说明数据与理论假设的关系；解释数据资料及研究方法的局限性；研究结果与假设吻合说明什么问题，不吻合又说明什么问题；对不吻合的情况还应做哪些进一步的探讨。对一些认为有价值但还不能做结论的问题也可以在报告中作为讨论性意见提出来。

研究报告后一般要附有有关材料的出处，参考的资料和书籍及其他旁证材料。

（二）研究报告的写作要点

在动手写研究报告之前，一定要考虑以下问题：报告的主题是什么，有何学术价值和实践意义，与以往的研究相比，有哪些新的发现，怎样使用这些资料，报告的篇幅和结构如何等等。简单说应注意以下三方面问题。

1. 主题鲜明，重点突出。主题是研究报告的灵魂，是研究者在说明事物，阐述道理时所表现出来的基本思想。研究报告不是简单地向读者展示所获得的资料，而是要通过这些资料说明某些问题，这就要求围绕主题进行分析。正确、新颖、鲜明、集中是对主题的基本要求。所谓正确就是主题要反映客观事物的本质规律，有积极的社会意义；新颖是指要有新意，能在报告中发掘出别人尚未深入研究的东西；鲜明则是指主题所反映的研究者的立场、观点、态度一目了然，而不是模棱两可；集中指的是内容要凝练、集中材料把问题说透，不能面面俱到，冲淡主题。

2. 尊重事实，精选材料。剔去那些与主题无关的、次要的、非本质的琐碎的材料，实事求是地选用准确的数据、详实的资料，绝不允许根据自己的好恶随意裁剪材料。选材过程是一个用材料说明观点的过程，因此还要注意详略得当、主次分明。

3. 结构严紧，概念准确。结构是指报告的层次。撰写过程中要注意事情的时间顺序和内在联系。结构妥当，论述推理就显得脉络清晰，井然有序，也有利于内容的表达。

研究报告中所用概念一定要准确、规范、科学，重要概念要有定义，或说明它的内涵和外延。避免使用生僻的、不易理解的概念。引用的数据要准确无误，对那些模糊的数据应作必要的交待或说明。推理和分析要注意逻辑性。

第三章

社会认知

从本章开始我们将介绍社会心理学的基本内容，社会行为的基本过程首先是从社会认知开始的，社会认知（Social cognition）一般是指社会主体对社会客体的外在特征和内在属性的感知和认识过程。社会认知是社会行为的基础，人的社会行为受其内在的社会认知的支配，要准确的理解和预测人的行为，就必须深入到这种内在的认知体系中去。在社会心理学的著作中大都使用社会知觉（Social perception）这一概念，并把两个概念等同起来。其实，这是两个联系密切但又不同的概念。这里我们是把社会知觉作为社会认知的起点来使用这个概念的，社会知觉、印象、判断是社会认知的三个主要环节，他们相互联系，构成了完整的社会认知活动。

第一节　社会知觉

社会知觉的概念是由布鲁纳（J. Brunei）在 1947 年首先提

出来的，强调知觉受社会因素的制约，即知觉不仅决定于客体本身，也决定于主体的目的、态度、价值观和过去的经验。后来不少社会心理学家对社会知觉进行了研究，创立了各种各样的理论，赋予了社会知觉新的含义。

一、社会知觉的含义和特性

知觉是人对作用于感官的事物的一种整体反应，它是针对感觉而言的。知觉可以分为对物的知觉和对人的知觉，对人的知觉社会心理学称为社会知觉。具体说，社会知觉是人们在社会生活中形成的知觉反应，是人们对社会客体外在特征的整体性的主体反应。研究社会知觉是非常重要的，因为人的一切行为都是受他对社会客体知觉的影响。无论是对物的知觉还是对人的知觉，都服从于知觉的一般规律，又表现出各自的特点。一方面，社会知觉的反应条件是社会生活环境。社会知觉的形成不仅受知觉对象的物理特性的影响，也受知觉对象的社会性质的规定。人们在知觉他人时并不仅仅停留在对被知觉者的外部行为的知觉上，而是要根据外部行为了解他的动机、观点、信念、感情和性格等内部的心理状态。另一方面，从知觉主体来看，知觉者的欲望、动机、人格因素和价值观念等都会影响知觉活动和知觉品质。由于主观条件的不同，每个人在社会生活中形成了自己所固有的社会知觉结构，同样的社会刺激，不同的知觉主体对社会客体的知觉也就不同，由此形成的有关观念也就会不同。因此，社会知觉比对物的知觉更具有主观性和复杂性，这也是造成“仁者见仁，智者见智”现象的根本原因。

一般认为，社会知觉具有以下四个特点。

1. 社会知觉的主观性。社会知觉是感觉器官直接接受社会生活事件的刺激而产生的反应。它是一种直观的、表面的、具体的反应。没有某种刺激就不会有相应的反应。但这种反应是凭借知觉主体以往的知识经验进行的，因此具有明显的主观性。知识经验在社会知觉的过程中起着重要作用，在图 3－1 中，甲、乙、丙、丁、戊五个图形，尽管组成每个图形的个别成分是相同的，但由于人们知识经验的原因，人们只能对丙做出解释，而不能解释其余图形的意义。由于经验的参加，人们可以回忆过去经历过的事物，把当前作用于感官的刺激纳入到已有的知识经验体系中去。

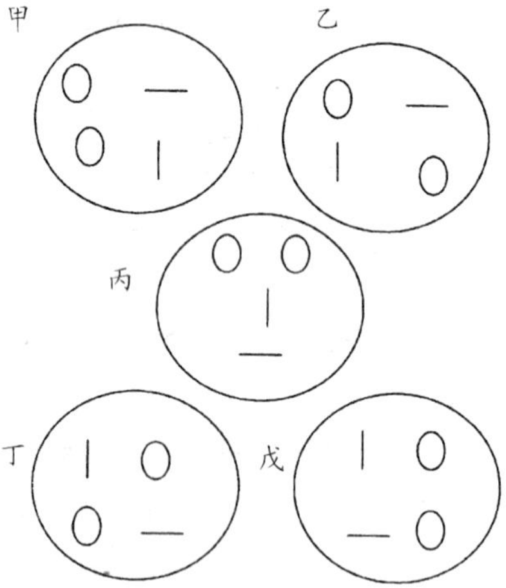

图 3－1　经验在知觉中的作用

也就是说，社会知觉包含着理解的作用，当我们看到一个人帮助他人时，我们就会认为这个人具有助人的行为。我们对社会刺激的理解程度，是以我们已有的知识经验为基础的，如果我们只有一般的知识经验，那么我们只能对有关刺激进行一般的理解。反之，如果我们具有特殊的知识经验，那么我们对社会刺激就能够进行特殊的理解。有时往往由于对直接作用于我们的社会刺激缺乏理解，因此也就不能达到对社会刺激的正确知觉，有时还会产生错误的知觉。

2. 社会知觉的整体性。社会知觉是知觉主体利用已有的概念对直接作用于感官的事件进行排列组合的过程，社会知觉的对象一般是由各个部分组成的复杂的社会行为现象，这种复合刺激作用于我们，我们体验到的并不是个别孤立的事物的属性，而是把它知觉为一个统一的整体，这称为社会知觉的整体性。据格式塔心理学派的研究，在形状知觉中知觉的整体性遵守以下原则。

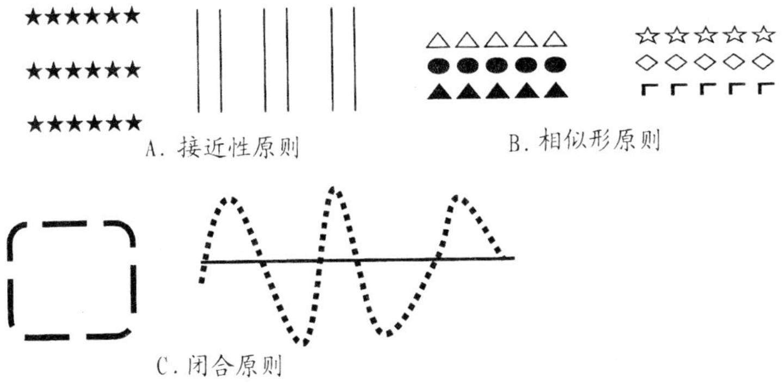

图 3－2　视觉知觉的整体性原则

接近性原则：凡是在空间上接近的部分，容易形成整体知觉对象（图 3－2A）。

相似性原则：凡是相等或相近的刺激物，就容易形成整体知觉对象（图 3－2B）。

封闭性原则：具有封闭或封闭倾向的刺激物，容易形成整体知觉对象（图 3－2C）。

对人的知觉也同样遵守这些原则，空间上的接近性、个性特点的相似性、形态的完整性等都是影响对人知觉整体性的重要因素。有人用“心理场”来解释我们把某种刺激看成是“此”而不是“彼”的原因，在心理上确实存在着这样一种力量，使我们把社会知觉对象模式化和整体化，就象我们在形状知觉中忽视了构成形状的点和线一样，一些社会刺激的重要方面也往往被忽视，把知觉对象整合成一个主观想象的东西。从而造成错误的社会知觉。

3. 社会知觉的选择性。社会刺激是多种多样的，人们在进行社会知觉时并不是对作用于主体的所有社会刺激都发生反应，而是有选择地把少数刺激作为社会知觉对象，把它从背景中区分出来，从而做出清晰的反应。社会知觉的这种特性称为社会知觉的选择性。

影响知觉选择性的因素很多，有主观因素也有客观因素。就客观因素而言，主要是刺激物的特点，包括三个方面。一是知觉对象与背景的区别，对象与背景之间差别越大，越容易选择；二是对象的活动性，夜空的流星、闪光的霓虹灯广告等都容易为人们所选择；三是刺激物的新颖性，某些个体与众不同的表现、新颖的服饰等都可以增强人们的选择性；在一个陌生的群体中，我们首先知觉到的是那些具有突出特点的人，或是身材高大，或是穿着华丽，或是声音洪亮，总之那些与背景差别大、活动性强和具有新颖性的刺激物，最容易让人选择。在一些临时群体中，那些善于讲话、活跃的人，最容易引起人们的注意，他们往往被推举为临时组织的领导者。四是刺激物的强度，社会刺激物的强度不仅指知觉对象的物理强度，更主要的是其社会意义的性质及其价值的大小，如果一个社会刺激能够给人带来利益，该社会刺激就容易成为人们的知觉对象。

主观方面，知觉者的需要、兴趣、知识经验、目的、任务以及情绪状态等都对知觉对象的选择发生影响。

4. 社会知觉的恒常性。由于知觉者经验的作用，当知觉对象在一定的范围内发生变化时，知觉主体仍然没有感到这种变化，这种现象在心理学中称为知觉的恒常性。视觉的恒常性十分明显，如大小、亮度、形状、颜色的恒常性等等。在社会知觉中同样有这种现象，一个人已经发生了明显的变化，可是人们还是用老眼光看待他。对一些“司空见惯”的现象，感觉不到它的发展和变化。社会知觉的恒常性实际上是一种心理惯性，表现出凭老经验、老观念和习惯的方法来看待新事物，这是造成对社会变化反应迟钝的主要心理原因。在日常生活中，第一印象的作用，对他人和自己人格的知觉的稳定性都是这种特性的表现。

社会知觉是对人的知觉，它比对物的知觉要复杂得多。作为物的存在，其自身的各种属性是相对稳定的，因此，对物的认识容易从直观上认识和把握。人则不同，人的变化和发展不仅是复杂的，而且是持续的，不能简单的从直观形式上认识和把握。此外，对物的知觉主要通过物的属性和特征，而较少地考虑社会因素的影响。对人的知觉除了考虑知觉对象的客观物质属性外，还必须考虑社会环境的影响，对各种社会属性和特征进行考察，如社会地位、身份、职业、名望等。更为重要的是知觉对象是具有积极性和能动性的人，他能够主动地通过自己的活动去影响他人和环境，因此，在社会知觉中，知觉者与被知觉者双方处于相互影响和相互作用的互动过程中。在这种互动中知觉活动的发生和进行不是单向的，也不是一次性的，而是双向的和反复进行的。这些差别和特点决定了社会知觉比对物的知觉要复杂得多。

二、社会知觉的类型

社会知觉的类型比较广泛，一般认为社会知觉包括对他人的知觉、对自己的知觉、角色知觉和对人际关系的知觉。

（一）对他人的知觉

对他人的知觉是指通过对他人外部特征的了解，进而取得对他人性格、动机、情感、意图等内部心理的推测和判断的过程。对他人的知觉是人类社会生活的重要前提，因为要与人打交道就必须要了解人。许多人提出这样一个问题：有没有一种方法，通过对人的相貌举止的观察就能准确判断他的内心品质，答案是肯定的。

1. 知觉他人的依据。其实研究人的心理历来为人们所重视，中外历史上有不少人试图把人的外貌与人的心理的联系起来，形成了各种各样的理论和学说。中国古代就有通过鉴貌辨色分辨邪正的记载，《论语·为政第二》中说“视其所以，观其所由，察其所安，人焉廋哉”。意思是说要分辨一个人的好坏，首先要看他怎样做这件事，其次要看他为什么做，最后要看他完成这件事后的感受。《孟子·离娄》篇中把辨人的方法又进了一步，“孟子曰：存乎人者，莫良于眸子，眸子不能掩其恶。胸中正，则眸子了焉，胸中不正，则眸子眊焉，听其言，观其眸子，人焉廋哉”。其实，这些都是一些相人的经验。在国外，有颅相说、体型说、体液说等，这些理论大都是以日常观察的片面材料为依据，加上主观的臆测，缺乏科学根据。因为人的相貌、体型与心理品质的关系是非常复杂的，并非他们所想象的那样简单。

对人的知觉的研究，要首推达尔文对人的表情和情绪认知的研究，在其所著的《人类和动物的表情》一书中指出，人的许多表情动作都具有生物学意义上适应性活动的痕迹。例如，哭泣时嘴角下撇的表情是人类祖先在困难中求援的适应性动作，厌恶的表情与呕吐前面部的肌肉运动相似……。人的表情具有这种生物学意义的起源，并通过遗传固定下来。心理学家研究发现，人的表情甚至外貌也包括了后天习得的部分。据研究，出生儿的相貌是不确定的，他们通过观察和模仿自己身边的亲属及其他人逐渐学会了如何安排自己五官的位置。这一理论能很好地解释为什么某一地区的居民在相貌上有较多的共同之处，甚至长期生活在一起的夫妇，相貌也变得相似起来。可见，环境和性格特征在人的相貌上可能会留下痕迹，这就为对他人的知觉提供了一定的依据。

首先，我们先看看外表与心理品质的关系。第一，人的面部表情可能反映一个人的内心状态或经历。人的面部肌肉及其脸部皱纹，既是年龄的印记，也是面部肌肉习惯运动的痕迹。一个性格忧郁、长期闷闷不乐的人，他的眉心和嘴角就会出现较多的皱纹。长期无忧无虑、开朗乐观的人，面部肌肉就较松弛、平滑，由于人们经历的不同，就会出现许许多多的脸：沉着的、拘谨的、快乐的、悲伤的、真诚善良的、狡猾奸诈的等等。第二，人的外貌特征会对人的性格等心理品质发生一定的作用。尽管相貌特征并不直接决定一个人的心理品质，但由于相貌的原因，可能会为某些人形成某种心理品质提供条件。第三，人的心理因素与生理因素是相互影响的。心宽体胖、积忧成疾是有科学道理的。正因为这些原因，人们可以透过他人的外表，实现对其心理品质的认知。

其次，我们再谈谈人的言语活动。人们说话的语音、语调、速度和节奏都体现着一个人的心理特征和态度，通过对人的言语活动的分析，有助于知觉他人的性格和态度。在分析人的言语活动时，必须注意人的言语表情。所谓言语表情，是一个人说话时通过语音、语调、语速的变化而表现出来的，许多情况下，言语表情能准确地反映一个人真实的心理状态。言语活动除了讲话外，还包括了听。许多人十分注意讲话的训练，而忽视听的能力的训练，其实听与讲对人际沟通来说同等重要。

其三，谈谈动作。人的动作是指身体的各个部位为了表达某种意思或感情而表现出来的状态，点头、摇头、招手等都表示特定的含义。有研究指出，在人际交往的信息传递过程中，词的作用只占 7%，语调占 38%，其余 55% 的学习是靠表情和动作来传递的。大多数研究者认为，有声语言主要传递信息，表情动作等无声语言主要用来表达态度和感情。人类和其他动物一样，其行为反应都受到生物准则的支配，但人的有声语言与无声语言常常相互矛盾，并且往往不能被自己意识到。科学研究证明，当人的大脑进行某种思维活动时，他的大脑会支配身体的各个部位发出微弱的信号，这是人不能控制和不能意识到的。正因如此，人们可以通过一个人的表情动作推测他的内心状态。人的动作是十分复杂的，以手的动作为例，我们可以把手的动作分成“象征”、“说明”和“协调”三种作用。象征动作一般具有相对应的言语意义，像夸奖时竖起大拇指，抗议时攥紧拳头等动作，均是象征性动作。说明动作可以增加言语信息内容，起到强调和补充的作用。协调性动作是人们在孩提时为了满足个人需要学会的，到了成年人用来协调一些令人紧张的气氛。如手里玩东西，拧头发、抓脑袋或捏鼻子等都是常见的协调性动作。心理学的研究表明，控制协调性动作比控制其他的非言语暗示要困难得多。

人的身体姿势是反映一个人个性特征或态度的重要指标，图3－3是我们常见的四种体态，每一种姿势都可以表示多种含义，如A可以表示“漠不关心”，也可以表示“无可奈何”；B可以暗示出一种“自满”的心理状态，也可以表示“厌烦”和“气愤”；C是“害羞”、“忸怩”的信号，也表示“悲哀”的心理状态；D给人一种“傲慢”的感觉，也表示“冷淡”、“敌对”或“怀疑”。

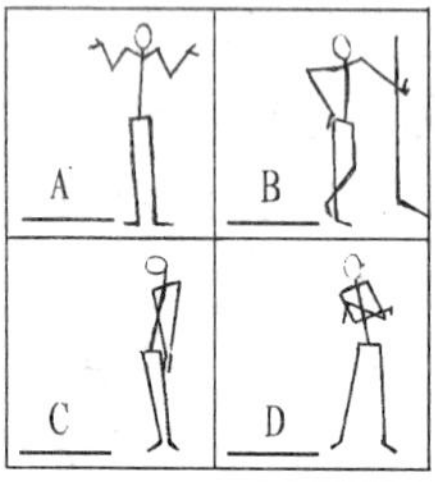

图3－3　体态所表达的特定含义

此外，人的坐姿、身体放松的程度等也反映人的态度或个性，了解这些表情、动作、姿态的含义，对准确地知觉他人，协调好与他人的关系有重要的意义。

2. 知觉他人的方式。对他人的知觉主要是通过对他人外部特征的了解，进而取得对他人性格、动机、情感意图等内部心理特征的推测和判断。要实现对他人的知觉，就必须与他人发生关系，得到有关他人的信息。在只有知觉者和被知觉者两人的情况下，这种知觉方式是直接的、面对面的，在有其他人在场的时候，更多的是通过第三者，甚至第四者间接地实现对他人的知觉(如图 3-4 所示)。

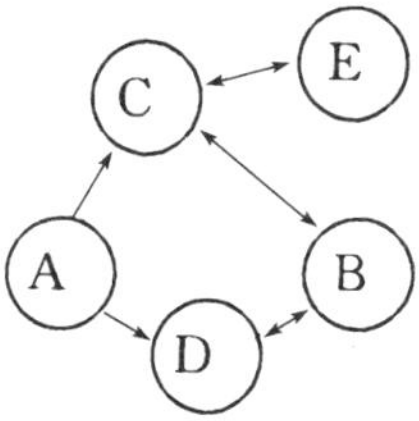

图 3-4　知觉他人的方式

根据知觉他人时是直接的还是间接的，以及相互间有无相互作用，我们把对他人的知觉方式分为四种。

相互直接知觉：知觉者和被知觉者有相互作用，有来有往，有问有答。这种知觉方式是双向的，如图 C 与 B 的关系。

单向直接知觉：知觉者和被知觉者之间是单向关系，知觉者是主动的、有目的地对被知觉者进行了解，而且是在被知觉者没有意识到的前提下进行的。如图 A 与 C 和 D 的关系。

相互间接知觉：知觉者和被知觉者之间的交流是通过某种中间环节进行的，这种环节可以是某个人，也可以是某种媒介。如图中 C 和 D 的关系。

单向间接知觉：知觉者和被知觉者之间不仅有媒介物，而且是单向的，没有相互间的往来和沟通，只能是一方表演，一方接受。就像我们通过报纸、电视“知觉”他人，而他人却无从“知觉”我们一样。从档案里了解他人，从第三者那里了解他人，都属于这种知觉方式（如图中A通过C了解B，或了解E)。

（二）对自己的知觉

自我知觉就是对自己的认识。正确地认识自己，对个人的心理活动及其行为表现具有重要影响，心理学家柯里曾经指出，人们经常会把自己看成是有价值的、令人喜欢的、优越的和能干的，如果一个人看不到自己的价值，感到处处低人一等，就会丧失信心。同样，如果一个人只看到自己的优点，看不到别人的长处，就会盲目乐观、自以为是，不能处理好人际关系。中国有句成语“知己知彼，百战不殆”，就是对社会知觉意义的高度概括。

1. 自我意识。自我知觉的内容十分丰富，它既包括对自己的心理特征、心理倾向的知觉，也包括对自身的知识、能力、品格以及在群体中的地位等内容的知觉，如我们的气质属于哪一类，我们有什么样的兴趣爱好等，并不是每个人都十分清楚的。但这又是十分重要的，“人贵有自知之明”，正确地评价自己，对个人的心理和行为表现，对协调人际关系有着重要的影响。它是产生自尊心、自信心和实现自我控制的基本前提。自我知觉过程，就是一个人自我意识的发展过程。因此，这里我们对自我意识做些探讨。

自我意识是个体对自我存在的察觉，也就是自己认识自己的一切。包括自己的生理状况、心理状况、思想观念以及与他人的关系等，它是一个比自我知觉更广泛的概念。

自我意识中包含了“主我”与“客我”两个对立的部分。主我是自身活动的察觉者，客我是自身活动的被察觉者，米德把前者称为“I”，把后者称为“me”。我们常说，“我这个人太直率”，“我感到自己缺乏自信”等，反映的就是“主我”和“客我”的关系。自我认识就是主我对客我的认识和评价，在自我认识的基础上，如果“客我”满足了主我的要求，就会产生积极的自我体验，表现为自我满足，否则就会表现为消极的情绪体验，表现为自我责备。在主我和客我之间经常发生矛盾和冲突，这就产生了自我控制，也就是主我对客我的制约作用。由于主我要求客我符合其期望水平，从而推动自我不断地努力进取。

自我意识是社会化的结果，是个体在与周围的环境长期的相互作用中逐步发展起来的，奥尔波特把人的自我意识发展过程分为三个阶段。

(1) 生理的自我。是个人对自己的身躯的认识，包括占有感、支配感和爱护感，生理的自我是自我意识的原始形态，它使个人体会到了自己的存在是寄托在自己的身躯之上。刚出生的婴儿没有自我意识，他们不能区分哪些东西是自己的或不是自己的，把自己的手脚同周围的玩具视为同样性质的东西加以摆弄。

出生3个月左右的婴儿，有一个重要的现象发生了，就是婴儿会对人笑。心理学家认为，婴儿的笑在自我意识的发展中有重要作用，笑表示婴儿对外界的刺激发生了反应，说明婴儿与外界环境有了接触。奥尔波特指出，婴儿到了7到8个月的时候，往往关心自己在镜子里的形象，但他们还不知道镜子里的形象就是自己。生理的自我从婴儿出生8个月到3岁左右基本成熟。3岁左右的婴儿能更多地使用第一人称，并有了羞耻感、嫉妒心和垄断心，但这时表现出的行为是以自我为中心的，认为外部的世界是为他自己而存在的。所以此时期又称为“自我中心期”。

(2) 社会的自我。从3岁到青春期以前是个体接受社会化影响最深刻的时期，也称为“客观化时期”。这一时期他们学习扮演各种社会角色，掌握社会行为规范。从幼儿园的游戏到学校生活，都对实现社会的自我起了重要的作用。

游戏的过程与社会化的过程是吻合的，儿童的游戏是成人社会生活的反映。儿童在游戏中扮演某个社会角色，学习该角色的行为方式，揣摩该角色的心理状态，并在各种角色关系中产生某种情绪体验。学校的社会化也是建立儿童自我意识的重要阶段。学校与家庭不同，在学校中教师的感情对儿童是一视同仁的，使学生认识到自己在学校中具有与他人同样的地位，从而失去了在家庭中“惟我独尊”的地位。在学校中他们接受一定的社会义务和责任，形成一定的道德规范，特别是成就需要得到了发展，这是形成自我意识的重要特征。

（3）心理的自我。从青春期到成年大约 10 年的时间，是心理的自我发展的阶段，也是自我意识趋于成熟的阶段。此阶段个体的生理、心理都发生了本质的变化，如性的成熟与觉醒，想象力的丰富，逻辑思维能力的发展等，都促使自我意识趋于成熟。此阶段也称为“主观化时期”，具体表现在以下几个方面。

首先，他能够透过自我意识去认识外部的世界，也就是说，利用自己的观点认识与评价外界事物，而不愿盲目地追随他人。因而他们的观点和行为都带有浓厚的个人色彩。心理的自我是社会自我发展的必然产物，如果自我意识仅仅发展到“客观化时期”就停滞不前，那么人类社会就会变成一个划一的群体，社会的进步和社会创造力就无从谈起。

其次，这一时期是个人的价值体系形成和发展的时期。这一时期的年轻人常常强调自己所具有的独特的个性特征的优越性与重要性，从而指导自己以适应社会，并努力提高自己在社会上的地位。

其三，表现出了自我理想。自我理想是个人追求的生活目标，个体追求的目标对他本人来说是最有意义的。体现了自我理想与价值观的一致性。

自我意识的形成，使人们特别关注自己的思想和感情，关注别人对自己的反应以及自己在群体中的地位和形象。

2. 自我知觉的方式。自我知觉是一个十分复杂的过程，因为我们的情绪、态度、品质和能力，对我们自己来说，常常是不清楚的，模棱两可的，因此，我们不得不从我们自己明显的行为和围绕我们的环境力量的认识中来判断它们。沙赫特（S. Schachter）和辛格（J. Singer）在1992年曾做过关于情绪自我知觉的实验。在实验中他们给A组被试注射肾上激素，并告诉其注射后的反应，如发热、心跳加速、偶有颤动；给B组注射后，不说明药物的作用。然后让两组被试处于令人兴奋或令人愤怒的情境中。结果发现，A组被试将生理反应归结为药物造成的，因而没有明显的情绪反应；B组被试则情绪反应强烈，他们不知道药物有兴奋作用，以为强烈的生理反应是情境造成的。他们指出人的情绪知觉依赖于两个因素：生理反应状态和情境线索。因为生理反应都十分相似，所以判断情绪反应的唯一不同方面就是情境。只要一个人没有清楚地认识到情绪反应的真正原因，就会用情境线索解释其生理反应。可见，自我知觉具有较强的主观性。那么有没有比较客观的实现自我知觉的方式呢？我们可以通过以下方式来了解自己。

（1）以人为镜。1922年社会心理学家库利（C. Cooley）提出“镜象我”的概念，意思是说，我们的自我概念是他人判断的反映，我们觉得自己好或坏，依赖于我们设想别人如何判断我们。人们的自我知觉大体上是以别人看待自己的方式看自己的，我们所属的社会群体是我们观察自己的一面镜子，通过与他人的沟通，可以从他人对自己的态度和评价中看到自己的形象。实际上我们做许多事情都会想到在别人看来会如何反应。当你走在大街上，想随手把果皮扔在地上时，可能因为耽心别人会怎么看而改变该行为。他人对自己的评价，对自我知觉有着重要的作用。

（2）通过与他人比较来认识自己。自我知觉不是孤立进行的，社会心理学家费斯廷格（L. Festinger）提出了社会比较理论，认为只有通过把自己与别人比较才能评价自己的才能和价值观。在没有客观指标的情况下，人们往往以别人作为评价自己的工具或尺度，尤其是和自己相类似的人比较。要了解自己的学习成绩，会通过与同学的学习成绩的比较来发现自己的优势和劣势，在工作岗位上，你可在与同事的比较中来判断自己工作能力的高低。有一项实验解释了社会比较对个体自我知觉的影响。实验开始前，被试先接受自尊的测试，然后让他们碰到应聘职位的竞争对手，不同的是A组被试碰到的竞争者是衣冠楚楚的人，B组被试碰到的竞争者是衣衫褴褛的人。接着对被试进行第二轮的自尊测试，结果发现，A组被试自尊明显降低，B组被试自尊大幅度提高。

（3）通过自己的心理活动实现自我知觉。自我知觉并不是他人评价的机械反映，观察和实验都告诉我们，自我知觉并不完全以他人知觉为依据，而是可以通过自我分析独立完成。有的人自我评价远离客观评价，既有自我认识原因，又有本人动机的原因。由于每个人要求不同，标准不同，用以比较的对象也不同，所以得出的结论往往也是不同的。可见，自我知觉带有较大的主观性。

（4）自我测验。自我知觉可以通过自我测验来实现。自我测验的方法很多，主要是通过心理学家编制的量表进行，如个性测验、态度测验、气质测验、兴趣测验、能力测验等，都是常见的心理测验。需要指出的是，各种心理测验都是在一定的心理学理论基础上提出来的，均有其特定的使用范围，所测量的结果也只能说明某一方面的问题，并不能反映个体全部的特点，因此，我们通常把心理测验作为了解自己的辅助手段。

（三）角色知觉

演员在舞台上依据剧本的要求扮演各种各样的特定人物，称为角色。在社会这个大舞台上，也同样存在着各种各样的角色，称为社会角色。社会角色是指与人们的某种社会地位、身份相一致的一套权利、义务的规范行为模式，它是人们对具有特定身份的人的行为的期望。社会角色与社会地位紧密地联系在一起，地位是人们在社会关系体系中所处的位置，地位赋予了占据它的个体一定的权利、义务，从而来规范个体的行为以及他与占据着社会系统中其他地位的人们之间的行为及相互关系。社会中的人千千万万，每天都有一群群陌生的人呈现在我们的面前，对这样一些素昧平生的人，我们为什么能够得体地与他们交往呢？这是因为我们通过他们的衣着打扮、行为举止、言谈话语等可以判断出他们的地位和身份。例如，当我们看到一个穿警服的人在街道上指挥车辆，我们就知道他是交通民警，因此，要服从他的指挥。而当我们看到伫立在高大建筑门前，穿着军服，佩带枪支的人时，就知道他是警卫，未经他的允许是不能入内的。这些都是通过他人所扮演的角色来实现对他人的知觉的。任何一种社会角色总是与一系列的行为模式联系在一起，如教师要为人师表，医生要救死扶伤，领导者应该清正廉洁等，人们知道某人处在某种地位时，就期望他具备一套与其地位相一致的行为模式。

人们自幼生活在社会环境中，有意无意地扮演着一定的社会角色，从幼儿园到成人，随年龄的增长和社会地位的变动，所扮演的角色也不断地发生变化。小时候扮演的是孩子，后来又成为学生，结婚后又成为妻子或丈夫。一个人也并不是单一地扮演某一角色，他可以同时扮演多个角色，称为角色丛或角色集。角色的学习和扮演是伴随人的一生的，角色的实现过程就是主体适应社会的过程。

角色知觉就是根据他人所表现出的各种行为认识对方的地位，并根据对方的地位来推测他应遵从的行为，也包括对自己的地位及行为规范的认识。角色行为总是以对立的另一角色行为为基础，扮演某一角色时，既要知道自己的身份和地位，也要知道对方的身份和地位，这种角色知觉只能在角色的相互关系中才能实现，母亲和孩子、教师和学生、领导者和被领导者都是在相互的作用过程中明确各自角色的。如果一个人对社会赋予的角色知觉不明或错误，他的角色行为就会失败，一般说社会角色的知觉正确与否的程度与以下三个因素有关。

1. 对角色的社会期待的明确程度。角色期待是他人或环境对主体提出的符合其地位、身份的期望，主体必须领会这种期望，如果不知道他人对自己的角色行为的期望，也就不懂得自己所充当的社会角色应具备的行为规范。例如，一个抱小孩的妇女挤上公共汽车，希望能有人给她让个座位，这时人们便会把目光转到年轻人身上——希望他能站起来让座。这就是他人或环境对年轻人的角色期望。如果这个年轻人是位有道德修养的人，他就能够领悟他人的期望，意识到自己照顾妇幼的社会责任，因而把座位让出来；如果他是位缺乏道德修养的人，可能意识不到自己的责任和义务，就会面对压力而无动于衷。有些社会地位可以比较简单、容易地通过角色表现出来，如儿童、老人、男人、女人、外国人等。而有些社会地位，其角色的表现要复杂得多。

2. 角色学习和经验的程度。有些角色行为不需要意志的努力自然而然就能形成。如儿子、学生、母亲等，但有些角色则是要经过意志的努力才能习得。如果想做一名合格的教师，既要懂得教师的职责和权利，又要懂得教师的态度和情感，因此需要不断地体验他人的心理反应，从而巩固被肯定的行为方式与态度，使自己更加符合这一角色。如果没有经过这一角色的学习或学习不够，对这一角色的知觉就不完全。对某一角色毫无经验的人突然面对这一角色时，常常会感到不知所措。

3. 环境及时代的变化。环境的变化或社会大的历史变革，往往使角色期待发生动摇，产生角色知觉的混乱或不明确的现象，影响角色的知觉。一个人从农村到城市，或从一个单位到了性质不同的另一个单位，由于环境的变化，对所承担的新的角色往往认识不清，不能把握自己的角色行为，而感到无所适从。社会文化的迅速变迁，也会造成许多社会角色的变化，使一些行为超出了人们过去习以为常的范围，人们不知道应该做什么或该怎么做。这时角色的知觉有赖于新的社会角色规范的建立。

在社会生活中提高社会角色知觉程度，有利于判断对方的角色和调整自己相应的行为，是个体适应社会的重要条件。除了以上几类社会知觉类型外，还有对人际关系的知觉，我们将在有关章节中介绍。

第二节　社会印象

在认知活动中，我们一旦对知觉对象的某些属性做出判断，也就形成了印象，印象综合了人们关于对象各个方面认识的结果，反映了对象的总体特征。但是在很多情况下，人们并不是等到把握了对象的全部特征后才形成对他的印象，有时会凭着对知觉对象的一知半解的认识就可以下断言，这是由印象的特点所决定的。

一、社会印象的概念

在日常生活中，我们每个人都会以自己的迅速而有效的方式去形成对他人统一而完整的印象，甚至只见一面或看看照片，就对他是怎样一个人有了自己的看法，并为以后的接触提供了参考依据。这种现象就是社会印象。社会印象是人们通过与认识对象的接触和知觉，在头脑中形成并留在记忆中的认知对象的形象。社会印象是在社会知觉的基础上形成的，其本质是对人的面貌和特点的概括反映，因此它比社会知觉更接近于人的内在属性。一般认为社会印象有以下特点。

1. 具有间接性。社会印象不象社会知觉那样直观，始终离不开对知觉对象的直接反应，而是具有间接性。社会印象的形成，一方面以社会知觉为基础，另一方面又是认知客体不在眼前的情况下浮现出来的客体的形象。

2. 具有综合性。社会印象是对知觉结果的一种综合，它不像知觉那样单一，而是在综合了各种社会知觉的基础上产生的，有两个心理过程参加了印象的形成：一是有联想的参加，印象的形成是以联想为契机的心理改造过程。联想是在记忆的基础上，把被识记的对象和其他的对象联系起来的过程，它是在观念中建立事物之间的联系。因此，记忆与联想一起成为社会印象的心理机制，有了记忆，知觉信息才能贮存在大脑的信息库中，有了联想才能在记忆中把各种知觉信息联系起来。二是想象的参加。印象的形成是以想象为中介的知觉改造过程，想象不象联想那样，以唤取过去的经验来建立联系为主，而是在已有的经验基础上，对知觉材料进行重组和改造，形成符合主体需要的形象。这也是印象可能远离客观真实的心理原因。

3. 具有固执性。社会印象一旦形成就不容易改变，因此具有固执性。正是这种固执性特点，形成了社会认知过程中常见的偏差现象——社会刻板印象。社会刻板印象在社会生活中十分普遍。一种印象一旦形成，就会影响人们对印象对象以后一系列行为的评价，以致十个事实都难推翻一个印象。

二、社会印象的形成模式

人们如何处理知觉到的信息呢？美国社会心理学家安德森

(N. H. Anderson) 提出三种印象形成的模式，即累加模式、平均模式和加权平均模式。

1. 累加模式。是指人们在认知过程中用知觉到的各种品质的价值的总和来形成有关他人的印象。不同的品质对印象的形成有不同的作用，例如，热情是最好的品质，安静一般也是好的品质，吝啬和冷漠是消极的品质，安德森在大量调查的基础上制定了一张品质等级表：坦率、热情为 +3 分，安静为 +1 分，吝啬为 -2 分，冷漠为 -3 分。

假如你觉得对方是一个坦率、热情的人，就会对他形成好印象，如果再加上朴素和安静，按照累加模式，对他的评价会更高。这两种情况的计算方法如下：

第一种情况：3+3=6

第二种情况：3+3+1+1=8

也就是说，我们认知的对方的好的特性越多，对他的印象就会越好。

2. 平均模式。是以特性的平均值来形成对他人的印象。前例的计算方法如下：

第一种情况：(3+3) /2=3

第二种情况：(3+3+1+1) /4=2

这个结论表明我们认知了对方四个好的品质比认知两个好的品质，对他的印象反而变差了。以上两种模式哪一种更正确呢？安德森通过一系列的实验支持了平均模式。同时提出了加权平均模式。

3. 加权平均模式。安德森指出，在印象的形成过程中，人们更重视不好的特性，一种极端否定的特性会使人产生一种极端否定的印象。加权平均模式主张，印象的形成以各种品质的平均值为依据，但对其中的重要的品质（包括极好或极坏的）应给予加权。需要加权的极端的重要品质有：

（1）先行信息。人们在形成印象时并不是同等地重视所有信息，而是重视那些首先发现的信息，首先发现的信息会对后面的信息发生影响。

（2）消极否定的信息。消极的极端品质往往能左右人们对他的评价。不管一个人有多少良好的品质，只要有一种消极的极端品质，就会使人对他产生消极否定的印象。

（3）信息源的权威性。如果信息是间接的，传递信息的人的威信也是影响印象形成的一个重要因素，一般说，信息传递者的权威性是由他的地位、权力、知识、能力、品格、知名度等决定的。信息源的权威性越高，所提供的信息对形成印象的作用就越大。

三、影响社会印象的社会心理因素

在形成有关他人印象的过程中，由于受主体、客体和环境的影响，印象往往会发生这样那样的偏差，了解这些偏差产生的原因，对全面正确地了解他人有重要的意义。

1. 首因效应和近因效应。首因效应也称为第一印象作用，是指人们初次见面时，对方的语言、表情、姿态、身材、年龄以及服饰等方面对人的印象产生的影响。一个人最初留给人的印象是最为深刻的，陆钦斯（A. Luchinc）的实验证明了这种效应的存在。他用两段文字描述一个叫吉姆的男孩一天中的部分行为，一段文字暗示了吉姆是个性格外向的人，另一段文字暗示了吉姆是个性格内向的人，然后以不同的顺序展示给不同的大学生。结果发现，大学生对吉姆的评价服从于两段文字的顺序。

相貌因素对第一印象有着重要的影响，“以貌取人”是许多人的知人习惯，据国外有关专家调查，在招聘职员的过程中，有20%的招聘者会把第一印象作为是否录用的非常重要的因素，而形成第一印象的主要依据是应聘者的相貌。心理学家做过这样的实验，让被试看两组犯有相同罪行的材料，材料上附有犯罪者的照片，一组材料照片上的犯罪者眉清目秀，另一组材料照片上罪犯面目可憎。让被试充当法官给罪犯定罪，结果发现，被试对第一组材料多定为无罪，而对第二组材料多定为有罪。

对一个人做出截然相反的评价，是因为先入为主的首因效应的作用，首因效应本质上是一种优先效应，当不同的信息结合在一起的时候，人们总是倾向于重视前面的信息。即使人们同样重视了后面的信息，也会认为后面的信息是非本质的、偶然的，人们习惯于按照前面的信息解释后面的信息，即使后面的信息与前面的信息不一致，也会屈从于前面的信息，以形成整体一致的印象。由于第一印象是在短时间内以片面的资料为依据形成的印象，所以常常是不正确的。

在上述陆钦斯的实验中，如果在两段文字中插入其他的活动，则较近的信息对印象发生较大影响。这种现象称为近因效应。首因效应和近因效应对印象的形成都起作用，但作用的条件不同，一般来说，在知觉陌生人时，首因效应的作用大，而在知觉熟人时，近因效应起的作用更大。

2. 光环效应。光环效应也称晕轮效应或以点带面效应，是指在对他人形成印象的过程中，由于对他某些突出品质或特征的了解，从而掩盖了这个人的其它品质或特征，这种现象被心理学家称为光环效应。

光环效应往往在悄悄地却又强有力地影响着我们对他人的印象和评价。有些人看到某个人的个别缺点，就会把他说得一无是处，而看不到他的优点。有的人对自己羡慕的人的某一可爱之处也会推及到喜欢他的一切。成语“爱屋及乌”即说明这个道理。乌鸦本是遭许多人厌恶的“不祥之物”，但因爱那个人，便连带着喜欢上他屋上的乌鸦了。原来，人们对他人的多数判断最初都是依据好坏得出来的，然后再从这个判断出发，推出其他的品质。也就是说，如果一个人被认为是好的，他就被一种积极的光环所笼罩，人们会把其它好的品质都赋予给他，而看不到不好的品质。反之，如果一个人被认为是坏的，他就被一种消极的光环所笼罩，人们就会把其他不好的品质都赋予给他，而看不到好的品质。这些品质就像佛像头顶上的光环闪闪发光一样。

那么哪些品质具有光环效应呢？美国社会心理学家阿什（S. E. Asch）曾做过这样一个实验，他给被试看一张列有七种品质的表格（热情、聪明、灵巧、熟练、勤奋、坚定、实干），要求被试根据想象描述对具有这七种品质人的印象，被试普遍把具有这一品质的人描述成“慷慨的、幸福的、能体谅人的人”。如果把其中的“热情”一词换成“冷酷”，被试普遍推翻了原来的印象，代之以另一种完全不同的印象。但实验中如果用“文雅”或“生硬”替换“热情”或“冷酷”则没有这一现象发生。这表明“热情——冷酷”的品质起着光环的作用，阿什把这种具有光环效应的品质称为核心品质。许多实验证明，光环效应实际上就是个人主观推断的泛化、扩张的结果，由于光环效应，一个人的优点或缺点一旦变为光环被夸大，其缺点或优点也就隐退到光环的背后视而不见了。

光环效应的最大失误就在于以偏概全，人们抓住的个别属性并不一定代表事物的本质，可人们却习惯于以个别推及一般，由部分推及整体，势必牵强附会地误推出其他特征。如看到一个穿着时髦的人，就推断他是一个不求上进的人；容易发脾气的人，一定很固执等。其实，社会中的事物与事物之间的联系是错综复杂、千差万别的，单一的联系在社会中并不多见，简单地把一些不同的品质联系起来进行推理，得出的整体印象必然是片面的。

3. 社会刻板印象作用。社会刻板印象也称为定型（Stereotype），是指人们对某类社会客体形成的概括而笼统的固定看法。当他人出现在我们的面前时，我们会不自觉地按年龄、性别、职业、民族等对他进行归类，并根据已有的关于这类人的固定形象作为判断其个性的依据。人们头脑中存在的定型是各种各样的，青年人认为老年人墨守陈规，缺乏创新，见到某个老年人就把他归到自己固有的印象中去；同样，在老年人的印象中，青年人是思想不成熟、办事不可靠。人们说到老教授，总认为是文质彬彬、白发满头，对工人的印象则是身强力壮、性情豪放。在国际上的刻板印象是比较明显的，对不同国家的人尽管没有接触过，但人们也会形成一套规定而普遍的看法，如美国人开朗、幽默，英国人因袭常规、有绅士风度，日本人勤劳进取、精明狡猾等。对人的容貌也存在着刻板印象。

在某些条件下，社会刻板印象有助于人们对他人做出概括的了解，可以简化认识过程。人们常说，“物以类聚，人以群分”，这是有一定道理的，人们生活在同一条件下或工作在同一环境中确实可以产生相同的特点。如果人们在社会生活、地理环境、经济条件、政治地位、文化水平等方面大致相同，他们的个性特征也往往有许多共同之处。但这只是一种概括而笼统的归类，具体到某个人则有很大差异。因此社会刻板印象往往与事物的本来面貌不相符。

4．心理定势。一个公安局长在路旁同一位老人谈话，跑来一个小孩急促地对公安局长说，“你爸爸和我爸爸打起来了！”老人问：“这个孩子是你的什么人？”公安局长说：“是我的儿子。”请想一想，两个吵架的人与公安局长是什么关系。这个简单问题，不经提示人们一时很难找到答案。曾经有人对100户居民进行过测验，只有两人说出了正确答案：吵架的是公安局长的丈夫和父亲。为什么许多人不能回答这个问题呢？原因在于人们的心理上有一个先入为主的观念：公安局长是男的。这就是心理定势现象。

所谓心理定势，是指在认识特定对象时的心理准备状态，这种准备状态容易使人对知觉对象以某种习惯的方式进行反应。陆钦斯曾做过一个有名的实验来说明这一现象。实验要求被试用几个空瓶子量出所需要的水的容量（如表3－1），结果发现，当一个人习惯用一种方法（如B－A－2C）解决若干问题后，往往会局限于用同一种方法解决以后问题。尽管这种方法已经无效，他也不改换另外的方法。

表3－1　陆钦斯的量水实验

问题	给定空瓶的容量			需求的容量	解决办法
	A	B	C		
1	29	3		20	A—2B
2	21	127	3	100	B－A－2C
3	14	163	25	99	B－A－2C
4	18	43	10	5	B－A－2C
5	9	42	6	21	B－A－2C
6	20	59	4	31	B－A－2C
7	23	49	3	20	B－A－2C
8	15	39	3	18	B－A－2C

对人的认知也存在同样的现象。中国古代有“疑人偷斧”的典故，一位农夫失去了一把斧子，怀疑是邻居的儿子偷的。于是注意他走路的样子、脸上的表情，怎么看都像是偷斧子的样子。后来农夫找到了斧子，再看邻居之子就看不出偷斧子的样子了。这里知觉对象并没有变化，所变化的只是农夫找到斧子前后的心理准备状态，即心理定势。

苏联社会心理学家包达列夫曾做过这样一个实验：他分别给两组大学生出示同一张照片，告诉第一组人说，照片上的人是个屡教不改的罪犯，而对第二组人说，照片上的人是一个伟大的科学家。然后让两组大学生从这个人的外貌判断他的品格。结果如下：

第一组大学生的解释：深陷的双眼，显示出内心的仇恨，突出的下巴表明他沿犯罪的道路走到底的决心。

第二组大学生的解释：深陷的双眼表明了智慧的深度，突出的下巴表明他在认识的道路上克服困难的意志。

正是心理定势使人们对同一个人做出截然相反的评价。人们的需要、愿望、期待和他人的暗示都会形成心理定势，影响人们对他人的印象。以上几个因素都影响人们的社会认知。事实上，人们的认知活动并不是单个因素单独地发生作用，而往往是几种因素交织在一起对认识活动发生作用。不同情况下某些因素的影响可能会大一些或小一些。

第三节　认知判断

社会认知经过社会知觉和社会印象阶段，便进入了综合分析和推论阶段。所谓认知判断是在社会知觉和社会印象形成的基础上对认知客体的评价和推论，人们对社会生活的认知，首先必须通过感官对广阔的社会生活进行识别，把自己需要的知识、信息收集起来，贮存于大脑。没有这种识别和收集的过程，认知判断就无法进行。社会印象是在社会知觉的基础上，人脑对社会客体的式样、状况、面貌、格局、关系的描述和综合。社会印象的形成为认知判断奠定了基础。实际上，在社会知觉阶段，已经具有了初级的判断，在社会印象中已经有了评价的成分。

评价实际上是赋予认知客体属性和性能以某种意义的认知过程，认知客体被赋予什么样的意义，与客体的属性和性能有关，也与认知主体赋予客体的那个“意义”有关，即主体对社会客体的评价受认知主体价值观念的影响。而推论是在识别和评价的前提下，运用概念体系进行逻辑推理得出结论的过程。它不同于知觉识别，也不同于印象和联想。推论是从前提出发，导出新的结论。推论的正确与否，不取决于主体的欲求，也不取决于价值观念，必须依据具体事实，由实践进行检验。概括地说，认知判断的内容包括了评价和推论，其目的是通过评价和推论达到对客体的正确把握。从认知主体与客体的关系来看，在社会认知阶段，主体与客体的关系是直接的，在社会印象阶段，主体与客体的关系是间接的，而在认知判断阶段主体与客体的关系既有直接关系，又有间接关系。从认知职能看，社会知觉只是对认知客体较浅层次特点的识别和搜集，社会印象则是对认知客体的描述和综合，认知判断是对认知客体的定性和定论。这样，社会知觉、社会印象和社会判断构成了人类社会认知的完整过程，在这一过程中，对社会行为原因的分析和推论是社会认知的中心课题。不同的学者从不同的角度出发形成了各种各样的归因理论。了解归因的特点和基本理论对正确的社会认知具有重要的作用。

一、归因的含义

我们对周围人的各种行为往往不满足于知觉其表面性的东西，而是想进一步了解其言行举止背后隐藏着的思想和行为动机，这是社会认知与对物认知的不同之处。当我们看到一块石头掉入水中，不会推测石头自身内部的原因，因为人们知道石头落水必然是受了外力的作用。但是当一个人跳入水中时情况就不同了。这时人们就要问，“他为什么要往水里跳呢?”即要找出他跳水的内部原因。我们把通过他人或自己的行为的外部表现对其内心状态所做的解释或推论称为归因。归因，从本质上说是一种社会判断过程，它指的是根据所获得的各种信息对他人的外在行为表现进行分析，从而推论其原因的过程。也就是对自己或他人的外在行为表现的因果关系做出解释和推论的过程。归因包括的内容十分丰富，可以说，凡是认知对象都有归因问题,如责任归因、动机归因、成败归因、错误归因等。归因不仅影响着个人的活动成就,也影响着人际知觉和人际交往。能否对他人的行为做出正确的归因,对一个人能否适应社会生活是十分重要的。因为,我们只有了解了行为的原因,才能预测人在某种情况下如何行为,否则人就不能满意地控制环境。

人的外在行为表现，不外乎内因和外因两种，内因即个体自身具有的、导致其外在行为表现的品性或特征，包括个体的人格、情绪、动机、欲求、能力等。这些都是难以直接观察到的。外因是指外部原因，是个体以外的影响个体外在行为的条件和因素，如环境条件、情景特征、他人的影响等。内因和外因对人们行为的表现所起的作用是不同的，但两者相辅相成，共同制约着人的外在行为表现的发展和变化。归因问题在各个领域都有一定的指导意义，如对学生学习差的原因进行分析判断，看看是内因还是外因，如果是因为个人的原因，如学习不努力、就要做他个人的工作。如果是由于教师的教学不得法，则需要改进教师的教学方法。任何人的行为总是有一定原因的，只有了解了这些原因，才能有的放矢地调整和控制自己与他人的行为。

二、归因理论

社会心理学对归因的研究开始于20世纪50年代，主要有海德的归因理论、凯利的归因理论、维纳的归因理论以及琼斯和戴维斯的对应推论理论。

1. 海德的归因理论。海德（F. H eider）是最早研究归因理论的学者，他非常重视行为的因果关系的研究。海德认为一个人在与他人交往时，有两种基本需要，一是与他人认知协调，形成对周围世界一致的理解；二是与他人行为协调，以控制周围的环境。为了满足这两个基本的人际需要，就必须具有能够预言人们在某种特定环境下如何行为，花力气寻求人们行为的因果性解释。海德把人的原因划分成内因和外因两种类型，内因也称为个人的原因，包括人格、品质、动机、态度、心境、能力以及其他个体所具备的特点。外因也称为情境或环境的原因，如奖励、运气、工作难度、如环境条件、情景特征、他人的影响等。人们是如何做出归因呢？海德提出了"恒常原则"。人们通常认为，一定的行为可能取决于各种原因，但人们总是倾向于寻找一定的结果和一定的原因在不同条件下的联系，如果在许多条件下，一个原因总是与一个结果相联系，而且没有这个原因时这个结果就不发生，那么，我们就可以把这个结果归因于这个原因。如甲球队总是输给乙球队，总是战胜丙球队，我们就认为甲球队是中等水平，乙球队水平最高。海德的恒常原则实际上是指在行为结果中反复起作用的那些因素是该结果的原因。在日常生活中，人们都自然地遵循着这种恒常原则，来判断某种行为后果的性质。

2. 维纳的归因理论。维纳（B. Weiner）遵循了海德的原则，把人的行为的原因划分为内因和外因，但维纳认为内因—外因方面只是归因判断的一个方面，还应增加另一个方面，即暂时—稳定的方面。并认为这两个方面都是重要的，而且是彼此独立的。稳定的原因是指导致行为表现相对稳定的各种因素、条件和自身的特点，如个人的能力、人格、品质、活动的难易程度等，暂时的原因或称不稳定的原因，是指容易发生变化的那些影响人的行为的因素、条件和自身的特点，如个体的情绪、心境、努力程度、机遇和环境的影响等。1974 年维纳在研究了人们对成功和失败的归因的基础上提出了维纳归因模型（见表 3－2）。

表 3-2　　维纳的归因模型

行为的原因 / 原因的稳定性	内在的原因	外在的原因
稳定的原因	能力 人格	工作的难度 环境的优劣
暂时的原因	情绪 努力程度	机遇 运气

维纳把人的行为因素归因于这两个方面的四大类之中，许多实验证明，这个模型对成功和失败的归因是很有效的。例如，我们认为甲工作出色是因为稳定的内在原因，那么我们就可以预测，将来遇到同样的任务他也会出色地完成。如果我们把他的成功归因于暂时的外在因素，那么我们就不能判断他将来遇到同样的情况是否会取得成功。

研究者发现，维纳的归因理论对增强人的坚持性和成就行为具有重要意义。一个人如果把成功归因于能力、努力等内在因素，他就会获得满意感和自豪感，若把成功归因于任务容易、运气好等外在因素，会使人产生意外的激动。把失败归因于内在因素，人会感到内疚和无助；若把失败归因于外部因素，则会使人产生气愤和敌意。一个人如果把成功归因于稳定的因素，会提高以后的工作积极性和坚持性，如若把成功归因于不稳定的因素，则以后的工作积极性可能提高也可能降低。如果一个人把失败归因于稳定的因素，会降低其成功的期望，影响以后的工作积极性；若归因于暂时的因素，则可能提高以后工作的积极性。为什么有些人在工作上、学习上屡遭失败但毫不气馁，仍继续努力，而有的人遇到挫折就丧失信心，一个重要的原因就在于他们做了不同的归因。在管理实践中，管理者也常常使用这个理论来激励员工的成就行为。

3. 凯利的归因理论。1967 年凯利（H. H. Kelley）提出了一个颇有说服力的理论，他认为要说明人的行为的原因，可以使用三种不同的解释：一是归因于从事该行为的知觉对象（行为者）；二是归因于客观刺激物（行为者对之做出反应的事件或他人）；三是归因于行为产生的环境。如一个学生考试不及格，我们可以归因于该学生（行为者）学习不努力或能力差，也可以归因于教师（客观刺激物）水平低，还可以归因于情境。这三种解释都是可能的，问题在于我们要找出一个真正的原因。凯利认为要找出一个真正的原因主要使用三种信息：一致性、一惯性和特殊性。

一致性是指所知觉的对象的行为是否与其他人的行为相一致。在上例中,如果其他学生考试成绩也不好,那么该生不及格的行为具有较高的一致性,主要责任应归因于教师方面,或考试题太难了。如果其他学生考试成绩很好,惟独该生不及格,这种不及格行为的一致性低,主要责任要归因于该生自身的原因。

一贯性是指知觉对象的行为前后是否保持一贯。在上例中，该学生的成绩差是历来如此，还是偶然下降，如果是历来如此，表明有较高的一贯性，可以推论学习成绩差是学生个人原因造成的，如果该生的学习成绩不好是偶然现象，即一贯性低，就要归因于其他方面。

特殊性是指知觉对象的行为在不同情况下是否相同。在上例中，该生是所有科成绩都差，还是只此一门，如是前者则特殊性低，如果是后者则特殊性高。

凯利得出结论说，一个人的行为如果一致性低，一贯性高，特殊性低则应归因于知觉对象;反之,如果一致性高,一贯性高,特殊性高,则应归因于使知觉者做出反应的客观刺激物;如果一致性低、一贯性低、特殊性高,则应归因于环境。凯利强调三种信息的同等重要性,所以该理论也称为“三度理论”。

麦克阿瑟（L. A. Mcarthur）从凯利的理论出发，对归因做了系统的研究，他给被试一些非常简单的假设条件，变化一致性、一贯性和特殊性的资料，然后测定他们的归因。如要求被试解释昨晚玛丽为什么对夜总会小丑的表演笑的那样厉害。三种情况及其归因如表 3－3 所示。这个实验验证了凯利理论的有效性。

表 3－3　　玛丽为什么笑

条件	提供的资料			
	一致性	一贯性	特殊性	归因
1	高	高	高	刺激物
2	低	高	低	行为者
3	低	低	高	情景、环境

凯利的理论是个理想化的理论，人们实际上往往得不到这个模型所要求的全部信息。我们不知道某人在先前场合的行为，也不知道其他人在同样场合下的行为。在这种情况下，我们有关因果关系的现成观念（即因果图式）起了作用，人们在生活经验中形成了某种看法、图式，可以用它解释人们的某种行为，如甲对乙特别热情，可能有几种原因，一是甲是个特别热情的人，另一可能是乙与甲关系特别密切，如果根据以往的和已有的信息得知甲不是一个热情的人，那么就会认定两人的关系十分密切。在凯利的理论提出后，许多社会认知判断的实验研究支持了凯利的假设，但也有人发现，人们在进行归因推论时，并不是按照三度理论假设的方式进行的。不仅人们对一贯性的偏爱要明显高于一致性和特殊性，而且只要有可能他们就会运用关于行为者的额外信息（如人格方面的信息）。①

① 菲斯克和泰勒《社会认知——人怎样认识自己和他人》贵州人民出版社 1994 年版，第 35～36 页

4. 琼斯和戴维斯的对应推论理论。1965 年琼斯（E. E. Joness）和戴维斯（K. E. Davis）发表了一篇题为《从行为到固有属性—对人知觉中的归属过程》的论文，提出了对应推论理论。所谓对应推论，是寻找或推测对应于行为的意图，从而在某一个人的行为和其独特的内在属性之间建立对应关系的过程。在日常生活中，有时我们认为一个人的行为反映了他的态度，有时我们不能判断。那么在什么情况下我们才能肯定一个人的行为与他的内在属性相一致呢？琼斯和戴维斯认为，影响对应推论正确性的因素有以下几种：

一是行为的社会赞许性。有些行为是为社会所赞赏、提倡和期望的，有些行为则是为社会和他人所否定、拒绝和反对的，一般来说，社会赞许性高的行为是符合社会规范和为大多数人所期望的行为，从这种行为中人们无法推论其个人的内在品质。相反，那些社会赞许程度低的行为，不符合社会规范和不为大多数人所期望的行为，我们就可以肯定地说该行为反映了此人的独特品质。

二是行为的非共同后果。人的每一个行为都会产生很多后果，琼斯指出，人的行为是理性选择的结果，在观察一个人时，我们不仅要考虑行为本身引起的后果，还要考虑未采取的可能行为所引起的后果，将这两个后果进行比较，有些是共同后果，有些是非共同后果。决定行为因素的是非共同的后果。所采取的行为与其它行为所包含的非共同因素越少越能做出真实的推论。可见，社会赞许程度越低，行为所产生的非共同后果越少，则对应推论的可靠性越强。

三是行为的自由选择性。如果观察到某种行为是行为者自由选择的结果，人们会假定该行为反映了行为者的意图，据此可以做出对应推论。如果观察者认为行为者的行为是外在压力下迫使他这样做，就会以情景的作用来解释他的行为。

三、归因偏向

以上归因理论基本上是一种情理的、逻辑的描述，是以人们用合理性的方法处理各种信息资料为前提的。但我们知道，人们做事情并不总是既合乎逻辑又合情理，社会心理学的一个重要任务是研究人类行为的非合理性。归因过程经常表现出这种非合理性，产生归因偏向。有些偏向来自动机（动机偏向），如人们总是倾向于用有利的眼光看待自己、自己的朋友和自己所处的群体。有些偏向来自认知（非动机偏向），是我们认知加工的局限性造成的。了解这些偏向对避免错误的归因是有益的。

1. 自我服务偏向。自我服务偏向也称为自我防御性归因，是人们出于加强自我和保持自尊心的动机而产生的归因偏向。人们倾向于把成功的积极的结果归因于自己的内因，如能力强，工作努力或具有良好的品质等。而把失败的消极的结果归因于情境，如恶劣的天气、压抑人的体制、不可预料的困难等。这是一种利己的偏见。

金顿（J. W. Kingdon）1967年曾调查威斯康星州参加过美国国会议员、众议员、州议员以及州级官员竞选的失败者和胜利者，问他们胜利或失败的原因。结果发现，胜利者认为最重要的因素是候选人的人格，失败者则把失败归因于党的口号和候选人的无知。在日常生活中这种偏向也是常见的。如教师把学生学习好归因于自己教育有方，把学习差归因于学生自身不努力等方面的原因。而学生可能做出相反的归因。人们在看待他人时，为了保护自己的自尊心，以求得心理上的平衡，也往往做出利己的归因。对他人的成就多归因于机遇、运气，对他人的失败多归因于他人的能力或努力不够等自身的原因。

2. 主观投射作用。有时认知对象的行为是有所指的，但我们却认为是一种自然的反应性行为而不予重视。有时我们又会把别人的一些无特定含义的行为当作是有目的的，以致产生许多误会。在异性朋友之间，由于彼此表达思想感情比较含蓄，常易造成这种归因错误。一方以某种间接的方式向另一方发出爱的信息，但对方过于迟钝，感觉不出这种目的性行为的特殊含义，只当做了一般性行为，结果失之交臂。另一种情况是，一方过于敏感却又一厢情愿地理解对方的一些普通的自然行为。这种主观投射，就是把自己的主观思想感情投射到对方行为上，按照自己的想法去解释他人的行为，甚至以自己的行为唤起对方的同类反应，而进一步得到自我“证实”，以致闹出许多笑话。

3. 行为者和观察者的归因分歧。行为者强调情境的作用，多做出情境归因，而观察者倾向于强调行为者特点的作用，多做出内部归因。琼斯（E. Jones）和尼斯伯特（R. Nisbett）在谈到这个问题时认为，虽然我们倾向于把别人的行为归因于他的个性品质，但却倾向于认为自己的行为是环境决定的。在一项研究中，要求男大学生书面回答自己和自己的朋友选择女友、选择专业的原因。结果表明，被试对自己的行为多用外部原因解释，而对他人的行为多用内部原因解释。为什么会发生这种分歧呢？知觉特点可能是主要原因。首先，行为者和观察者的注意中心不同，行为者更多地着眼于他周围的环境对其行为的影响，而观察者通常把注意力放在行为者身上。其次，行为者和观察者所拥有的信息资料不同，观察者很少了解行为者过去的信息，只注意到此时此地的行为表现，当看到一个人屈服于社会压力时，就容易做出内在归因——他是一个意志薄弱、容易屈服的人。而行为者对自己的行为比别人把握更多的情况，对自己过去和现在行为的体验要比观察者深刻得多，他容易把行为归因于特殊情境中的特殊性质，做出外在的归因。

4. 高估个人素质。这种偏向主要是指观察者而言，观察者倾向于把行为者本身看作是其行为的起因，过高地估计他人内在原因的重要性，而忽视外在因素可能产生的影响。被罗斯（L.

Ross）等人称之为主要归因错误。罗斯等人曾在斯坦福大学做过这样的实验，他要求成对的大学生一个扮演提问者，一个扮演答问者，进行智力测验。每人扮演什么角色是随机的，提问者可以拟定比较困难的专业问题要求对方回答。事后让他们评价自己的智力，结果有75%的答问者对自己智力的评价低于提问者对自己的评价。这表明他们犯了主要归因错误，过高地估计了提问者的素质，而忽视了重要的情境因素，即提问者对问题的控制权和选择权使其能够发挥他的专长。这种错误在我们关于有无才能的判断中相当普遍，我们可能过高地估计那些处于较高地位的人的才能，而忘记考虑他的角色优势。

第四章

社会动机与社会行为

人的行为是怎么产生的，人们为什么要做他们想要做的事情，是什么东西给人的行为以力量，推动他们追求一定的目标，这些问题与社会动机密切联系在一起。一般认为，动机是产生行为的动力，它表明了动机与行为的联系，也指出了两者的区别。但是在现实生活中，我们往往运用同一概念来指代一种行为的内在动力和外在表现。社会动机的研究对于了解人们行为的产生、发展和变化，从而达到调整人们行为的目的是至关重要的。社会动机的研究也是理解人类社会行为的重要途径。

第一节　社会动机概述

在人们的社会活动中，个人所表现出来的行为以及行为的效果各不相同，而产生这种差异的最直接、最基本的一个因素就是动机。因此，分析人们的行为时，必须揭示其行为的动机，只有这样，才能判断其行为的出发点，才能预见其行为重复出现的可能性，才能做出鼓励或禁止的信号，从而实现对个体行为的控制，使其向着有利于社会需要的方向发展。可以说，了解动机是了解人们社会行为产生、变化和发展的关键性问题。

一、社会动机的定义

"社会动机"这一概念有多种含义。有些学者主张把动机分为自然和社会两个方面，自然动机是由人的自然属性引起的，如饱暖、安全等需要的满足；社会动机是由人的社会属性引起的以满足人的社会精神需要为基础的动机，如求知、审美、娱乐等需要的满足。也有一些学者主张，动机就它的本性而言是社会性的，因此无论是自然属性引起的动机还是社会属性引起的动机，本质上都属于社会动机，所以社会动机也可称为动机。我们认为后一种解释比较妥当。

所谓社会动机，是指引起、维持和推动个体活动以达到一定目标的内部动力。每个人的一切社会行为及行为的指向都是由动机所驱使的，社会动机是社会影响和个体行为之间的心理媒介。也就是说，社会动机是个人行为的动力，是引起人们行为活动的直接原因，理解动机的含义需要注意以下三方面的问题：

首先，动机是一种内部刺激，它为个人行为提供动力，以使其维持自己的行为达到一定的目标。作为一种力，它在主体内部驱使着主体向着某一目标而行动，因此动机是隐藏在行为背后的支配人的行为的直接原因。在社会生活中，不存在没有动机的行为，动机和行为这两个概念始终是相互联系的。对个体的社会动机有了一定的了解之后，就可以了解和预测个体的行为。

其次，动机为人的行为提出目标，使个体行为具有方向性。动机作为一种内驱力总是要驱使着主体进行某一活动，为个人行为提出目标，使个人明确其行为的意义。动机是由需要引起的，所以动机所引起的行为总是指向满足需要这一方向，从而使个体明白其行为的意义。需要指出的是，动机是一种有意识的活动，当一个人产生某种需要，并不一定就形成动机，如婴儿对饮食的需要，由于尚未形成真正心理，更没有目标意识，因此不能形成动机。相反，尽管机体有饥渴的需要，但当一个人集中注意做某事时，也会废寝忘食。因此，动机的有意识性是人的动机的主要特点。

其三，人的动机也有无意识的成分。当人们遇到危险时会下意识地躲开，这种行为的动机是在无意识的状态下起作用的，属于人的本能。

由动机的概念我们可以看到动机对行为具有三方面的功能。第一，始动功能。它激活个体的行为，具有引起和推动个体活动的始动功能。日常生活经验和实验研究都表明，有了动机之后才产生行动，因为任何一个人的需要都要先经过他的头脑，转化为他的愿望和动机，然后才能使他为满足需要而行动起来。第二，指向性功能。动机具有指引活动向着一定目标的行为定向功能。在动机的支配下,人的行为才能指向一定的目标或对象。动机不同,个体行为的指向和目标就会不同。第三,强化功能。动机的强化功能是指个体的行为在指向目标的过程中,动机可以强化这种有目标的活动,使其行为不偏离方向。

二、社会动机的特性

人的社会动机表现在类型上是各种各样的，同一种动机也存在着程度上的差别，一般认为，可以从以下几个方面来认识社会动机的特性：

1. 动机的强度。动机的强度是指动机对行为的驱动力的大小。在同一个时期，个体内可能存在多种动机，而它们的强度是不同的，即它们对于行为的推动力的大小是不同的，因此对个体的意义也是不同的。在这些不同的动机当中，强度最大的称为主导动机或优势动机，它在决定人的行为的过程中发挥着决定性的意义。在研究人的生育动机时发现，一个人的生育动机可能同时存在多种，比如养儿防老、增加家庭劳力、增添生活乐趣、传宗接代等等，但是如果一个人的生育动机中“增加家庭劳力”的动机占了优势地位，那么必然会导致多生多育；如果一个人的优势生育动机是“增添生活乐趣”，那么很可能他只养育一个孩子就行了。

2. 动机的清晰度。动机的清晰度是指个体对可见到的或可预见到的某一特殊目标的意识程度。不管一个人有没有意识到，他的动机总是指向一定的目标的。即使在活动中有人能够意识到这一目标的存在，他们对于目标认识的程度还是不一样的，有的人可能对具体的目标有清晰的认识，有的人可能对此一无所知，或模糊不清。人们行为动机的清晰度越高，对个体行为的推动效果就越明显，反之就越不明显，甚至使个体实现目标受到障碍。

3. 动机的效能。动机的效能是指个体形成某种动机后，就会对其行为起推动作用，表现为对其行为的发动、加强、清晰、维持，直至终止。一般认为动机的强度越大，目标越清晰，越具有较高的效能。

4. 动机的复杂性。一个人的动机是非常复杂的，这种复杂性主要表现在以下几个方面：

首先,动机和行为之间不是简单的一一对应的关系。一方面,同一动机可能有不同的几种行为表现,或者说一种动机可以产生不同的行为。另一方面,同一行为也可能有不同的动机。

其次,个体的一种行为同时受到多种动机的支配。一般的说,一个人的某种行为不是单纯由某种动机所引发,它总是由几个不同的动机共同作用而引发的,其中有一种动机起主导作用。另外,在行为发展的不同阶段,起主导作用的动机也可能是不同的。

第三，个体的语言、动机和行为往往是不一致的。这是指个体用语言表达出来的动机和他内心的真实动机往往存在矛盾，即所谓“口是心非”现象。产生这种情况的原因有多种：个体的行为目标不符合社会的风俗习惯；或者个体只是为了使自己显得高尚些，把金钱动机说成其它动机等等；或者个体的动机不符合社会规范的规定，如损人利己的动机。因此，由于动机是一种内部刺激，他人无法直接观察到，而有时单纯从人的语言表述中判断其行为方向又是不准确的，这就需要综合各方面影响因素考虑行为的真正动机。

第二节　社会动机理论

关于社会动机的产生历来有不同的观点，不同的学者从不同的角度提出了不同的理论，其中影响比较大的理论有本能论、学习论、需要理论等，了解这些理论可以帮助我们深刻地认识动机的本质。

一、本能论

本能一般是指个体生而具有的或不学而会的行为或能力，还有人将它定义为：一种自发组织化了的反应方式和行为方式，这种方式是由生理遗传和社会遗传决定的。由于这种本能是“自发的”，无须思考或考虑就会起作用，所以是一种在无意识领域起作用的心理力量。如当人的手碰到滚烫的物体时，就会立刻把手缩回来，这个行为的发生是没有经过任何考虑的，我们常常将其形容为本能的反应。

最早利用本能来解释行为的是达尔文，在《人类的由来》一书中，他强调本能是人的感情、欲望和意愿的基本来源，他指出："人的一些社会性本能，来源虽必然是很早，早到他的原始时代，甚至可以更早地追溯到和猿猴难于分辨的他的远祖时代，却直到今天还在对他的一些最好的行为提供动力。"[①]这样本能就被解释成了行为的冲动，本能也就表现为有既定目标的行为。这种观点坚信，人类所有的行为，无论是动物性的还是人性的，无论是个人的还是和社会紧密关联的，都是由有利于种族生存的一系列本能演变而来。

达尔文关于本能论的观点引起了心理学界的普遍重视。1908年，麦独孤在他的《社会心理学》一书中，建立了社会心理学关于本能假设的完整体系。他将本能定义为一种遗传的或先天的心理倾向，不仅具有先天的推动力，而且还具有先天的目的性，能够控制和支配人的一切内隐和外显的行为。按照这种定义，他得出了主要和次要的本能共有 18 种之多（最初是 12 种），来解释人类的一切社会行为。例如，他认为养育活动是由人的生殖本能和求偶本能引起的，交往行为与结群本能相联系等等。麦独孤之后，本能一时成为社会心理学家解释社会行为的基本出发点。

几乎与此同时，本能的概念也在临床心理学中得到了发展。精神分析学的创始人弗洛伊德将人的性本能看作是人的一切行为活动的根本源泉，他所说的"性"的含义，泛指一切感官的快乐。这种性本能包容了人的生来就有的所有本能的欲望和原始冲动，具有驱使人去满足本我的欲望和冲动、寻求感官快乐的潜力，这种潜在的驱力被弗洛伊德称为"利比多"。他把人的本能分为"生的本能"和"死的本能"，前者指向生命的增进和增长，驱使个体做出有利于生存的各种行为；后者则充满了仇恨和破坏性的能量，是引导有生命的物体走向死亡的本能。

在社会心理学中对本能论的系统批判开始于 K. 邓拉普，

---

① 达尔文《人类的由来》，商务印书馆，1983 年版，第 165 页

1919年他发表论文《到底存在不存在本能》，从那以后本能论不断地遭到强烈的攻击。尽管如此，人们并没有彻底消除对本能概念的兴趣，因为一些基本的动机反射在动物和人的肌体中确实存在着。20世纪30年代，以欧洲大陆的习性学家洛仑兹等为代表的另一种形式的本能论逐渐完善，他们通过对鸭科动物习性的研究，发现小鸭对出生后第一眼所见到的物体有追逐的现象，并且这种追随行为可一直保持下去，证明了小鸭的追随行为是本能的。这个发现使他意识到，动物行为的某些特点和其解剖学结构密切相关，即和其生理结构有关。某些定型化了的行为方式和周围刺激无关，而是受其本身内在力量的支配。分子生物学和遗传学的最新成果也支持了本能论，本能论新的领袖是哈佛大学教授爱德华·威尔逊，他在习性学研究的基础上发展起了社会生物学，认定包括利他主义、宗教、伦理道德、战争以及同性恋等等在内的各种社会行为都有其生物学基础，它们是或部分的是由我们自己的基因所决定的①。

二、学习论

学习论关于人的动机的性质和动机的改变过程的解释，有联结论和认知论两大学派。联结论认为人的动机及其行为的产生是刺激与反应间建立前所未有的联系的过程，经过学习，使一种刺激能引起某种反应，这种新联结的形成过程就是学习。这一学派把动机解释为习惯的形成。巴甫洛夫的古典条件反射学说，华生的习惯形成论，桑代克的尝试错误论，斯金纳的操作性条件反射等都属于该学派。其中强化理论是一个十分流行的动机理论，强化理论认为人的动机来源于外界施加在个体身上的强化，一个人行为所带来的不同后果决定个体的特定行为是否再次出现。强化

① 威尔逊《论人的天性》，贵州人民出版社，1987年版

理论不强调人的头脑中所经历的过程和发生的变化，不考虑个体自身的内部过程对其外在行为的制约作用，而只是注重外在行为表现与周围环境因素之间的相互作用关系。因此强化理论实际上否定个体自身内部动机的存在，否定了个体自身的愿望和需要的独立性与能动性，是一种行为动机的外因论。

与强调外因影响作用的强化论观点不同的是班杜拉的自我强化论。他认为，强化理论过于强调了外界强化在社会动机形成过程中的作用。班杜拉把人类的模仿行为和人类的认知过程相结合来研究社会动机的形成过程。他的研究表明，通常情况下，个体的某种行为产生或消失，并不是由于外界环境因素的强化作用，而是个体自己对自己强化（奖励或惩罚）控制的结果。在人学习社会动机的过程中，他们为自己的行为确立了某些规范，当他做出某种行为时，自己思想中的规范会自动对这个行为进行检测，如果行为符合规范，就会对自己进行奖励，如会产生心理上的满足感、快乐感等等，这种奖励会激励人继续维持自己的行为，或者进一步深化自己的行为；如果这一行为不符合规范，他就会对自己进行惩罚，如产生负罪感或者其它的自我惩罚，从而使得这种行为渐渐消失。

这种自我强化有两个基本要点：一是强化物完全由个体自己所掌握和控制，当个体想要对自己进行强化时，随时随地都可以利用强化物来奖励或惩罚自己。在某些情况下，个体的自我强化所利用的强化物可能与由他人实施强化所利用的强化物有所不同。二是个体是否对自己进行强化的标准和依据也是由个体自己所确定的，即个体内心已经确立了一定的规范。按照这种规范，个体先对自己的行为表现进行评价，然后才决定是否对自己进行强化，以及是进行积极的强化还是进行消极的强化。同样，由于对行为评价取决于个体的自我判断，因此，是否继续某一种行为也是完全由个体自己所决定的。这个理论强调了个体的自我控制和选择能力，强调了个体的认知在学习社会动机过程中的作用，充分肯定了个体自我的能动性作用，在一定程度上是对强化理论的修正、补充和完善。

三、马斯洛的需要层次理论

从生理学的角度讲，需要是人体的某种缺乏状态，即某种“东西”的存在量已经不足以维持体内平衡时，需要就产生了。如当人体内水分的供应不足时，就有了“喝水”的需要；体内的能量供应不足，就出现了食物的需要。在心理学研究中，需要指的不仅仅是生理需要，还有心理需要，如友谊、自尊、被尊重的需要等等。需要的产生必须具备两个条件：一是个体感到缺乏什么东西，有不足之感；二是个体期望得到一些什么来填补这种“缺乏”，有求足之感。需要就是在这两种状态作用下形成的一种心理现象。需要与本能是有区别的。本能可以说是动物性的，是不受社会条件的限制而推动行为的心理力量；而需要是社会性的，受社会主客观条件的约束。

马斯洛的“需要层次理论”是一种非常流行的对社会动机的非本能解释的理论。其影响之深远，至今不衰。这一理论在教育、工业、宗教、组织管理等许多领域得到了应用，是社会心理学界最有影响的理论之一。

马斯洛是美国人本主义心理学的创始人，他先醉心于行为主义心理学，相信行为主义能够改变世界。事实告诉他行为主义无济于事，于是转而探究人的内在力量，他认为人的内在力量不同于动物的本能，要求内在价值和内在潜能的实现是人的本性。马斯洛认为，每个人自身内部都具有一定的内在价值，人要求潜能的满足或得到实现是马斯洛需要理论的根本特征。在他看来，内在价值是一种类似本能的潜能或基本需要，它的存在是通过潜能的要求实现而体现出来，而潜能的发挥和实现则依赖于需要的满足。因此，人的行为都是基于要满足一定需要的动机，或者说动机都是由个体满足内心需要的欲望而引起的。人的需要是分层次的，最低层次的需要是生理需要，如衣食、睡眠、排泄等等；然后是安全需要，包括免受恐惧和焦虑，对体制、秩序、法律、规范的依赖，以及对保护者实力的要求等；第三个层次是归属与爱的需要，即人们渴望与他人维持有感情的关系，渴望在家庭和团体中有一定的位置；第四个层次是尊重和自尊的需要；最高层次的需要是自我实现的需要，即个体要求成为他想要成为的那种人，或者说成为他能够成为的那种人的需要。

马斯洛认为需要的满足顺序是呈等级排列的，只有在低一级的需要得到基本满足之后，高一级的需要才会产生，才开始具有驱动个体行为的意义。自我实现需要的满足，有赖于前面四个需要的满足。一种需要在一定程度上得到满足之后，就不再具有激励个体行为的意义。

自我实现是马斯洛需要层次理论的一个核心概念，他通过对大量杰出人物的研究，发现自我实现者具有以下个性特征。自我实现者具有出色的认识能力。他们能够按照社会生活的真实面貌来认识生活，而不是感情用事，有清晰的是非观和敏锐的目光；自我实现者总是致力于他们认为最重要的工作、任务和责任，对这些工作具有浓厚的兴趣，使工作与玩乐之间的界限变得模糊；自我实现者具有创造性，他们不怕他人的批评和讽刺，甚至抵制来自自己文化的影响，以创造性的方式对待自己所做的任何事情；自我实现者的个性是统一和谐的，他们是健康和自尊的人，信任、善良和美在他们身上高度地结合在一起；自我实现者具有独处的愿望，能够独立自主，不受文化和环境的束缚；自我实现者善于自我控制，具有一种民主型的性格结构。

马斯洛的需要层次论第一次从理论上系统地阐述了人的需要与行为之间的关系，把人的需要看作多层次的动态系统，反映了人的动机由低级向高级发展的趋向。这些观点在理论和实践中都产生了重大的影响。由于需要层次理论本身具有简单明了和易于理解等特点，它在国内外各个实践领域中都得到了广泛的应用。当然，对马斯洛的理论也有许多不同的评价，即使在西方的学者中也有不少人指出了该理论的不足之处。例如，关于需要的层次性问题，马斯洛本人既未提供足够的科学证据，也不能解释现实生活中的许多现象，如绝食、舍己救人等行为。又如，关于需要的分类问题，需要究竟是先天产生还是后天形成的问题，个人的一切需要是否都是合理的，是否都是应该满足的并且能够完全满足的等问题，在理论界至今仍在争论之中。

第三节　利他动机与利他行为

在我们的社会生活中有许多令人高兴，使人为之骄傲的现象，人们彼此间相互关心、相互帮助、为了他人利益牺牲自己的利益等等，这些行为被称为利他行为。由于利他行为本身所具有的利他性质，使得它对社会具有十分重要的积极意义。利他行为的存在有利于社会风气以及社会道德的优化。利他行为榜样的存在会使社会上其他人也通过社会学习学到利他行为，从而使社会上表现出更多的利他行为，改善整个社会的道德风气。社会心理学研究这些行为的原因，揭示其机制，为培养人们的利他行为提供依据。

一、利他动机与利他行为概述

1. 利他动机和利他行为的含义。在我们的日常生活中，人们之间相互帮助的事情是经常发生的，这种帮助他人的行为是助人行为，而利他行为就是助人行为的一种。利他行为是指不期望任何回报的、无偿的关心、帮助他人的行为，其中包括援助、救济、捐赠等等。营救落水者，为贫困地区、受灾地区捐款捐物等等都是利他行为。这些行为的表现方式虽然不同，但有一个共同之处：他们都是为了使别人获得方便和利益，而不指望任何回报。这是区别于一般助人行为的一个重要标志。助人行为包括要求回报的行为，如送回丢失的钱包却收取了被助者的报答费；帮助照顾老人，希望过后得到回报等，都是在做出行为之前就对回报有一定的期望，所以助人行为不能等同于利他行为。

一般认为利他行为有四个特性：第一，它是一种自觉自愿的行为；第二，以有益于他人为目的；第三，不附有任何期望他人报答的愿望；第四，利他者本人有所损失。这种以他人利益为重，不期望回报，不怕付出个人代价的行为动机就是利他动机。

2. 利他行为的类型。按照利他行为的实现方式不同，可以将利他行为分为以下几种：①在看到陌生人遇到困难时的利他行为，如主动帮助他寻找某个地点，提带行李等；②人们对犯罪行为的制止和干预，这种行为一方面有利于犯罪行为的受害者，另一方面也使犯罪者不能得逞而得到惩罚；③个人节制自己，以克己的方式取得利他效果的行为，如戒烟可使他人免受烟雾中有害物质的侵害，司机驾车前不喝酒可以避免车祸等；④偿还行为，这种行为的目的是回报他人的恩惠，如回报帮助过自己的人；⑤补偿行为，这种行为的目的是补偿自己曾经使他人蒙受过的损失，利他行为所指向的对象可能是受损害者本人，也可能是其他具有相似特征的人群或个体。

按照利他行为发生的情境不同，又可以将其分为非紧急情境下的利他行为和紧急情境下的利他行为。非紧急情境下的利他行为一般没有生命或财产的威胁，它往往是日常生活中经常遇到的普通事情，比如公共汽车上把座位让给他人，捐助失学儿童、主动打扫街道，清理公共场所垃圾等都属于非紧急情境下的利他行为。这种利他行为不存在生命财产的威胁，情境中有明确的线索与信息，帮助他人不需要采取紧急措施。

紧急情境下的利他行为则有生命或财产的威胁，紧急情境下的利他行为具有三个特点：一是具有危险性，面对紧急的情景，人们缺乏经验，此时的利他行为需要付出代价，甚至自己的生命；二是情况比较特殊，如失足落水、触电、失火等，需要用特殊手段去帮助他人；三是不能预见后果，并且无法预先制定计划，往往是措手不及，需要当机立断。比如抢救失足落水者、扑灭突然烧起的大火、救助路遇歹徒的姑娘等等，都属于紧急情境下的利他行为。紧急情况会引起救助者生理上的应激状态，使体内血糖升高，肌肉变得紧张有力。

当他人处于困境的时候，助人者会产生一种专注自我内心焦虑或专注于同情他人的情绪，据此又可以把利他行为分为两种：一种是自我报偿性的利他行为，是为了减轻自己内心的紧张和不安而采取的利他行为，以此来减少自己的苦恼，使自己体验到一种自我价值，感到满足、骄傲和愉快。另一种利他行为是受外部动机所驱使，因他人的处境而产生同情心，为了减轻他人的痛苦而采取的利他行为。有的心理学家认为，任何一种利他行为追根究底都含有自我报偿的结果。

3. 利他行为的理论解释。在有关利他行为的研究中，倍受人关注的议题是对利他动机起源的探讨，即利他动机是先天的还是后天的，对利他行为的解释有生物本能论、学习论、动机论、社会规范论等。

威尔逊是从生物学角度来解释利他行为的著名学者。他认为人的利他行为是由先天遗传决定的，是一种本能行为。他举了许多动物的利他行为来说明这一点，例如，在蜜蜂群中，工蜂会用螫针叮入入侵者的办法来攻击入侵者，当螫针扎入入侵者身体后，螫针就留在入侵者的体内，工蜂则会慢慢死掉。但它的行为增加了蜂群的生存机会。又如雌夜莺，只要它在与敌人的斗争中受了伤，它就远离巢穴，拍着翅膀低旋，落在敌人面前的地上，使敌人不致发现巢穴。这些例子都说明，动物都有牺牲个体去保护同类的本能，因此认为人类也理所当然地具有这种天生的利他本能。威尔逊用他的以基因理论为核心的新进化论观点欲图解释这样一种矛盾现象，包括人在内的大多数动物为什么既有侵犯性又有利他性？在他看来，“人的利他行为的多数表现，说到底都含有自私的成分”[①]。然而人与动物的本质区别在于，动物的利他行为是先天的本能，动物并没有意识。而人在做出利他行为之前就清楚地意识到自己生命的危险。

现代生物学对利他行为的解释着重在基因保存方面，其代表人物是拉什顿（J. P. Rushton，1989）。他认为，人类和动物之所以表现出利他行为，目的就是要保存自己的基因。保存基因的最安全办法就是帮助本种族的成员，使他们能存活下去并能使基因实现再复制，尽管这样做可能会牺牲某个个体。因此，两个个体的基因越相似，当其中一个个体需要帮助时，另一个个体就越可能做出利他行为。这个观点超越了个体来解释利他行为，导致了所谓的“使所含适应性极大化”思想，即个体受到生物性驱动不仅要生活的足够长久以便使个体的基因流传下去，而且要去提高具有相同基因的其他同类的生殖的机会。

然而，不论是本能说，还是保存基因说，从生物学角度解释利他行为，由于其缺乏有说服力的科学证据，并且否认了社会环境对人们利他行为的影响，理所当然地遭到了许多严厉的批评和指责。

---

① 威尔逊《论人的天性》，贵州人民出版社，1987年版，第142页

与本能论的观点不同，学习理论认为，利他行为之所以发生是因为这种行为在过去得到了强化。当利他行为受到奖励后，这种行为就更有可能再次发生。除了直接经验外，人们是否做出利他行为，还受到个体对将来的奖励或惩罚期望的影响，例如能否得到社会或周围人的赞赏，自己内心是否感到受到安慰等。因此，利他行为都是通过奖励或惩罚的强化作用而学习来的。当一个人做出某种利他行为后，如果内心感到非常愉悦，在后来的相似情境中，自然会再一次做出利他行为；反之，当个体做出某种行为受到他人的非议或其他惩罚，他很可能就不会再做出类似的行为。

学习理论认为，强化从两个方面对利他行为产生影响：一方面，强化可以改变利他行为的概率。根据强化理论，利他行为的增加或减少，可以通过控制利他行为的后果来实现。假设自变量是利他行为的后果，即个体做出利他行为后会得到什么；因变量是个体愿意再次帮助他人的概率。当自变量是积极后果时，那么个体再次做出利他行为的概率显然会增加，即因变量增长；如果自变量是消极后果，那么个体再次做出利他行为的概率就会减少。所以说，利他行为可以作为强化的一个函数加以改变。另一方面，利他行为本身也可以作为强化来源。通过帮助他人，我们体验到愉快和满足，体验到一种积极的情感。而当我们看到其他人遭受痛苦时，就会感到不安，这时，如果我们知道采取什么行动能减少他人的痛苦，就会实施这种行动。作为一种奖励，这种行动减轻了我们内心因他人痛苦而引起的不安，所以帮助他人减少痛苦也是一种强化。

社会规范理论认为，利他行为产生的原因是社会规范的作用，是人们按照社会规范来行动的结果。与利他行为有关的社会规范主要有社会责任规范和回报规范。社会责任规范是指我们对于需要帮助的人负有社会责任，我们应该帮助需要帮助的人。在社会规范的潜移默化的影响下，人们内化了这种规范，即使没有外来的奖赏，看见别人有困难也会主动的进行帮助。回报规范也称互惠规范，它是指人们应该帮助那些曾经帮助过他们的人，并且不应该伤害那些帮助过他的人。只有少数人才不受回报规范的约束，他们是具有高度依赖性的人——年幼的儿童、老人、残疾人或病人等，对于这些人，社会责任规范教育我们应该去帮助他们。俗话说的“知恩图报”、“好人有好报”就是回报规范的具体表现。

二、利他行为过程分析

研究者通过对许多利他行为的研究发现，在助人情境当中，尤其是在紧急情境当中，旁观者是否会介入提供帮助，有一个认知上的决策过程，即产生利他行为的人在注意到需要帮助者和做出利他行为之间不是一种本能反应，这当中经历了一系列的心理反应。这个过程包括了五个相继的阶段：对当时情境的注意、正确的解释情境、对个人责任的确定、对恰当介入方式的决定和执行利他行为。在每一阶段上，都可能由于种种原因而使旁观者停止利他动机的形成，从而阻碍利他行为，但也有可能继续进行到下一个阶段。每一阶段上的决定，都受到情境以及旁观者的多方面影响。如图 4－1 所示①：

1. 对当时情境的注意。在旁观者做出任何反应之前，首先必须感觉到问题的存在或者注意到紧急事件的发生，然后他才能有接下来的一系列心理活动。这个阶段主要是识别他人是否处于困难的情境之中。最有可能注意到紧急事件是在以下几种情况下：①背景是熟悉的、不拥挤的和平静的；②我们所有的感官都在活动着，即头脑处于清醒灵活的状态；③我们看到了事件并预

① 郑全全主编：《社会心理学》，杭州大学出版社，1998 年版，第 244 页

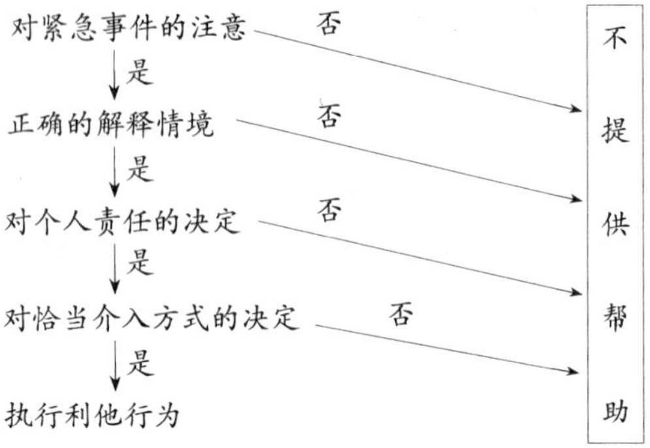

图 4－1　利他行为的决策过程模型

见到了事件的结果，如看到有人心脏病发作靠在墙上，预见到如果没有人帮他，他可能会死去；④我们听到了来自于该事件的声音，如呼救声等。

2. 正确的解释情境。当人们注意到有事情发生，接下去的决策就是要判断它是否是紧急事件，也就是旁观者能否正确的解释情境。从远处看到有人在河里挣扎，匆匆赶路的人也许会误以为有人在河里游泳，这时，利他行为就不会发生。为了更清楚的了解人们会把什么样的情境定义为“紧急情境”而提供帮助，美国心理学家兰斯·肖特兰德和泰德·哈斯顿曾做了一项实验研究。他们列出一系列紧急事件（如表 4－1 所示）[①]，让 69 名女大学生和 21 名男大学生对它们的紧急程度加以判断。对事件的紧急程度定义为：第一级是非常紧急的状态，往下紧急程度渐小，直到第五级为最不紧急状态。研究结果表明：一则紧急事件有五种性质：① 它是突然的出乎意料的发生的；② 对方存在受伤害的威胁；③ 伤害或威胁随着时间而加剧；④ 如果没有他人的帮

① 全国十三所高等院校《社会心理学》编写组：《社会心理学》，南开大学出版社，1990 年 6 月，第 208 页

助，受伤害者将无法自己摆脱困境；⑤有效的干预或帮助行为是可以实施的。其中，在决定是否是紧急事件的决策中，第二和第三条最为重要。

表4-1　　有可能被定义为需要帮助的紧急情况的事件

事　件	平均紧急程度
割断动脉，大量出血	1.00
房子起火，屋里有人呼救	1.00
小孩中毒	1.00
心脏病发作	1.02
某个女性正在被强奸	1.09
吃多了药	1.00
晚期癌症，只能活三个月	2.00
轻度醉酒的朋友驾车回家	2.84
电视节目中要求为营养不良的儿童募捐	3.75
有人手里拿着香烟，急着找火柴	4.87

（表中所列事件是被评断为1-5级的紧急事件，从第1级的非常紧急到第5级的非常不紧急）

3. 对个人责任的确定。在这个阶段，人们根据社会的标准而产生道德责任感和义务感。在采取利他行为之前，旁观者必须对自己是否有行动的责任做出决定。如果一位受伤者倒在路旁，恰好有一位穿白大褂的医生经过，那么其他经过的人就会认为救助受伤者的人应该是这位医生，救死扶伤是医生的责任。此阶段会发生一系列的评价活动，即估计自己若做出或不做出利他行为会带来什么样的后果。

4. 对恰当介入方式的决定。如果紧急事件被知觉和正确的解释，并且观察者觉得自己有责任去帮助。那么随后就是对恰当介入方式的决定。遇见盗贼，是自己亲自去抓呢，还是大声呼喊向他发出警告，还是去叫警察；发现着火，是自己灭火呢，还是打电话叫消防队。在这个阶段，包含了对自己能力的衡量：我是否有能力帮助受害者摆脱困境？此时，心理防卫机制也相当活跃，防卫机制否认他人的求助需要，否认利他行为的有效性，否认自己的能力和责任。防卫机制一旦发挥作用会降低人们做出利他行为的可能性。

5. 执行利他行为。在上述几个阶段顺利完成之后，特别是个体的防卫机制失去作用后，才到达执行利他行为这一最后阶段。整个利他动机和利他行为的产生是在瞬间完成的，但在这个过程中充满了一系列的动机斗争。

三、影响利他行为的因素

人们为什么会帮助处于困境的人，是什么因素制约和影响了利他行为，引起了许多生物学家和社会心理学家的好奇，大量的研究证明利他行为受以下因素的影响。

1. 利他行为者个人主观因素。影响利他行为的个人因素包括认知因素、情绪因素以及利他者的年龄、性别、个人品德等方面的因素。

认知因素是重要的影响因素，维纳指出，面对失去能力而需要帮助的人，人们是否给予帮助要通过认知来决定。显然，人们更乐意帮助一位病人，而不是醉汉。因此一般助人行为的中介因素是认识到他人的困难是由不可控制的原因造成的，而不是由于自身放松造成的。个人的互惠认知也是影响助人行为的一个因素，因为人们有这样一种心态，认为一切都是互惠的，现在帮助别人，日后别人也会帮助自己。

一般的说，年龄越低，利他动机越弱，做出的利他行为就越少；年龄越大，利他行为发生的频率就越高，即利他动机就会越多。举个简单的例子，当儿童看到父母亲把自己的玩具拿给其他小孩玩时，常常会哭闹着要回来，因为他觉得这是自己的东西，别人不能动用，此阶段他还没有形成与他人分享这些玩具的动机。随着年龄的增大和社会化的逐渐完成，利他动机慢慢被培养出来。年龄越大，学习到的社会规范越多，他个人的行为受社会规范约束就越多，就会表现出更多的利他行为。

性别对利他动机也有一定的影响。有些国外研究表明，女性的利他动机比男性更强，但是女性不如男性容易帮助他人。也就是说，在同样的情境下，可能女性觉得更应该帮助某人，但她又可能无力去帮助别人。在同一情境中，虽然男性比女性的利他动机弱一些，但实施利他行为的却是男性多于女性。美国的心理学家詹姆斯·布朗等人曾经作过一个实验：让一个人装扮成骑摩托车的人，他的车在一条大街上熄火了，他焦急的站在车旁等候援助。在经过的人当中，男性驾驶员比女性驾驶员更容易停下来提供帮助。这个研究表明，利他行为有明显的性别差异，女性没有停下来帮助他人，可能是因为她们觉得自己没有能力提供什么帮助。

一个人的品德如何是影响利他行为的关键因素之一。具备毫不利己、专门利人品质的人在任何情况下都会做出利他行为。一些英雄人物在危险时刻挺身而出，救助受难的人，是与他们具有舍己为人的高尚品质分不开的。

人在特定情境中的情绪也是影响利他行为的因素。社会心理学研究表明，在利他情境中，愉快的情绪容易产生利他行为，积极的、愉快的情绪能增加利他行为的可能性。但是研究人员发现，有内疚感的人也容易产生助人行为。因为当人们做错了事感到内疚时，倾向于作些好事加以补偿，以减轻自己的内疚感。

2. 影响利他行为的家庭因素。上面提到，个人品质对利他动机的形成非常重要，而一个人的品质主要是由其早期社会化的经历所决定。在早期社会化中，家庭起着关键性的作用。父母的言传身教，以及儿童时期形成的观念，都是个体、后来是否表现出利他行为的重要原因。如果父母具有良好的品质，在日常生活中经常帮助他人，那么儿童所具有的强烈的模仿欲望会使他也做出相应的行为。时间久了，模仿行为就会成为自然而然的行为，成为一个人社会行为模式的一部分，他就获得了较为强烈的利他动机。相反，如果父母在社会生活中极少帮助他人，甚至表现出不良行为，那么儿童就会学习和模仿到不良行为，在他长大成人后，利他动机就很难形成。

另外，有人认为，当父母以热情、支持和爱护的方式对待儿童的时候，就使儿童建立起一种利他的和助人的心理倾向①。也就是说，如果父母以较好的态度对待儿童，抚养方式恰当，较少地压抑儿童，就会使儿童倾向于以同样的态度对待他人，容易产生利他动机，并表现出相应的行为。另一方面，如果父母经常以恶劣的态度对待儿童，儿童也会以相似的态度对待他人，产生攻击或排斥的倾向，对他人采取攻击行为或回避行为。所以说，父母的榜样作用和激励作用对利他动机的培养具有关键性作用。

3. 影响利他行为的环境教育因素。家庭、学校和大众传播媒介是影响利他行为的不可忽视的因素，特别是电视既能助长侵犯行为，也能助长利他行为。实验表明，榜样的存在会引发其他人的利他行为。如果一个人在遇到利他情境之前刚刚看到某人帮助他人的情境，那么在他遇到受难者时，就更有可能提供帮助。如果一个紧急情境需要很多人一起救助才能摆脱危机，那么只要有一个人最先挺身而出，就会促使其他人共同投入救助行动。让儿童观看具有利他行为内容的电视，可以使他们表现出更多的利他行为。在环境教育因素中，宗教信仰能助长信教者的利他行为。因为宗教一般都向教徒宣传“与人为善”的思想。盖洛普调

① 全国十三所高等院校《社会心理学》编写组：《社会心理学》，南开大学出版社，1990年版，第221页。

查了美国人口中高度宗教信仰群体，发现其中有46%的教徒正在为穷人、病人和老人服务。而在完全没有宗教信仰的群体中，有这些行为的人只占22%。

4. 影响利他行为的社会文化因素。人的利他行为受社会文化的价值观与行为规范的影响。属于同一社会文化的成员一般具有相同的价值观，并遵循同样的行为规范。斯蒂文森的研究指出，东方文化强调团体和谐，因而赞扬利他行为，人们不遗余力地向后代传递利他行为的信念，在儿童时期就努力使他们表现出利他行为。这与西方的个人主义形成鲜明的对比。

在不同社会文化环境中成长起来的人，其利他行为也会有所不同。在西方文化背景中，基督教教义使得西方人把所有的人都视为上帝的子民，所以他们帮助的对象更具有普遍性。换句话说，在西方人的眼中，哪怕接受帮助的是罪犯或妓女这些社会的不良行为者，只要他们确实陷入了困境，人们就会认为应该给他们提供帮助。在中国文化中，人们是以人与人的关系来看待人和标定人的，习惯于将不同的人类型化，最常见的就是“好人”和“坏人”的区分，只有“好人”才值得同情和帮助，对于“坏人”则认为他们是罪有应得。

“知恩图报”也体现了中国文化对中国人施行利他行为的影响。在接受过某人的帮助之后，被助者一定要牢记在心，“受人滴水之恩，当以涌泉相报”，是最为中国人接受和赞赏的行为。另一方面，如果“受恩者”不思回报，会引起社会对他的不满，而“施恩者”如果为图回报才施恩，也会引起他人的厌恶和贬斥。可见，不同的文化背景制约着人们的利他动机和利他行为的表现特点。

此外影响利他行为的因素还有被帮助者的特点，研究发现，女性被帮助的机会多于男性，老人和儿童得到的帮助也比较多。人的穿着、仪表也是影响他们是否得到帮助的因素。

四、紧急情况下的冷漠行为

1. 什么是冷漠行为？冷漠行为是指在紧急、危险的情况下，个人明知他人受到生命和财产的威胁而需要帮助时，却坐视不救，袖手旁观的态度。例如，有人失足落水，在河里挣扎，是否去救他？看到有人抢劫，是否去帮助被抢者？看到老人犯了急病，倒在路边，是否前去帮助？如果对这些问题的答案都是“否”，即对紧急事件抱着事不关已的态度，就是我们所说的冷漠行为。

1964 年 3 月 14 日，美国《纽约时报》报道了一则杀人消息，被害者是一个妇女，出事地点在她家的附近。由于被害者极力反抗，和两个凶手进行斗争，该妇女被谋杀过程持续了半个多小时。在这期间，由于受害者的反抗、挣扎、呼喊，附近的居民有 38 人听到了该妇女的呼救声，有的人甚至听到呼救声后打开窗子看了看，当明白正在发生什么事时，又关上了窗子。没有一个人出来干涉，也没有人去报警。事发之后，美国社会心理学家达利等人立即就此事进行了调查，想要弄清楚冷漠的旁观者心里是怎样想的。调查结果归纳起来主要有以下几个原因：害怕暴徒用刀子捅自己；如果参与干涉，怕法院来查询时要自己去作证，就会花费许多时间，或者产生其它的牵连；由于情况是突然发生的，思想上准备不足；可能是一场虚惊，并无其事；若没有发生谋杀事件，自己贸然去救人，太冒失，会被人笑话。研究者分析认为，上述第一个原因是主要的，第二个原因是次要的，第三和第四个原因只是一种借口，以掩饰自己的冷漠行为。

素以良知良能著称的中华民族，冷漠现象也屡见不鲜，也出现了一些触目惊心的记录：1993 年 5 月 30 日，在杭州至温州的旅游车上，一个歹徒公然强暴两名妇女，12 个年轻力壮的男子汉居然像沉默的羔羊；6 月 29 日，西北某县的一个风景区，7 个坏人劫持并轮奸了一名 21 岁的女青年，时间长达 3 小时，女青年大声呼救，在游人众多的风景区内，竟无一人搭救；7 月 30 日，四川矿物局一老工人的儿子与同学下河游泳，不甚跌入深水区，岸上数十人观看无动于衷，致使一名即将跨入大学校门的青年被河水吞没。[①]……

2. 产生冷漠行为的主要原因。在暴徒行凶杀人、病人生命垂危、有人失足落水的情况下，人们为什么会袖手旁观，冷漠无情呢？除了人们的社会责任感、利益观念和道德水准的原因以及上面谈到的影响因素外，心理学家认为以下原因也是不可忽视的。

第一，个人的人格特点。这是产生冷漠行为的主要原因。有些人比较自私，在公共场合看到危害社会公共安全的行为，想到该行为不关自身利益，就不愿意挺身而出。有时候他们甚至对他人助人的高尚品质和行为泼冷水，说别人是“傻子”。几年前，媒体报道陈燕飞在怀孕的情况下抢救一个投水自杀的妇女。救人时，在场的人很多，可谁都不愿下水救人，当陈燕飞挺身而出时，还有人冷嘲热讽地说什么“又一个女英雄出来了”。如果仔细观察一下，就会发现我们生活中的很多事例都说明，个人是否表现出冷漠行为取决于其本身的道德水平和信念。冷漠行为的核心原因就是保护自己的利益。具有冷漠行为的人并非总是表现为冷漠行为，如果紧急事件涉及他自身的利益，如他邻居家发生火灾，他的家人、亲戚朋友遇到危险等情况下，他就有可能表现出助人行为。

第二，旁观者效应。个体对于紧急事件的反应，在单个人时与同他人在一起时会有不同的表现。由于他人在场，会抑制个体的利他行为，这种现象称为旁观者效应。20 世纪 60 年代拉塔内和达利进行了一系列的典型实验研究，题目是“毫无反应的旁观

① 申平华《再造中国人》，湖南出版社，1996 年版，第 45～46 页

者：他们为什么不帮助”。根据研究结果，他们发表了“紧急情况下的旁观者干涉：责任分散”等论文。

他们分析了影响助人行为的决策过程的各种因素，认为最重要的是“他人在场”的影响。由于他人在场而产生的旁观者效应对助人行为具有以下作用。

一是他人的观众作用。当有其他人作为观众在场时，个人的行为会产生更多的顾虑，特别是在不清楚他人将如何评价自己的行为时，不愿在众人面前处在尴尬地位，因而犹豫不决，抑制了救助行为。

二是他人的榜样作用。社会心理学家通过观察发现，个人的冷漠行为受他人冷漠行为的影响。当情境模糊不清难以做出判断时，个体就会通过观察他人的行为以帮助自己了解情境，并以他人为榜样，采取和他人一致的行动。如果他人都无动于衷，即使是发生了紧急的事态，自己也意识到有责任上前帮助，但在他人一致不动的情况下，个人会出现从众行为，于是出现了“坐视不救”的局面。众多旁观者由于彼此都期待别人出来援助而相互依赖，就出现了彼此相倚的现象，既彼此看样，又相互示范。心理学家指出，在紧急情境中，如果最先注意到这一情境的人没有停下来提供帮助，后来的人也会视若不见；而一旦有人前去帮助，后来的人也大多会跟随他做出相似的行为。

三是责任分散作用。在紧急事态中，如果只有一个人在场，那么责无旁贷，会使他采取助人行为。而有他人在场，使帮助他人的责任分散地落到每个人的身上，减轻了因见危不救所产生的罪恶感、羞耻感、内疚感和责任感。别人在场似乎无论在良心上，还是在义务上都分担了自己的责任。拉塔内设计了这样一个实验，在实验室内让被试听到隔壁办公室里一位女士从椅子上摔下来，大声呻吟，观察被试的反应。结果发现，被试单个人在场时有70%的人去帮助受伤者；在两个陌生人在场时，有40%的被试去帮助受伤者；在有许多人在场时，并且在有人说不必去帮助的情况下，只有7%的人表现出助人行为。这个实验表明在场的人数越多，助人行为就越受到限制。

除此之外，受害者的求助线索、伤害的严重性以及对救助行为代价和安全的考虑，都会影响救助行为。

五、利他行为的培养

家庭、学校、社会舆论、大众传播媒介等在儿童早期社会化的过程中发挥着很重要的作用，因此，在儿童人格形成的过程中，对其人格中有利于利他动机形成的部分加以塑造，就会实现使他长大成人后表现出利他行为的目的。首先是家长、教师和对儿童有较大影响的人的口头引导，例如，告诉他要在生活中多帮助别人，尊重老人等等。但是，只有口头的教导有时候并不起作用，原因是儿童没有看到相应的利他行为的榜样，在他的头脑中没有相应的形象记忆，无法在特定的情境下产生利他动机。所以，家庭、学校和社会要为他们树立榜样，如家长、教师要以身作则，时常注意做出助人行为，大众传播媒介传播助人行为的信息等，给儿童提供一种最真实的榜样。经过这个过程之后，儿童利他动机的早期社会化才能完成。

根据社会学习理论，当个体的利他行为得到积极强化时，他就会做出更多的利他行为，当个体的利他行为受到消极强化时，利他行为就会减少。例如，一个人在做出利他行为后受到了他人的奖励和称赞，那么以后在类似的情境中就会再次做出相应的利他行为；相反，如果一个人的利他行为受到了批评和嘲笑，那么他在以后的相似的情境中就不会再做出利他行为。有人曾经作过一个实验：把幼儿园的儿童分成三组，并使他们都做出一定的利他行为，如把自己的玩具让给比自己小的儿童。第一组儿童被称赞为慷慨的人，第二组儿童只是受到单纯的普通的表扬，第三组儿童未受到任何表扬和鼓励。一段时间之后，经过观察发现，第一组儿童做出利他行为的最多，第三组儿童最少。原因在于第一组儿童的利他行为得到了积极的强化。如果整个社会形成对利他行为进行积极强化的环境和局面,那么,利他行为就会蔚然成风。

第四节 侵犯动机与侵犯行为

人们所处的社会环境十分复杂，有许多事情是令人们愉快的，还有许多现象是令人们不愉快的。侵犯行为就是令人们普遍感到担忧的问题。社会心理学对侵犯行为的研究，对探讨侵犯行为性质和原因，提出防范的对策，实现社会控制具有重要的意义。

一、侵犯动机概述

首先谈谈什么是侵犯行为。讽刺他人是不是侵犯行为，不同群体间的斗殴是不是侵犯行为，警察抓强盗、惩治腐败分子是不是侵犯行为……？

早期的社会心理学者从行为所导致的后果出发来界定侵犯的概念，认为只要一种行为导致了对他人的伤害就是侵犯，而不管这种行为是如何发生的。这种界定显然会引起不同性质行为的混淆，一是将本来并非侵犯的行为判定为侵犯。如体育比赛中的意外伤害，日常生活中的失手误伤、正当防卫等。二是将原本就是侵犯行为的判定为非侵犯行为。如本欲伤害他人而未遂，或由于对方的反抗反而使侵犯者受到伤害的行为，设计谋害他人反自遭伤害的行为等。

因此对侵犯行为的界定必须考虑动机与行为后果的统一，班杜拉在对侵犯行为进行了十多年研究之后，给侵犯下了一个定义："在社会学理论看来，侵犯是一个十分复杂的事物，它包括了造成伤害的行为，破坏性的影响以及社会标定的过程。根据这一观点，有关侵犯的完整理解就必须考虑到伤害行为，也考虑到决定哪些伤害行为被标定为侵犯的社会判断。"①因此，我们认为凡是以伤害他人身心健康为目的的任何行为都是侵犯行为。一种行为能否被判定为侵犯行为，必须要研究两方面的情况，一是个体的外在行为表现；二是个体内在的意图和动机。如果一个人的行为给他人造成了伤害，而他本意并不是要伤害他人，那么我们并不能说它是一种侵犯行为，而如果当时他的动机就是要伤害某个人，那他的行为无疑就是侵犯行为。

由此可见，侵犯行为具有以下几个特点：

1. 侵犯行为是有意图的行为。侵犯行为是以伤害他人为目的的行为，因此，侵犯行为是一种事先有预谋的行为。这是判定一个人的行为是否属于侵犯行为的关键。

2. 侵犯行为是外显的行为。侵犯不是感情、动机和态度、价值观等内在的心理状态，而是个体外部表现出来的行为。发怒也是一种内在的心理动机，它是侵犯行为发生的前奏，对侵犯行为的发生具有动机作用，但尚未构成侵犯的事实，即侵犯行为未外显，也不能算作侵犯行为。一个人在自己的房间里自言自语地咒骂他人，但未被任何人听见，并不对他人的身心构成伤害，也不能称为侵犯行为。

3. 侵犯行为是伤害他人身心健康的行为。侵犯行为不仅指伤害他人的身体健康的行为，如直接对他人施以暴力，它也指损伤他人的心理，造成他人心理上痛苦的行为，如造谣、诽谤和侮辱他人都是侵犯行为。当然，一种行为是否属于侵犯，还以被施

① 周晓虹《现代社会心理学》，上海人民出版社，1997年版，第217页

者和社会判定为前提，由于文化背景的不同，同样的行为在一种文化背景下被认为是侵犯行为，在另一种文化背景下可能不被认为是侵犯行为。

4. 侵犯行为的反社会性质。侵犯行为指的是违背社会准则和社会规范的行为，诸如人身攻击、凶杀、打群架等故意伤害他人的犯罪活动都是违背社会准则的，所以是反社会的。至于警察为维护社会治安对犯罪分子实施的惩罚，家长对犯了错误的子女进行的必要处罚等行为，因为不具有反社会的性质，所以不能称为侵犯行为。

其次，再谈谈侵犯行为的类型。侵犯行为表现为各种各样的类型。根据侵犯行为的方式和途径，我们可以把侵犯分为语言侵犯和动作侵犯。语言侵犯是通过语言对他人进行侵犯，如讽刺、诽谤、谩骂等，包括口头的侵犯，也包括书面的侵犯。动作侵犯是使用身体的一些部位如手、脚以及利用武器对他人进行的侵犯。根据侵犯行为的动机，我们还可以把侵犯行为分为报复性侵犯和工具性侵犯。报复性侵犯的目的在于因复仇而故意伤害他人，给他人造成痛苦和不愉快，给对方造成不幸或挫折。工具性侵犯行为，其直接目的不是为了使对方身心健康受到损害，而是把侵犯行为当作达到其他目的的手段，如拦路抢劫、入室盗窃，直接目的是为了钱财，但这种行为最终仍然给对方造成了身体或心理上的伤害，属于侵犯行为。

二、对侵犯行为的理论解释

探讨侵犯行为的原因是社会心理学研究的一个重要领域，同利他行为一样，对侵犯行为的理论解释也是各种各样的，主要有本能论、动机论和学习论等解释。

1. 本能说。弗洛伊德是本能论的代表人物之一，他认为人有两种本能，一是生的本能，它代表着对生命的追求和爱与创造的力量；另一种是死的本能，代表着恨和破坏的力量，体现了人对杀戮和死亡的原始欲望。当死的本能向外表现时，就成为破坏、征服、伤害和侵犯的动力，引发对他人的侵犯行为。死的本能有内向和外向之分。当死的本能指向外部时，就表现为故意伤害他人。弗洛伊德把人类的暴力、凶残等各种侵犯行为归结为个体内部天生的侵犯能量向外宣泄的结果。当侵犯行为向外表现受到阻碍时,就会转而指向个体内部,人们就会限制自己的力量,开始惩罚、谴责和伤害自己,变成受虐狂,在这种死的本能达到极端时,就产生自杀的行为。另外,既然侵犯是人的本能所为,这种侵犯性能量就是非宣泄不可的,否则就会产生焦虑甚至疾病。

洛伦兹的习性学说也是以本能来解释侵犯行为的一种代表性理论。他通过对动物侵犯行为的观察得出，动物的侵犯行为有两种，一种是掠食行为，目的是填饱肚子，它是一种不带任何情绪的、近乎自动性的反应；另一种就是争斗行为，成群而居的动物会就如何分配食物、配偶与空间领域进行争夺，它具有求得生存，并使物种不断进化和发展的功能。他认为，对动物的争斗行为的研究，可以帮助我们了解人类的侵犯行为。因此，他得出，侵犯是人生而具有的本能，这种本能的能量是可以不断在体内积蓄的，达到一定水平后就会转变为侵犯的冲动而表现出来。因此，人类必须定期加以发泄，这种定期的发泄，也就是在每一代几乎都要发生大规模战争的原因。他还建议人们通过举行体育竞赛以及其他消耗体力的活动，如登山、航海、打球等不具有破坏性的活动，来取代战争的发泄方式。

认为侵犯行为完全是由人的本能所支配的观点没有得到人类实验的任何证据，只是把对动物的研究结论推及到人类，这是不科学的。弗里德曼曾经指出，本能对动物的侵犯行为起着重要作用，但当动物向前进化一步时，本能就变得越来越不重要，尤其难以置信的是，人类的侵犯行为是由本能冲动而引起的。那是不正确的，因为生活于社会中的人，其任何行为都不可能完全由本能决定。人们无论做出何种行为，总是会受到各种社会因素的影响和制约，这就是人和动物的根本区别之所在。

2. 挫折—侵犯假说。1939 年，美国耶鲁大学的心理学家 J·多拉德、N·E·米勒等五人共同提出了一种旨在说明侵犯行为是后天形成的理论——“挫折—侵犯理论”。所谓挫折，是指一个人在为达到某种目标而进行努力时受到干预和障碍，致使需求不能满足，目标不能实现时的情绪状态。无论在什么样的社会里生活，挫折总是难免的。因为社会生活中充满着矛盾，人们随时随地都有可能遇到挫折：挫折会产生多种行为表现，在心理上表现为抑郁、消极、愤懑；在生理上表现为血压升高、心跳加快、胃液分泌减少、失眠等。

挫折—侵犯理论认为，人的侵犯行为是由于个体遭受某种挫折而引起的，侵犯是挫折的一种后果，侵犯行为的发生总是以挫折的存在为前提，而挫折的存在也必然会导致某种形式的侵犯行为。心理学家巴克尔在一项实验中给一组孩子们看一个摆满好玩的玩具的房间，但不允许他们进去玩，以引起他们的挫折感。然后才让他们进去玩。但对另外一组的孩子，则在一开始就让他们玩这些玩具。前一组的孩子在进去后便把玩具往墙上扔或者甩在地上，表现出很强烈的破坏性，而后一组孩子却玩得很好，并没有这些破坏行为。这个实验证明了受挫折会引起侵犯行为。

这一理论强调了挫折和侵犯之间的因果关系，认为只要一个人受了挫折，就必然会做出某种侵犯行为。然而，无论从常识经验来看，还是从实验研究来看，我们都可以发现侵犯并不是挫折的唯一后果，即挫折有时候并不表现为侵犯，也许有的人只是独自唉声叹气，埋怨自己运气不好，而不是把这种情绪向他人发泄。另一方面，一个人的侵犯行为也未必都是由于挫折而引起。由于这一缺陷，后来的社会心理学家不断的对这一理论进行修正，其中最有影响的是L·伯克威兹提出的理论。他认为，人在遭受挫折以后，仅仅能引起一种侵犯行为的准备状态，即一种侵犯的心理趋势。如果当时他所处的环境没有任何可以激起这种情绪爆发的引导线索，那么他就不会产生侵犯行为；而如果当时环境中恰好有这样一个“导火索”，如孩子淘气，有人嘲笑，他就会产生侵犯行为。换句话说，个体在遭受到挫折之后将做出什么反应，取决于其周围环境是否为他提供了可以引发这种“侵犯准备状态”爆发的线索。

3. 社会学习理论。社会学习理论的代表人物班杜拉分析批判了挫折—攻击理论，认为从本质上讲，这个理论与本能论没有什么区别。他指出，遭受挫折的个体可以表现出攻击行为，也可以不表现出攻击行为，究竟采取哪一种行为，取决于个体以往生活经历中所习得的对付生活压力的行为模式。社会学习理论关于侵犯行为的观点主要有两个方面，一是侵犯行为的起因，二是侵犯行为的习得。

关于侵犯行为的起因，班杜拉认为并非挫折导致了侵犯，而是挫折引起的情绪唤醒诱发了侵犯行为。他指出，并不是只有愤怒、恐惧等情绪的唤醒才能触发侵犯行为，情绪的亢奋、异常愉快等情绪的唤醒也有可能触发侵犯行为。班杜拉通过实验证明，在上述各类情绪的唤醒状态中，被试都提高了对他人的惩罚性行为。班杜拉认为，挫折或愤怒情绪的唤醒只是侵犯倾向增长的条件，但并不是侵犯行为发生的必要条件。对于那些已经学会在不愉快的时候用侵犯行为来获得解脱的人来讲，挫折会引发侵犯行为。而对其他人来说未必如此。一项动物实验显示，同一只猴子，当他处在猴王地位时，情绪唤醒能够诱发其侵犯行为。当它处在“臣民”地位时，情绪唤醒则使它怯弱和退缩。学习理论认为，接触和观察到侵犯行为会增加观察者的侵犯倾向，观察他人的侵犯行为，为个体提供了可资模仿的行为榜样，个体通过观察而习得了该种行为，形成以后处理类似事件的行为模式。

关于侵犯行为的习得，班杜拉认为，大多数的侵犯行为都是通过有意无意的观察获得的。观察和模仿是侵犯行为中一个重要的学习历程。班杜拉认为，在观察学习中，抽象认知能力起着非常重要的作用。当一个人耳闻目睹一种侵犯行为时，他就会把观察到的行为者的反应、行为后果以及当时的环境状况等，以一系列的抽象符号记录到大脑中。过一段时间以后，如果有类似的环境或情景出现，他就会把原来存储于大脑中的经验“调出来”，用以指导自己的行为，从而也做出了侵犯行为。所以说，在现实生活中，人们往往是通过对他人的侵犯行为进行观察和模仿来学习和形成自己的侵犯行为的。班杜拉及其同事做过一些实验，证明儿童观看成人侵犯榜样后，会表现出更多的侵犯行为。他们让儿童观看成人拳打脚踢并责骂一个与真人大小相同的充气塑料玩偶。然后把儿童带进另一个房间，使他们有机会玩各种玩具，其中包括玩偶。结果表明，他们大都表现出攻击行为，踢打并责骂玩偶。也就是说，在儿童观看了大人的侵犯榜样后，把大人的侵犯行为以及当时的情境记忆在了大脑当中，当他们被带到相同的环境中时，如摆放有同样的玩偶的房间，他们大脑中的记忆会在这时被调出来，指引他们也做出和大人类似的侵犯行为。

为了研究模仿和强化对侵犯的影响，一些研究者让儿童观看一个人攻打玩偶的电影。第一组的儿童看到，攻打玩偶可以使它在地板上走动较远；第二组的儿童看到，攻打玩偶只使它在地板上移动很小的距离。我们可以把玩偶的移动作为对儿童行为的强化，如果攻击并没有给玩偶造成什么影响，那么就没有得到强化。看完电影后，让儿童玩能移动的玩偶和不能移动的玩偶。当攻打行为造成玩偶移动时，即攻打行为得到了强化，儿童就表现出更多的攻击性。当攻打行为未使玩偶移动时，即攻击行为没有得到强化，儿童就表现出较少的攻击行为。如图 4－2 所示。

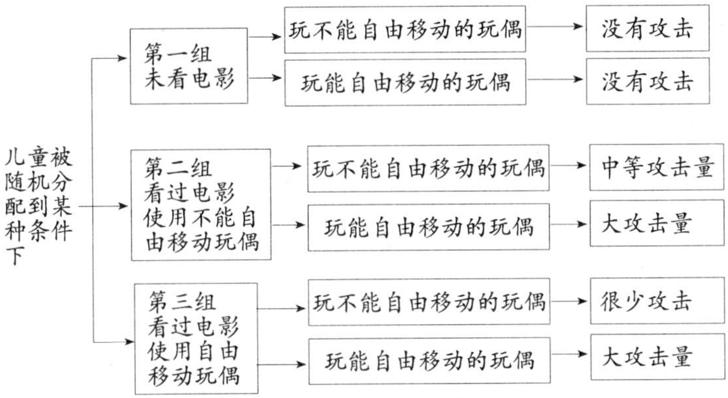

图 4－2　模仿和强化影响儿童攻击行为的实验

班杜拉还做了一系列的实验来观察儿童的侵犯行为，最后得出结论说，儿童在观察成人的示范行为时，不仅极易模仿成人的行为，而且他们的模仿还会受到对这种行为的后果的预测的影响。例如，当一个孩子模仿父亲打母亲而去欺负其他的女孩子时，如果这种行为受到父亲的鼓励和称赞，那他就会保持这种行为；如果受到了母亲和其他人的批评，那么他的这种行为的出现的频率就会减少。通常情况下，那些侵犯行为多的儿童大多有着侵犯性较强的父母，他们为儿童的侵犯行为提供了最有力的榜样。

班杜拉还认为，个体从观察他人的侵犯行为到表现自己的侵犯行为需要三个必要条件：第一，要有一个榜样表现侵犯行为，如在观察者面前辱骂、殴打别人。第二，榜样的侵犯行为被判断为“合理”的。如观察者看到榜样的侵犯行为受到赞扬和支持，或者观察者自己认为榜样的行为是合情合理的。第三，观察者在榜样表现侵犯行为时必须在场，即观察者和榜样处在同样的环境中。

三、侵犯的控制

关于对侵犯的控制或者消除，不同的社会心理学者提出了不同的看法。本能论展示给人们的是一幅悲观主义景象，认为侵犯行为产生于人自身的本能冲动，而这种本能冲动总在寻找得到满足的途径，因此，消除侵犯行为是十分艰难的。人们所能做的只有两个方面的工作：第一，寻找宣泄途径。弗洛伊德认为，侵犯性能量总要通过各种方式发泄出来。否则，就会表现为暴力行为。而社会的作用就是控制这种侵犯性冲动，使他们转化为社会接受的行为。第二，通过培养和强化个体的“超我”来控制和减少侵犯行为的表现。“超我”是道德化了的自我，能够通过良知或良心指导自我去限制本能欲望和冲动，从而减少侵犯行为。

相比之下，“挫折—侵犯理论”提出的方案就更为现实，它认为侵犯行为是后天形成的，因此，侵犯行为是能够被控制和改造的。根据“挫折—侵犯理论”，控制和消除侵犯行为的关键在于提供一个途径，使挫折引起的侵犯性能量能够被及时疏泄出来，或者减少外界环境的侵犯线索。

对侵犯行为进行控制提出更有效和现实可行措施的是班杜拉的社会学习理论。按照这一理论，侵犯行为被认为是个体通过观察模仿而习得的，因此，只要减少侵犯行为的榜样，限制大众传播媒介中暴力形象的出现，就可以减少对侵犯行为的模仿。与此同时，社会应为人们树立起非侵犯行为的楷模，向人们展示非侵犯行为的榜样，并结合运用一定的奖励和惩罚措施。这样，我们就能够在社会生活中实现对侵犯行为的控制和消除。

我们认为，在现实社会中要实现对侵犯行为的控制，以下几个因素是十分重要的。

1. 建立公平的分配制度以减少挫折感。常言道“不平则鸣”，由于利益分配的不公平引起个体的挫折体验，进而导致侵犯行为的现象在现实生活中屡见不鲜。因此，建立公平的利益分配机制，帮助人们树立科学的公平观，可以有效地减少由于挫折而引起的侵犯行为。当然，引起挫折的原因是十分复杂的，除了公平的原因外，还有其它的原因。加强自身的修养，正确地分析与对待挫折是控制侵犯行为的重要方面。

2. 运用奖惩制度控制侵犯行为。对侵犯行为的惩罚是必要的，社会心理学研究证明了畏惧惩罚往往可以控制一个人的侵犯行为。研究者让被试电击他人，之后再置换位置接受他人的电击。结果发现，被试比在没有位置调换的情况下普遍减少了电击量。当然，在现实生活中情况要比实验室复杂得多，因此，既要讲究惩罚的有效性，又不能过分地依赖惩罚。这里特别需要说明的是父母对子女的惩罚，因为惩罚从某种意义上来说也是一种侵犯行为。父母的暴力行为，既是一种抑制侵犯的手段，也为儿童的侵犯性提供了榜样。研究发现，经常受到父母惩罚的儿童比正常的儿童具有更多的侵犯行为。由此可见，父母通过惩罚来控制或纠正子女的侵犯行为是有前提的，首先，父母与子女间要有良好的感情，只有在子女对父母尊重、依赖的情况下惩罚才是有效的；其次，父母对子女的惩罚必须是理智的，不是随心所欲的；再次，父母为子女树立了良好的榜样。

3. 通过说服教育控制侵犯行为。说服教育的作用在于提高人们对侵犯行为后果危害性的认识，说服教育是转变人的态度的重要手段，要通过说服教育防止侵犯行为必须注意以下几点：第一，说服要及早进行。让儿童从小明辨是非，懂得侵犯行为对他人和自己的危害，使“侵犯他人是不道德的”，“侵犯他人会受到制裁”等观念深深扎根于儿童的幼小心灵。第二，说服时要提供受害者痛苦的线索。实验表明，受害者的痛苦迹象能引起人们的同情心，把自己置身于受害者的地位设身处地的体会受害者的痛苦，从而抑制侵犯行为。如果被说服的对象是已经做出侵犯行为的人，则必须激发其内疚感，对侵犯行为的内疚感是一种抑制侵犯行为的内在力量。

4. 恰当的宣泄。阿伦森在其《社会心理学入门》一书中提出了释放侵犯性冲动的三种途径：一是通过体育活动来消耗侵犯能量，如球类比赛、跑步、拳击等；二是进行一些没有破坏性的、幻想的侵犯行为，如做梦、心理咒骂或写暴力故事等；三是做出直接的侵犯行为。人们普遍认为上述第一种方法是有效的，而且受到了一些心理治疗专家的支持，他们认为竞争性游戏为本能的侵犯内驱力提供了一条满意的出路。虽然世界上的战争没有因运动场的比赛而消除，也没有能提供足够的关于竞争性游戏可以减少侵犯行为的证据，但我们认为宣泄可以减少侵犯的事实是存在的。宣泄的途径并不仅仅局限于竞争性游戏，实际上对人倾诉、大哭一场、拼命的工作等都是宣泄的途径。在国外有的企业为降低员工的不满情绪，防止侵犯行为，设立了“出气室”，也是根据这一道理。

5. 控制暴力电视。大众传播媒介特别是电视是现代儿童获得侵犯行为的重要来源。许多学者呼吁，为了教育下一代，应净化社会环境，消除电视暴力节目。也有学者提出了避免暴力电视对儿童产生不良影响的方法，如限制儿童看一些暴力节目，减少接触电视暴力榜样的机会；成年人与儿童一起看节目，可以就节目的内容进行解释性评价等。事实上，现代传播媒介的发展，使得人们对传播内容的控制越来越困难，所以根本的方法是要提高儿童对暴力节目的正确认识能力和自觉抵制能力。研究者发现，通过简单的教育过程提高儿童的认识以减少电视暴力对他们的消极影响是可能的。①

---

① 参见时蓉华《新编社会心理学概论》，东方出版中心，1998 年版，第 322～328 页

第五章

社会态度

态度是社会心理学中最为经典的一个研究领域，在当代社会心理学的发展中占有十分重要的地位，并且一直是社会心理学研究的核心内容之一。在社会心理学发展的初期，托马斯（W. I. Thomas）等人甚至认为社会心理学实际上就是研究态度的科学。在本章中，我们将围绕着态度的形成、态度的结构、态度与行为的关系以及态度的改变等问题展开分析和讨论。

第一节　社会态度概述

社会态度不是与生俱有的，而是在后天的社会交往和互动中逐渐形成和发展起来的。社会态度也不是一成不变的，而是随着人们社会互动的对象以及互动范围和生活环境的变化而变化的。从一定意义上说，人的一切社会行为都会受到自己态度的影响。原始人的图腾崇拜，早期人类的宗教迷信，以及现代人的科学信念，都是人的态度的重要方面。

一、社会态度的含义

态度是人类社会中最常见的心理现象，将这一概念首先引入心理学领域的是斯宾塞（Spencer 1862）和贝因（B. bain），在他们那里，态度是一种把个体判断和思考导向一定方向的先有观念和先有倾向。这种看法被后来朗格（L. Langer）的实验所证实，1888 年，朗格发现，如果被试集中注意即将做出的反应，其反应时间比没有这种预先准备的情况要短。这种预先的准备状态就是所谓的态度。在朗格之后，许多心理学家在实验中发现了态度对人的心理活动和行为反应的制约作用。

1919 年，托马斯等人在研究波兰移民问题时，为了说明社会环境的变化对个人行为的影响，以及社会与个人行为之间的关系，具体研究了态度的内涵，首次使态度成为社会心理学的重要课题。态度概念的提出得到了许多心理学家的支持。心理学家们对态度进行了各种各样的解释，根据自己的理解给态度下了各种各样的定义。其中对态度的经典解释有三种。

奥尔波特（G. W. Allport）1935 年在《社会心理学手册》中提出“态度是一种心理的或神经的准备状态，它是由经验构建的，对于个人对有关事件的反应具有指导性或动力性的影响。”他把态度作为一种潜伏的内部准备状态，并与神经过程统一起来。

克雷奇（Krech）等人在 1948 年在《社会心理学的理论和问题》一书中提出，态度是“一种和个人所处的环境有关的动机、情绪、知觉和认识过程所组成的持久结构”。这个定义既强调了态度构成心理活动的意志过程，又强调了认知过程，强调了人的主动性，而不是对环境的被动反应。

弗里德曼（M. Friedman）在他的《社会心理学》教材中，以一种概括的方式提出了态度的定义，认为人的态度是一种带有认知成分、情感成分和行为倾向的持久系统。

综合这些定义的共同之处，我们认为所谓社会态度，是指一个人对某一特定对象所持有的较为一贯和稳定的评价和行为倾向。对于态度的定义，可以从以下几个方面来理解：

1. 态度是态度主体对态度对象的较为稳定和一贯的心理反应。态度主体包括个人，也包括群体，如民族、种族或一个国家、一个地区的民众。态度对象指的是与态度主体相联系的、被主体所指向的具有社会性的人、事、物、关系、价值等。只有当态度主体对态度对象经过一个长期的反复的过程形成较为稳定的心理反应才是态度。这一点反映了态度的稳定性。

2. 态度是社会主体在后天的社会生活中获得的心理反应倾向。人的反应倾向有先天的本能性，如婴儿饿了会哇哇大哭，给他好吃的和好玩的，他又会很高兴，这种反应属于本能反应，不是态度。态度是在出现自我意识之后，经过情感的不断丰富，经验的积累后才形成的。所以说，态度是人在社会化过程中，经过丰富的社会实践才形成的，是一种人的后天心理反应倾向。这一点反映了态度的客观性。

3. 态度是一种综合性的心理反应倾向。态度是在其它心理过程基础上综合而成，包括认知、情感、意向三种心理过程。因此，态度作为“心理反应倾向”，包括不同的内容，有以认知和情感为主要内容的价值倾向，如社会理想，对于某人的看法等；也有以意向和情绪为主要内容的动机倾向，如赞成或反对的态度。

4. 态度是针对一定对象的心理反应倾向。当我们说自己对“这件事的态度”怎么样，我们已经下意识地认可了态度的特定对象，每一种态度都针对特定的态度对象。

二、态度的构成因素和特性

一般说来，态度由认知、情感和意向三种因素构成：

1. 认知。指态度主体对态度对象的认知，包括感知、思维、理解等。认知规定了态度对象，是对某一对象形成一定的态度的基础，显然，如果不知道或不了解对象“是什么”，就无法对它形成看法。

2. 情感。指的是态度主体对态度对象的情感体验。当一个人认识和了解了态度对象时，就会对该对象进行评价，从而获得一定的情感体验，如喜欢、厌恶、同情、冷漠、尊敬、瞧不起或者无所谓等等。

3. 意向。指态度主体作用于态度对象的行为准备状态。这里需要强调的一点是，态度并非行为，而是行为的一种心理准备，即行为是以态度为内在的心理动力。一定的情感就会对应一定的行为，如果对某人的态度是尊敬，那么行为自然就会表现出这一点，如当他说话时，会认真听，特别重视他的意见和观点等；如果不尊敬某人，相应就会表现出对他的言语行动不屑一顾。

态度的这三个构成因素相互联系、相互制约、相互协调，形成一个相对稳定的统一体。

态度是一种复杂的社会心理现象，根据对其定义的分析，我们对其基本特征做如下的归纳：

（1）态度具有社会性。人的态度产生于社会中，指向社会中的某一态度对象，也作用于社会。态度的产生总是和一定的社会情境联系在一起的，没有一种不带社会性的态度，即使是对自然现象的态度也不例外，因为对自然现象的态度也多多少少渗透着某种社会意义。例如，麦收季节下雨的时候，农民肯定会对下雨产生厌恶的态度，因为这时候下雨显然影响了麦收的进行，进而影响了农民的收入；如果这场雨赶在春播或者秋播的时候，农民们又会对它产生截然相反的态度。这两种对于自然现象的态度都和农民的收入联系在一起，也就是和社会现象紧密联系，所以说它们都具有社会性。

（2）态度具有协调性。态度由三个因素所构成，当态度形成时，这三个因素通常是协调一致的。对于某一个态度对象，态度主体在认知的基础上产生相应的情感，然后又在情感的激励下产生相应的意向，它们在彼此相对稳定的情况下不发生矛盾。当我们了解了一个人乐意帮助他人，又具有很乐观的精神时，我们多半会产生愉快的情感体验（看到好的事物，每个人都会感到愉快），然后在此基础上就会产生相应的好的意向，从而形成一个喜欢、尊敬他人的态度。情感是态度的核心因素，有什么样的情感，就会有什么样的意向，因为意向是受情感所支配的。

但是，认知和情感有时不完全协调。在这种情况下，情感决定了态度的方向，即认知和情感不一致，但意向受情感的支配，二者通常是一致的。例如，甲知道乙很有才华和能力，也是一个很热心的人，但是甲就是不喜欢乙，原因是乙的存在可能阻碍了甲在工作单位中的地位，所以甲对乙的态度的方向就和认知出现了不一致。这就是我们平常所说的“知道是一回事，做又是一回事”。

（3）态度具有间接性。态度是一个人的内在心理结构，自己可以体验到，而他人却不能直接观察到，态度的反应倾向并非行为本身，所以态度不能用仪器测量，只能通过人的言行、表情间接地分析与推测。人有时为了适应社会的需要，可以抑制内在的情感，使外在行为与其不一致，表现出了间接性。态度是外界刺激作用于个体之后，个体经过心理过程的认知、情感、动机等态度构成因素的综合，使个体与环境相适应，产生相应的态度，态度又进而刺激个体做出一定的行为，即对外界刺激的反应。整个过程如图 5－1 所示。

但是，什么样的态度不一定就会导致什么样的行为，在态度和行为之间还有很多中介因素，如自我意识的调整等。很多人都

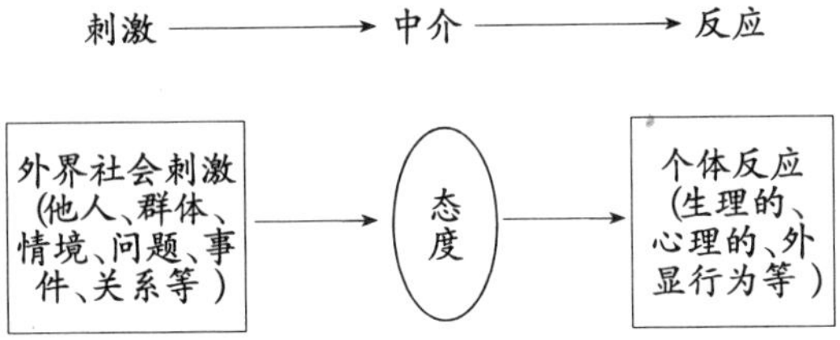

图 5－1　态度的中介性模式

痛恨贪污腐败，但是并不是所有的人都会主动举报腐败行为，原因就是每个人所考虑到的利害关系以及个人的性格等都对行为表现有很大的影响。所以说，态度与行为之间可能存在不完全的一致性，态度的间接性也是很复杂的。

（4）态度具有两极性。这是指态度主体对事物往往有两种相互对立的极端的态度。就其表现形式来看，有肯定与否定态度，赞成与反对态度、亲近与疏远态度等。从态度所表现的意义来看，有积极的态度和消极的态度之分。积极的态度对事物发展起着进步、提高、促进等作用；而消极态度则起着落后、倒退、破坏等作用。态度的表现形式和态度的意义之间的关系是非常复杂的，如赞成态度就不一定是积极的态度，因为如果对错误的问题持赞成态度显然就是一种消极的态度，而对正确的问题持赞成态度就是一种积极的态度；反之也是同样的道理。当判断一种态度是积极态度还是消极态度时，要根据态度对象和当时的社会情境来判断，有利于社会发展与进步的就是积极的态度，不利于社会发展与进步的则是消极态度。

态度的两极性与态度构成因素中的情感的两极性是紧密联系的。在态度的形成过程中可能有一种“中性态度”，如既不反对也不支持，既不肯定又不否定，但它是短暂的，终究会向态度的两极发展。

三、社会态度的功能

社会心理学家指出，人们之所以持某种态度，是因为态度具有满足人们某种需要的功能。态度具有明显的内在性，如认知、情感等内部心理过程，也具有明显的外显性，如它在某种程度上会决定人的行为等。所以，在研究态度的功能时，我们也从它对人的心理功能和社会功能两方面来研究。

1. 社会态度的心理功能。在一定的时期和社会环境下，人总是保持一定的社会态度，甚至为了保持这种态度，人还会做出很大的努力，这就证明态度具有特殊的心理作用。

首先，社会态度具有适应的心理功能。每个人都有自己的生活环境，在这个环境里，每个人也都想拥有良好的人际关系，获得邻居、亲友的认可、在工作上取得一定的成绩、拥有幸福的家庭等。在向这些目标努力的过程中，个人对于他人、群体以及工作都有自己的态度。因为，对于个人来说，态度是表达自己的内心状态的窗口；而对于他人而言，态度又是衡量一个人内心的需求、向往、情感和意见等的尺度。当一个人想接近某个态度对象或者回避某个态度对象，都是通过他对这个态度对象的态度来表现的，如尊敬、喜欢、赞赏等态度就表明了想接近对方的动机。另一方面，当我们要了解一个人的想法和意愿时，我们也是通过那个人的态度来推测，这时候，态度就成为推断的依据。如果一个人的态度经常变换，使人捉摸不定，猜不透，通常情况下，他就会失去别人的信任。

其次，社会态度具有自我防卫的心理功能。当一个人在面临外界威胁的时候，由于心理紧张、冲突和不安，就会引起自我防卫心理，这是一种力图抵抗威胁、保护自己的心理状态。例如，受到他人嘲笑时，采取反击的态度；遇到难办的事、不如意的事，采取回避、退缩的消极态度；对待自己不喜欢的人采取避而不见的态度；发生冲突时，看见情况不妙就采取逃之夭夭的态度等，都是态度的自我防卫功能的体现。由此可见，当一个人面临外界环境的威胁或者自己内心的矛盾、冲突时，首先出现的自我防卫就是新的态度的产生或原有态度的变化，从而实现心理防卫，减缓内心的压力和紧张。

其三，社会态度具有自我表现的心理功能。自我表现是人格特质之一，它指的是人们对自身全部特点和能力的表示和展示，是人在社会环境中的一种主动表现。由于态度具有价值表现的作用，个体就可以通过态度表现自己所拥有的价值。一种态度可能是一种中心价值体系的表现或者是一种说话方式的表现。比如，某人会说："我就是这样的人，我非常赞成这件事。"这就表明了他个人的价值判断是赞成这件事。态度的这种自我表现功能对于个体的心理奖赏不只是得到社会的认可，更重要的是，通过这种表现，可以使个体巩固自我概念中比较积极的方面。当一个人说"生男生女都一样"时，就表达了他内心的性别观念，同时，通过社会对于这种态度的认可，使得他更加坚定自己对于性别角色的价值判断。另一方面，当一个人说"我就认为生男孩比生女孩好"，也是在表达他自己对于性别的价值判断，希望能得到社会的肯定，但如果得不到社会的肯定，他也会慢慢改变自己的态度。但是如果某个态度涉及到个人的价值观体系，态度的改变可能要经历很长一段时间。

2. 社会态度的社会功能。首先，看看态度与行为的关系。态度与行为之间的关系，一直为社会心理学家所关注。态度与行为是一致的，还是不一致的？态度决定行为，还是行为决定态度？社会心理学家进行了大量的研究。

态度的社会功能主要表现为它对人们行为的支配性。但是，尽管每个人都有自己已经形成的态度，并不是所有的人都完全按照自己的态度去行动。平时明确表示支持计划生育政策的人可能会为了生一个儿子，而千方百计的逃避检查；赞成反腐败的人可能自己就是一个以权谋私的人。那么，到底态度与行为之间是一个什么样的关系呢？对此，有些西方社会心理学学者进行了实验和研究。

拉皮埃尔（R. T. Lapiere）于1934年做了一项著名的研究。[①] 他和一对中国留学生夫妇一起旅行了一万多英里，下榻了66个旅馆和其它住处，并在184个饭店受到了接待。在此期间，仅有一处旅馆拒绝接待他们。但在其它的旅馆和饭店里，拉皮埃尔和那对夫妇受到的即使不能说是周到礼貌的接待，至少也是很好的招待。这对中国夫妇也单独走访了几家旅馆和饭店，也从未被拒绝过。总的来看，他们像和拉皮埃尔搭伴时一样受到了接待。

6个月后，拉皮埃尔给他们曾经路过的每个地方寄去一份问卷，其基本问题是："你愿意在你那里接待中国人坐客吗？"对此，有81家饭馆做了回答，其中75家说不愿意，其余6家说得看情况。[②] 但事实是中国夫妇并没有遇到多少麻烦。所以从研究结果来看，行为和态度之间几乎没有任何关系。

然而，这一看法立即招来了很多批评。有人说某些饭店和旅馆并不知道那对夫妇是中国人，有人说是由于拉皮埃尔的陪伴和他们自己的较西方化的言谈举止导致了旅馆老板态度和行为不一致。总之，对于拉皮埃尔研究的批评可以简单概括为：他的研究结果是由于特殊环境所致。

在拉皮埃尔之后，又有很多社会心理学学者对态度与行为之间的关系做了研究。他们发现，态度与特殊行为之间虽然可能会有不一致的情况，但是，对于多重行为来说，态度与行为之间则

---

① 参见（美）克特·W·巴克主编，南开大学社会学系译：《社会心理学》，南开大学出版社，1986年2月，第264～266页。

② 注：由于当时是20世纪30年代，这种歧视并不算非法，而且当时这种情况还很普遍。

存在着高度的一致性。例如，如果一个人非常喜欢打台球，在工作环境中或和同事在一起时，他也许不会去打，因此，对于一个特殊情境来说，态度与行为是不一致的。但是，如果从和台球有关的多重行为来考察，就会发现高度的一致性，如他很喜欢看电视上的台球节目，关注台球明星，业余时间最大的娱乐就是打台球，等等。

那么，有哪些因素可能影响态度与行为之间的一致性呢？

第一，某人对一件事的态度的强度与他对另一件相关的事件的态度强度的差距。例如，一个人赞成反腐败，但是，他更重视自己的家庭和自己的工作，如果他举报或者公然反对某领导的腐败行为，担心会使自己的家庭和工作受到损失，因此，这个人虽然支持反腐败，自己却不会采取行动。换句话说，由于他对家庭和工作的态度压倒了他对反腐败的态度，所以态度与行为之间出现了不一致。

第二，个体所持的态度内部的认知成分和情感成分的一致程度。如果两种成分协调一致，则这种态度就与行为保持较高的一致性，即有什么样的态度就会有什么样的行为。但是如果一个人对某一事物原来就持有厌恶的态度，但是后来他又认识到这种事物并不像他想象中的那样丑恶，而是美好的，但这种厌恶的情感还是不能一下子就改变，这时认知和情感就出现不一致，态度对行为的支配力就小得多，态度与行为也更有可能出现不一致。

第三，环境的某些方面可能很重要。一般地说，当环境压力较大时，个体就不管这种压力是否与自己的态度一致，而表现出顺从环境的压力的行为；当环境压力较小、较弱时，个体的行为表现才与其态度保持较高的一致性。

第四，个体对某一事物所持有的态度，如果是以个体自身的亲身经历、直接经验为基础的，是通过个体对这一事物的亲身体验和了解而形成的，那么，态度与行为之间就有较高的一致性，根据这种态度来预料和推测有关的行为表现就有较高的准确性。反之，态度与行为之间的一致性就要低得多。

第五，态度对象和个人的关系。如果态度所指的对象与态度主体的切身利益有着较大的关系，对个人的生活、工作、学习有较大的影响，那么这个态度就与态度主体的行为之间的一致性会很高；反之，态度就与行为保持较低的一致性。

第六，单一行为和多重行为。态度与行为之间的关系并不总是一对一的，一种态度可能会引起多种行为。所以如果仅仅考察一种特殊行为与态度之间的一致性，可能结果是不一致，但是如果考察多种与某态度有关的行为时，就不难得出态度与行为相一致的结论。也就是说，态度与单一行为可能不一致，但态度与多重行为一般是一致的。

第七，短期行为和长期行为。一般来说，短期行为与态度保持较高的一致性，根据态度来预测短期行为较为准确；长期行为变化的可能性较大，因而它与态度的一致程度较低，根据态度来预测长期行为也就相当困难。

第八，个人自身的个性因素。有些人能够坚持按照自己的态度行事，有些人则容易受其他人或环境的影响，这种个别差异，与个体的个性差异有关。例如，自尊心强的人，不会轻易受他人的影响，而自尊心较弱的人，容易为别人的意见所左右。一些研究也表明，自我控制能力较强的人，他的行为较少受自己态度的支配，而更多的是根据环境的要求去做，比较理智；而自控能力较差的人，其行为和态度则保持较高的一致性。

3. 社会态度对于社会的影响。态度的社会功能的另一个方面是一定的社会态度对社会生活的反馈机能。这种意义上的态度，指的是人们对某种社会事件所共有的态度，共有的心理反应倾向，而不是单指一个人对于某个社会事件的态度。这样来看，人们对社会事件的态度，总的来说有三种表现形式：

①积极——接近——赞成

②消极——远离——反对

③中立（在激烈的社会事件中表现为“逍遥派”）

三种社会态度对于社会生活的反馈作用不同。一般的说，第一种社会态度起社会整合的作用，促进社会的发展，又因为态度的积极性，表现出相互接近的倾向，使得人们之间的友好相处变得更为容易。第二种社会态度起着分离的作用，阻碍社会事件的进行和社会的发展，人际关系倾向于疏远。第三种社会态度起着调和的作用，能够调和两种态度群体之间的矛盾。在正常的社会生活中，三种社会态度是同时并存的，有一些人可能持第一种态度，也有一些人可能持第二种或者第三种态度，但是对事件的发展起决定性作用的是多数人的态度。如果多数人对某一政策的实施持第一种态度，那么显然就会使得这件工作进行起来比较顺利，态度也发挥了积极的整合作用；如果多数人持第二种态度，这件工作显然会有最后瓦解消失的结果；中立态度在一般情况下是少数，因为态度具有两极性，它迟早会发展到积极或消极的一端。

人们在社会生活中的态度也具有两重性，一种是公开的态度，另一种是私下的态度。例如，会上讨论和会下议论；上面的大众媒介传播和下面的小道消息流传；当面赞成支持、说好话，背后反对、造谣、说坏话等等，都是态度两重性的反映。公开的态度是公布于众、面向多数人的，一般会在社会的上层或者公共、公开场合表现出来；私下的态度则只限于在个人之间交换看法，沟通信息，通常出现在社会的下层和私人场合。两种态度相互联系、相互补充，对于个体来说，公开态度通常是执行态度的自我表现功能，私下的态度是对公开态度的补充。在社会压力很大的场合，公开态度通常是执行态度的自我表现功能，而私下的态度则发挥了自我防卫的功能。

第二节　社会态度的形成与改变

实事求是的态度是科学的态度，但人的态度并不都是符合事实的，许多人的态度都带有不同程度的主观成分，也并不是弄清事物的真象后就能解决态度问题，因为态度包含着对事实的主观评价因素和情感因素，对事实往往具有选择的作用。要使一个人的态度由赞成变成反对，或反之，需要做许多工作才能达到目的。研究态度形成和改变的规律，掌握影响态度形成和改变的各种因素，对调节人际关系和建立正常的秩序有重要的意义。

一、社会态度的形成与改变的含义

态度的形成与改变是态度同一发展过程的两个方面。态度的形成指的是一种新的态度的发生和发展的过程，它强调的是一种态度从无到有的过程。态度的改变指的是一种态度由旧向新的发展的过程，即旧的态度改变为新的态度的过程。

态度的改变有两种情况：一是态度的一致性改变，指原有态度的强度发生变化，但该态度的方向并没有发生改变。例如，从“反对”到“强烈反对”，从“非常支持”到“勉强支持”等变化都属于态度的强度变化。总之，态度的方向不变，但强度由强变弱或者由弱变强都属于态度的一致性改变。而态度的不一致性改变，指旧的态度转变为新的态度的过程，态度的方向发生了改变。如由反对的态度转变为支持的态度，或者由支持的态度转变为反对的态度；由积极的态度转变为消极的态度，或者由消极的态度转变为积极的态度；由赞成某件事的积极的态度转变为无所谓的中立态度，或者由中立的态度转变为消极态度，都是态度的不一致性转变。

二、社会态度形成与改变的理论

1. 关于态度形成的机制。社会态度的形成，从根本上讲是与一个人的社会化分不开的，态度是后天的，是在社会生活中通过与他人的互动形成的。社会心理学研究表明，个体的某一个具体的态度是在社会生活中由具体的社会事件引起的，而社会事件引起社会态度经历了这样一个过程：

第一，经验的积累过程。人们对社会事件或某一事实的态度是在经历了一个过程之后才出现的，这个过程首先在个人内心展开，即认知社会事件和积累经验事实。所以说，从态度形成的内在过程来看，经验的作用非常重要。

每个人在社会化的成长过程中，对某一类事物、事件、关系或者某些人的言行举止等，都是经过一次又一次的反复接触，才使经验不断积累起来的。例如，儿童关于“老师管得严”的经验，就是经过一次次做错事被老师惩罚或者一次次看到其他同学做错事被老师严厉惩罚，形成了经验积累，所以常常一听到某同学说“你再怎么样我就告诉老师”就感到害怕。另一种情况是，一次剧烈性创伤事件也会成为一种固定的经验储存在心里，如“一朝被蛇咬，十年怕草绳”，就是典型例子。儿童小时候受过的某种伤害在长大后印象仍然很深，原因就是那件事对于儿童来说已经是造成了很大的伤害。

个体积累了一定的社会经验后，当他再一次遇到某个社会事件时，他对这件事形成一定的态度的过程就是运用经验积累进行比较的心理过程。当某一社会事物（或社会事件）刺激了人的感官后，一方面个体的知觉通过对事件的感知、判断，以经验的形式积累起来；另一方面，个人内心过去已有的经验事实就会浮现在他的脑海中，使他把这件事和以前的事进行比较。如果发现这件事与过去的经验相同或者大同小异，就会以过去的经验看待当前的事物，并作为态度反映出来；如果当前事物和过去的经验差距较大，那么已有的经验就会从另外一个角度影响个体对该事物的看法和态度。所以说，态度的形成是个体内部经验的积累和反映的过程。

第二，群体规范的制约过程。所谓群体规范，就是一个群体为保障其群体目标的实现和群体行动的一致性而制定的一定的行为准则，从而统一成员的信念、价值观和行为。

群体规范起着约束群体成员行为的作用。作为群体的一个成员，都被期望着遵循这个规范，任何违背规范的行为都将受到群体的排斥或口头攻击。一般的群体会对所谓的“叛徒”采取如下措施：开始，其他成员会苦口婆心劝其回到集体的怀抱，但是如果背叛者仍然执迷不悟，那他就会被群体所拒绝，其他成员不理睬他、冷淡他等，使他感到一定的群体压力，改变自己的行为或者态度。

社会心理学家谢利夫 1936 年做过一个暗室自动光点位置判断实验：在一个黑暗的实验室里，让所有被试者分别单独观看对面不远的一个光点的运动方向（实际上光点并没有动，但是人的视错觉使得光点看上去好像在移动），这些被试者对光点的移动方向判断不一，有的说向左，有的说向右，有的说向下，有的说向上。然后，让所有的被试者一起观察，并允许他们进行讨论，以判断光点的移动方向。最后，再让这些被试者单独观看光点并判断移动方向，结果，被试者都按集体讨论的结果来报告自己的判断结果，而不是坚持自己最初的判断。这就是群体规范对成员态度发生了作用。

由此可见，在一个无组织的自发形成的群体中，群体成员的态度变化有一个从无序到有序的过程，直到最后达到基本的统一，这个过程是在成员互动过程中形成的。在一个有组织的群体中,如学校、机关单位、企业等正式群体中,领导者的意志作用、理论意识的指导作用、明确的要求等,会加速成员统一态度的形成,同时,还会引导成员建立一定方向的态度。

第三，服从——同化——内化是态度不断发展、深化的过程。服从——同化——内化的态度变化过程是凯尔曼于 1958 年提出的。他用了一个真实的材料来分析态度变化的三个阶段：1974 年美国一个富豪家庭的 19 岁的女大学生，被一个自称为革命组织的 SLA 群体绑架，并让她家拿出巨额的赎金。正当她家准备拿出赎金时，她却宣布放弃自己的豪华生活，决定参加 SLA 组织，并痛骂自己的父母。两星期后，她和该组织一起抢劫银行时被政府追捕。在监狱里，她的父母、亲友、律师、精神病专家都去看望她，使她逐渐恢复了原来的态度。她从原来痛恨该组织，到后来参加该组织就是经过了一个服从——同化的过程，但尚未达到内化阶段，所以经过劝说、精神治疗比较容易地恢复了原来的态度。

服从，是态度形成的开始阶段。产生服从现象，一般有两个原因。一是自愿的服从，不知不觉地模仿。人们模仿别人的动作，也同样可以模仿别人的态度。教师、父母、朋友、名人、任何人都可以作为模仿的对象。最明显的是孩子模仿父母的态度，在儿童还不能判断是非的时候，他们通常会模仿父母对于某一事物的态度。二是出于压力而服从，即一个人按照社会要求、群体规范或他人意志而做出的反应，这种反应是一种被迫的行为，也是新的态度形成的开始。特别是在群体的环境下,自己虽然有不同的看法,但是由于群体压力也不得不表示同意。这种情况在日常生活中非常普遍,它对于社会的整合,形成统一思想、意志和行为都是有积极意义的。但是,个体这种态度的形成只是暂时的,一旦压力解除,他就有可能恢复原来的态度。这只是态度形成的第一步,所形成的态度也尚不稳定。

同化是态度形成的第二个阶段。同化不同于服从，它已不是在压力情况下，而是在个体自愿地接受他人的观点、信念，使自己的态度与他人的要求一样。一般来说，同化是由于想和他人建立一种喜欢的关系所引起的态度转变，比如由于喜欢他人的风采，愿意根据他人的角色要求确立自己和他人相互喜欢的关系，从而转变自己的态度。

内化是态度形成的第三个阶段，它是在同化的基础上把接受来的观念纳入自己的价值观体系，从而内化为自己的意识，形成新的态度。自我知觉、自我评价、自我认知和自我意识是产生内化的基础。当态度进入到内化阶段，就比较稳定，不容易改变。

态度形成的三个阶段是一个复杂的过程，不同的人对于相同的事物、相同的人对于不同的事物的态度形成所经历的过程也是有所不同的，有的可能只限于服从、同化两个阶段，有的可能只在同化阶段徘徊，有的还可能反复多次进行。

态度形成和发展的三个阶段可用下面的图 5－2 来表示：

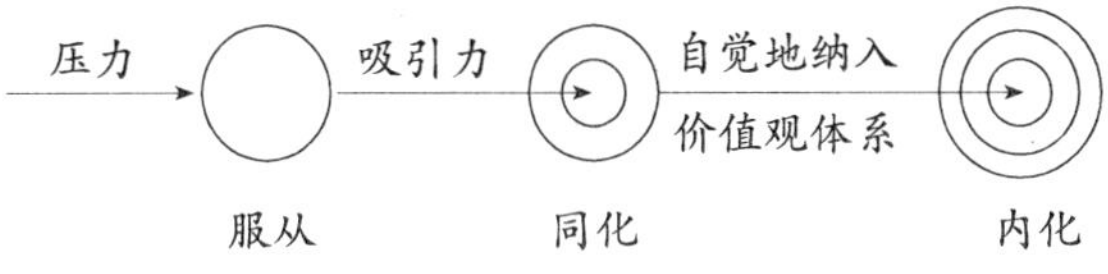

图 5－2　态度形成的三阶段模式

2. 关于态度改变的理论。究竟态度是怎样发生改变的呢？社会心理学家对此进行了许多研究，下面简要介绍几种态度改变理论。

（1）认知不协调理论。认知不协调理论是社会心理学家菲斯廷格（L. Festinger）于 1957 年提出的。他认为，认知是一个广泛的概念，他把有关环境、他人及个人的行为、知识、观点、信念的态度的总和，称为认知结构，将认知结构中的基本单位称为认知元素。每个人都努力使自己的内心世界不发生矛盾，同样，也努力使自己的知识或信念与自己的行为之间不发生矛盾，然而，事实上却不可能没有矛盾，而且大多数情况下是有矛盾的。菲斯廷格把他的理论建立在“矛盾是普遍存在的”这一基本事实的基础上，但他在自己的理论中，用“协调”和“不协调”两个概念代替了“矛盾”和“不矛盾”。

菲斯廷格认为认知是指任何一种知识，包括思想、态度、信念以及对行为的知觉等认知元素。他们之间存在着三种关系。其一，协调——彼此不发生矛盾；其二，不相关——彼此没有关系；其三，不协调——彼此发生矛盾。

认知不协调理论有两个基本假设：其一，认知不协调的存在，会使人产生心理上的不快，为了减少这种不愉快，达到认知协调，人就产生了一种求平衡的动机。其二，不协调出现之后，人们不仅试图去减少认知不协调，还总是努力避免不协调继续恶化，减少不协调因素的扩大。

菲斯廷格的理论强调个体通过自我意识的调节达到认知平衡，他认为消除不协调状态的方法主要有三种：

第一，改变与认知主体行为有关的某一认知要素，使其与其它认知因素不协调的关系趋于协调。比如，“吸烟有害健康”的认识与“我喜欢吸烟”的行为是不协调的两个因素，一个人可以改变吸烟的行为或改变对吸烟有害的认知，以达到认知的协调。

第二，强调某一认知因素的重要性。比如，知道吸烟有害，但强调吸烟的好处，认为“吸烟可以为自己带来愉快，不能因为吸烟给自己带来的一些小的危害，而牺牲吸烟所带来的快乐。”“戒烟对精神和肉体的损害，远远比吸烟带来的危害大”。

第三，引进新的认知要素，改变不协调状态。如某人辛辛苦苦工作了一年，但没有完成全年工作任务，为了达到认知平衡，他可能会强调工作任务太艰巨，工作环境太艰苦，同事不配合等等，尽可能使自己原来的态度与行为一致。

当人们的认知系统发生不协调时，只有找不到适当的理由加以解释时，行为与态度才会发生失调，从而引发行为和态度的改变。

(2) 平衡理论。1958 年社会心理学家海德（F·Heider）提出了态度改变的“平衡理论”。他认为，人的认知对象包括世界上各种人、事、物、概念等等，这些对象有的各自分离，有的相互联结，组合成一个整体而被认知。海德把构成一体的两个对象的关系，称为单元关系。这种关系是由他们之间的类似、接近、相属所形成的。人们对每种认知对象都有喜恶、赞成、反对的情感与评价，海德把这些称为感情关系。

海德认为一个人对单元中的两个对象的态度一般是属于同一个方向的，如同我们说的“爱屋及乌”一样。例如，我们对某个人的评价很高，相应的对他的子女产生很大的好感；我们如果很喜欢某个明星，就认为他所参加演出的每一部电影都是好的，等等。产生这种现象的原因，是因为人们的认知系统中存在着使某些情感或评价趋向于一致的心理压力，所以在同一个整体内相互联系的对象之间，可能会发生态度的同化现象，使得人们对处于同一单元内的两个对象的态度趋向于一致或类似。

如果人们对于单元的认知和对于单元内两个对象的感情关系相互调和、一致时，该认知系统就是平衡的，态度就是稳定的；如果人们对于单元的认知和对于单元内的两个对象的感情关系相矛盾时，该认知系统就是不平衡的，这种不平衡状态会引起个体心理紧张，产生不满的情绪。为了消除这种不满情绪，个体必须改变对其中某一个对象的情感评价，以达到平衡，于是态度就发生了改变。正是从这个观点出发，海德提出了“平衡理论”。他使用 P—O—X 图示说明这个理论。其中以 P 为认知主体，O 是作为认知对象的另一个人，X 则是介于 P 与 O 之间的第三者或态度对象。海德根据 P、O 两者之间的感情关系（喜欢—不喜欢，爱—不爱等）和二者对 X 的态度关系，推论出八种模式：四种平衡模式，四种不平衡模式，如图 5－3 所示：

海德认为，人总是要力求达到平衡关系，不平衡会使人产生紧张。例如，P 为某委员会的成员，O 是 P 的比较要好的朋友，他也是该委员会的成员，X 为一项待决策的方案。如果在表决会议上，P 表示支持该方案，而 O 却表示反对该方案。这样，P—O—X 图式呈现不平衡状态，如图 5－3 中图⑤所示。这种不平衡状态给 P 造成了某种心理压力，为了达到平衡，减少心理压力，P 就会改变对 X 的态度达到图②所示平衡状态，或改变与 O 的关系达到图③所示平衡状态。但是后一种平衡状态是以 P 对 O 的否定为前提的，在现实生活中往往是痛苦的。

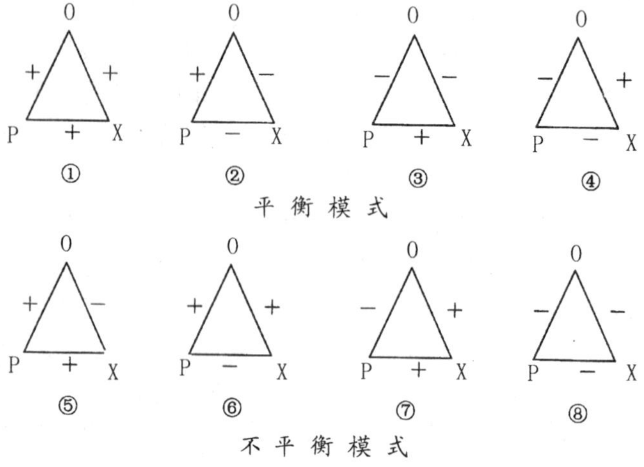

“＋”表示肯定或积极的关系；“－”表示否定或消极的关系

图 5－3　平衡理论图解

海德的理论实际上是一种“敌人的敌人是朋友”的简单模

式，他把复杂的人际关系简单化了。在现实生活中，我们只关心与我们朋友的态度是否一致，并不关心与我们不喜欢的人的观点是否一致。所以，在海德理论中某些平衡情况也往往是令人不快的。实际上人们总是倾向于积极的关系，而不愿意把积极的关系变成消极的关系。

(3) 信息沟通理论。社会心理学家霍夫兰（C. Hovland）等人于1959年提出了一种以信息交流过程为基础的态度改变模式，后来又经过弗里曼德等人对这一模式的简化和修改，成为如图5－4所示的模式：

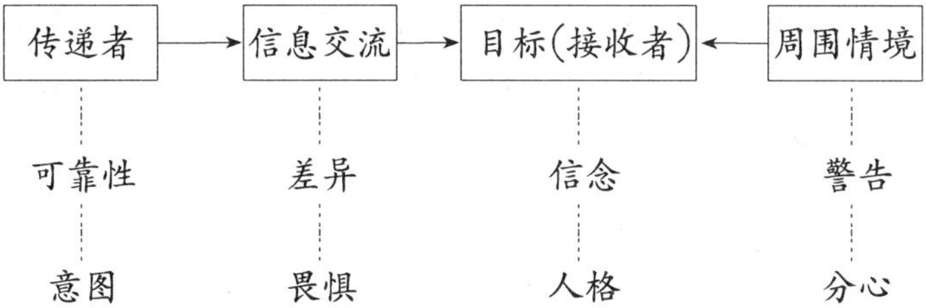

图5－4 弗里德曼修订的说服和态度改变模式

按照这一模式，任何说服过程都是从某一“可见的说服刺激”开始的，也就是说，说服过程的开始必须有一个信息的传递者，并且他对某一问题有一定的看法，还力图说服他人也采用同样的看法。可见，这一说服过程并不是在传递者和接受者相隔绝的情况下进行的，因为当时存在的客观情境也在影响着说服效果。总的来说，围绕着被说服对象——信息接受者，说服过程包括信息源（或传递者）、所传递的信息本身、信息接受者和周围情境四个部分。因此，我们要劝说一个人改变他的态度，就必须考虑做说服工作的合适人选，要看他是否具有影响力；还要考虑当时的情境怎么样（如被劝说者的情绪）以及被劝说者的性格、态度的强度等等因素。

影响劝说者的影响力的因素有：权威和经验、可信赖性、吸引力、群体关系。信息传递者在有关信息领域中的学识水平和资历条件越高，他的说服力也就越强。例如，农业技术推广人员推广新农药就比商业部门的人更具有权威性和说服力，具有威信的领导比一个普通人劝说更有说服力。当一个人对某一件事持反对态度时，如果要劝说他改变态度，如果找一个曾经经历过这件事，而且能用自己的经验证明他的态度是错误的人，那么劝说成功的概率就要大得多。

态度改变的说服过程，是说服者通过各种方法，将信息作用于被劝说对象而引起态度变化的过程。就它的实质而言，说服过程是一个信息传播过程，它以信息源传播一定的信息为开端，以引起被劝说者的相应的心理变化为目的。这样一个过程实际上是被说服者经历了一个复杂的心理过程完成的。从被说服者的角度来说，必须经过接触传播的信息——有效的收到有关信息——理解或弄懂这些信息——接受信息——保存信息——做出决定采取行动这样的过程，最后改变态度。这几个步骤代表着一个达到预期效果的完整的说服过程。所以说，成功的劝说必然受传播源的自身条件、传播的内容和方法以及对传播对象的了解等基本因素的影响。为此，我们在说服之前，应从多种因素进行分析，从宏观上加以把握，然后再选择恰当的说服方法和艺术，这样才能达到良好的效果。

三、影响社会态度的形成与改变的因素

态度的形成和改变受如下一些因素的影响和制约：

1．社会因素。社会因素是指社会上各种事物，包括社会制度、社会群体、社会交往、道德规范、国家法律、社会舆论、风俗习惯等等。它们对社会态度的形成和改变有着很大的作用和

影响。

社会上刚出现的一些新事物，往往会受到一些人的抵制和反对，但只要这种事物有利于社会和个人的身心健康，它迟早会被人们所接受。对旧的态度和思想加以改造，从而形成新的思想和态度，这个过程可能是在长期的潜移默化的情况下进行的。例如，辛亥革命以后，人们才改变了对封建道德、封建婚姻、妇女缠足、男人留长辫子等的态度。家庭联产承包责任制最初由部分地区发起的时候，很多人都不能接受，直到后来得到政府承认，最后推广到全国，人们开始认可这个制度，城里人也开始模仿，发起了新的一场“农村包围城市”的运动。改革开放以来，人们对竞争、奖金、税收、法律、交际、文艺生活等形成了许多新的态度，都是社会因素作用的结果。总之，社会因素是态度形成和改变的一个强有力的客观因素。

2. 群体因素。社会因素往往通过群体来发生作用，因为群体是社会的缩影。群体因素包括一定的信仰、目标、组织形式、规章制度、行为规范、成员与群体的关系等等，都是强有力的客观因素。个人出于某种需要加入某个群体，与群体建立一定的关系，这样群体就能够对个体施加影响，使他们改变和形成有关的态度。例如，有些人加入基督教组织，就要遵守基督教的教义，要对人和善、对妻子或丈夫忠诚、每天做祷告等等。

群体影响力的大小，取决于个人与群体的关系。个人与群体的关系越密切，在群体中的地位越高，其归属感越强，也越容易受群体的影响而形成有关的态度。反之，个人与群体的关系越疏远，群体就越难以对他施加影响。这样，个人会越来越远离该群体，直到最后脱离该群体，加入新的群体，改变原来的态度或形成新的态度。

3. 宣传因素。宣传因素指的是在宣传过程中由宣传者的威信、宣传内容、宣传的方式和方法等结合成的一种客观的说服力，影响被宣传者态度的形成与改变。宣传的效果受宣传者的威信、宣传内容和宣传方式等方面的影响。这一点在态度改变的“信息沟通理论”中已经论述，这里不再赘述。

4. 个性特点。态度转变也有个别差异，有人转变态度较容易，有人就比较困难，这与个人的个性特点有关。个性特点主要指以下几个方面：

自尊心。自尊心强的人一般对自己的评价会高一些，更相信自己，所以也就较难被说服，态度转变就困难一些；自尊心弱的人对自己的评价会低一些，不太相信自己的判断力，所以就比较容易被说服，态度转变比较容易。

权威主义倾向。权威主义倾向是指人们对权威的尊敬和服从程度。例如，一个人非常相信权威人物的判断和说法，那么他就很容易被说服而改变态度；而一个不相信权威而且敢于挑战权威人物的人，往往会坚持自己的态度，不容易被说服。

性格和气质。气质主要以其灵活性和可塑性影响着态度的形成和改变。例如，灵活性和可塑性较大的多血质者，比较容易改变态度；灵活性和可塑性较差的粘液质和抑郁质就比较不容易改变态度。性格则以其类型特征影响态度的形成和改变。例如，外向型和顺从型性格的人就容易改变态度，内向型和独立型性格的人就难以改变态度。

需要。如果转变态度可以满足个体的需要，逃避惩罚，获得新知识，发挥自己最大的潜力，个体就很容易接受新的态度。如果一个人能明确意识到自己最需要什么，也能够认清态度的转变与个人利益的关系十分密切时，他就会接受新的态度。如果一个人发现转变态度之后，自己不会得到自己所要求得到的利益，他就不容易改变自己的态度。

此外，许多研究资料表明，女子比男子更容易被说服。

5. 态度系统特性因素。态度的特性影响态度的改变，一般认为有以下规律：态度是幼小时形成的不容易改变；已经发展到两个极端的态度不容易改变；态度所涉及的关系比较复杂时不容易改变；已经形成相应的信念，前后一贯性的态度不容易改变；态度结构中认知、情感和意向三个因素完全协调而且稳定的态度不容易改变；不断得到强化的态度不容易改变；与价值观密切相联系的态度不容易改变。①

态度所包含的上述特性越多，它的强度就越大，对行为的支配就越强，改变它也就越不容易。

总而言之,态度的形成和改变,是上述各种主客观因素相互作用的结果。其中,客观因素是外因,以社会因素为主;主观因素是内因。外因通过内因发生作用,使态度得以形成或改变。

四、改变社会态度的途径与方法

社会心理学中的态度改变，是指一个人已经形成的态度在接受某一信息或意见的影响后，所引起的相应的变化。改变人的态度是一项十分复杂的工作，这里着重分析几种社会态度转变的方法。

1. 说服宣传。这是一种借助语言、报纸、杂志、广播、电视、电影、广告等各种传播媒介来传播信息，影响人们，使之发生态度转变的方法。这是一种极为常见和广泛使用的方法。这种方法的理论基础就是霍夫兰德的态度改变的“信息沟通理论”。

说服宣传有各种方式，如通过交换意见、参观访问、观看电影、电视等方式，都有利于改变人们的偏见和一些不恰当的信念，它的总的特点就是使人们接收到了新的信息，通过新信息的输入改变人们的态度。大众宣传对改变人们的态度可以达到事半功倍的效果，因为它可以使千百万人在同一时间内接受同一信

① 参阅林秉贤：《管理心理学》，群众出版社，1986 年第一版，第 143～144 页

息，现在已经成为社会刺激的重要工具。当然，个人看电视、电影、广告和收听广播是有一定的选择性的，他往往会在众多的宣传内容和宣传方式中进行选择，如喜欢收看体育类电视节目、看报纸或者听广播等。所以说，大众宣传必须先了解群众的需要、动机、爱好等主观心理状态，以便进行有目的的宣传，达到转变人们态度的目的。

说服宣传要实事求是，既不夸大，也不缩小。过分夸大事实会使人产生怀疑感和不信任感，过分缩小事实又不容易引起人们的充分重视，所以要实事求是。例如在宣传保健药品时，宣传该药品的功能要适当，不能吹嘘得太神，否则人们就会不相信它，如果能以医学原理进行说明就更好了；另外，还要注意说明该药品的副作用以及哪些人不适合服用等等，这样才能让人们觉得真实可信。要达到有效的说服宣传，还要注意以下几点：

首先，说服宣传要晓以利害。宣传必须使人们的内心产生压力或威胁感，使他们感觉到只能听从劝告转变态度以消除心理上的负担。也就是说，说服宣传在理智的实事求是的提供了信息之后，还要注意充分说明某事物的利害之处。在这里，有两个问题需要注意：

第一，如果需要人们立即采取行动转变态度的话，说服宣传就应该能引起被宣传者强烈的恐惧心理，使这种恐惧心理转化为一种动机力量，以激发人们迅速改变态度和行为。例如，安全行车、禁止酒后驾车的宣传就要采取强硬的方式，使人们意识到如果不遵守规定会产生什么样的危险后果，可以放映一些图片来给被宣传者留下深刻的印象，这样使被宣传者产生强烈的恐惧情绪体验，从而能够很快转变态度。

第二，如果宣传者允许人们在一段较长的时间内实现态度的转变，就不必过分引起人们的恐惧。因为恐惧心理会随着时间的推移而逐渐消失，但人们理智上却是很清楚的，而且理智还会逐渐占上风，使人认识到应该重视它，从而逐渐转变原来的态度。例如，关于吸烟导致癌症的宣传，如果宣传的过分恐惧，反而会使人们产生逆反或抵触心理，所以只能采取渐进的宣传方式，使人理智的认识到吸烟的危害，自觉地改变自己的态度和行为。由此可见，情绪性作用和理智性作用对于态度的转变随问题的性质而有所不同。

心理学研究表明，宣传恐怖程度对人们态度变化呈倒“U”型的关系，如图 5－5 所示：

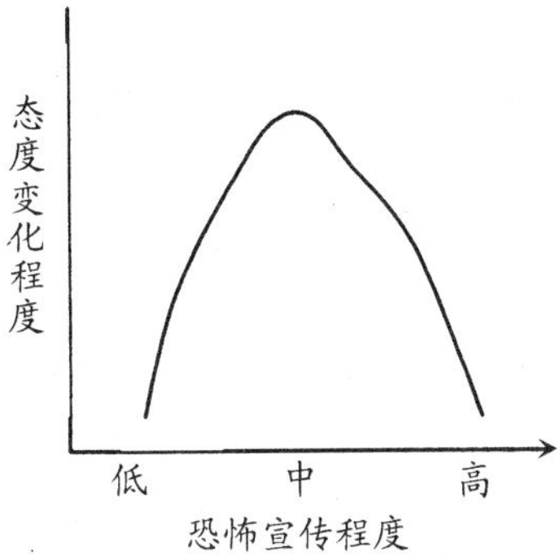

图 5－5　恐怖宣传与态度变化

图 5－5 表明，恐怖的宣传由低等到中等程度时，其态度的变化程度也逐渐增大；但是当恐怖宣传一旦过强之后，态度转变的程度又会降低，表明宣传对象已经在回避信息或者已经产生抵抗情绪。所以，宣传方式和内容的选择要适当。

其次，说服宣传要有针对性，要根据对象的特点有针对性的选择宣传方式。当宣传对象的态度和宣传者所提倡的态度方向一致时，并且他们在这方面的知识经验不足时，单方面宣传比较合适，即根据目的只宣传好的或只宣传坏的一方面。当人们已经具备比较充分的知识经验而且习惯于思考和比较时，双方面宣传可以向他们提供更多的信息，以权衡利弊得失，自己做出选择。一般来说，对于文化程度较低的人，采取单方面宣传效果会好一些，而对于文化程度较高的人，双方面宣传效果就会好一些。例如，如果要劝说一个文盲吸烟者（一般情况下，文盲对医学知识了解较少）戒烟或少抽烟，只告诉他吸烟会给人带来多大的伤害，如肺癌、咽喉癌，妻子和孩子还会因吸了他吐出来的烟雾而生病等；而劝说一个经常吸烟的文化水平较高的人，就要采取双面宣传方式，先告诉他吸烟有时候可能使他感到放松，再告诉他吸烟的危害，让他认识到吸烟弊大于利，从而改变对吸烟的态度。

其三，说服宣传要逐步提出要求。当我们要求人们改变态度时，不要急于求成，追求一步到位。如果要求过高，不但难以改变原来的态度，反而会使人产生抵触情绪，更加坚持原来的态度。所以说，在说服宣传时，应该按情况的不同，采取不同的策略。实验社会心理学研究表明，要转变一个人的态度就必须了解他原来的态度，然后再估计一下旧态度和新态度之间的差距。如果两者之间的差距过大，就不要操之过急，以免达不到目的，反而产生反作用。这时要采取逐步提出要求的策略，一步一步的缩小两种态度之间的差距，最后使人们接受新的态度。如果新态度和旧态度之间的差距很小，就可以采取“一步到位”的策略，用较激进的方法，促使人们改变态度。

弗里德曼曾对此做过对比实验。他以家庭主妇为被试，向一组被试先提出一项要求，即要求在她家门口挂一块公益广告牌，待家庭主妇同意后，又提出另一项要求，要求在她家的院子里树一个架子。对于另一组被试，他直接提出了后一项较大要求。结果表明，先提出一个小要求，再提出较大的要求，容易使人接受；而一开始就提出较大要求，难以让人接受。

2．活动参与法。这种方法是通过引导人们参加与态度改变有关的活动来改变态度，也就是我们通常所说的“耳闻不如眼见，眼见不如亲身体验”，有时候让人们亲自体验一下，会非常有效地改变他们的态度。在通常情况下，只有所参与的活动与所要改变的态度之间有着密切的联系，或者所参与的活动本身就是需要改变的态度时，这种方法才比较有效。

例如，某领导对下级的工作总是不满意，觉得他们工作做得不够好。这时下属为了改变领导对他们的工作的态度，邀请领导和他们一起下基层去做工作。经过这次亲自体验，领导才体会到“原来基层工作有很多实际困难，他们能做成现在这样已经很不错了”。这样领导对下属工作成绩的态度就会发生很大的转变。在日常生活中，如果有人轻视我们所做的某件事，说“那有什么难的?”或“这么简单的事也做不好”，我们就会反驳“你自己去试试看就知道了”，实际上也是“参与改变态度”的一种体现。

3. 群体影响法。通过群体的规范对个体所具有的影响也可以有效的改变人们的态度。本世纪四十年代，社会心理学家勒温在这个问题上曾做过一系列的实验。当时正处于第二次世界大战期间，由于食物短缺，美国政府当局希望能说服家庭主妇们购买那些一向不受人欢迎的动物内脏如猪心、猪肝等做菜。勒温所做的实验之一就是如何改变家庭主妇购买动物内脏的态度。作为被试的家庭主妇被分为6组，每组13～17人。前面3组家庭主妇听取口齿伶俐的人半小时的讲解与劝说，了解动物内脏的味道如何好，营养价值如何高，采用这些内脏当食品对国家的贡献如何大等等，还得到了一份烹调内脏的食谱。后面三组家庭主妇并没有听到这些宣传内容，她们只被简单告知，群体规定大家以后要改用动物内脏做菜。一周以后，再进行检查，结果发现，前面3组中仅有3%的人改变了对动物内脏的态度，而后面三组中有32%的人改变了对用动物内脏做菜的态度。这个实验说明，群体规范对群体成员的约束作用有时候比其它方法更能有效的使人们改变自己的态度。

群体的影响来自于群体的规范和准则，这种规范和准则对群体成员具有一种无形的约束力，促使群体中的每个人的一言一行与群体的规范准则保持一致。无论是正式群体还是非正式群体，它所具有的规范准则都具有这种约束力。正因为如此，通过将人们组织进一定的群体，并制定相应的规范准则来影响和约束他们的一言一行，就能够有效的改变他们的态度。

第三节　态度的测量

态度是人的内在的心理活动，所以无法用肉眼直接观察。现实生活中，对人们态度的了解和认识通常是通过对人们的外在表现的行为（如言语、行动等）的观察和记录进行的，所以关于他人态度的了解和认识实际上是通过由外向内的间接推断而获得的。态度的测量即是对人们的外在行为进行观察、记录并据此进行间接推断的过程。态度测量的方法有很多种，经常使用的有以下几种：

一、总加量表法

这种态度的测量方法是美国社会心理学家李克特在 1932 年创立的，也是目前应用最普遍的量表之一。

这种量表的测量方法是，测量每一种态度就用一个特定的态度量表，态度量表是针对某个态度对象而设计的，整个量表是由若干问题组成的，根据被测者对各个问题所做的反应给予分数，以代表这个人对某个事物所持态度的强弱程度。

测量的步骤如下：

首先，针对所要测量的态度设计出大约二十个问题。在这里有一个前提，即认为所设计的各个问题的价值大小是相同的。被测者只要对所提的问题表示同意或不同意的程度（如非常同意、同意、无所谓、反对、非常反对）。程度可以分为两等（同意和不同意）、三等（同意、无所谓、不同意），也可以分得更细，如五等、七等，甚至更多。测量一项态度，调查的问题一般最低不少于 5 个，最多不超过 25 个。图 5－6 是关于问题的一个示例：

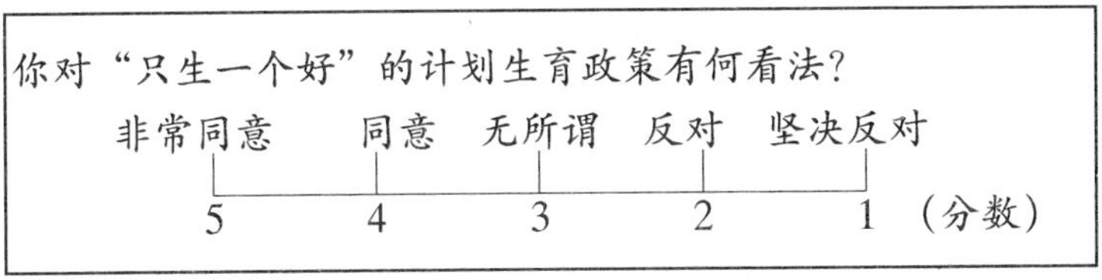

图 5－6　利克特量表示例

其次，被测量者进行自我评定。量表设计完后，被测者就可以根据自己的观点在各问题中选择相应的答案。

最后，整理结果。研究者对每个选项给予相应的分数。如果有三个等级，那么最赞成的给三分，中间态度给二分，反对的给一分。最后将各人的调查量表所得的分数加在一起，就可以代表该人对某个对象的态度，分数越高表示态度肯定的强度越大；分数越低表示态度否定的强度越大。

二、社会距离尺度法

这是美国社会心理学家布加达斯于 1925 年设计的方法，又叫群体社会距离尺度法或单维量表法，较多用于测量人们愿意和群体中的其他人保持什么样的关系的态度。

测量的方法是：由研究者先设计出包含几个选项的题目，这几个选项能反映出人与人之间不同的社会距离。然后，请被调查者根据自己的实际看法，在相应的选项上打上记号。最后，把一个群体中的所有成员的态度相差的距离相加统计，制成曲线图，这就是一个群体对某一社会态度的距离分布。用这种方法，不仅可以比较不同的群体对同一事物的态度的距离分布，还可以比较同一群体对几个事物的态度距离分布。

例如，对某一社会成员的社会距离调查表如下：

（1）愿意和他作为知己；

（2）愿意请他参加自己所属的社团的活动；

（3）愿意和他做邻居；

（4）愿意和他做同事；

（5）愿意和他保持一定的距离（如一般的交往，见面点头，互相问候等）；

（6）愿意和他少来往；

（7）愿意和他绝交。

在测量某一群体对群体中的两个人——甲和乙的社会距离态度时，就可以要求被调查者在这七个选项中选出符合自己的看法的一项，然后对整个调查结果进行整理统计并绘成图，如图5－7所示：

图中两条曲线表明，愿意和甲成为知己的人占40%以上，愿意和甲绝交的人没有，而没有人愿意和乙成为知己，愿意和他绝交的人却占10%，愿意和他保持一定社会距离的人占到了60%，所以说，在这个群体中，甲比乙受欢迎，即群体对甲的社会距离比对乙的社会距离小。

图5－8是测量两个群体A和B的全体成员对一个人的态度的社会距离比较。图中两条曲线表明，两个群体比较起来，A群体更欢迎这个人，B群体中虽然也有相当数量的人倾向于和这个人交往，但也有少部分人对他持排斥态度。

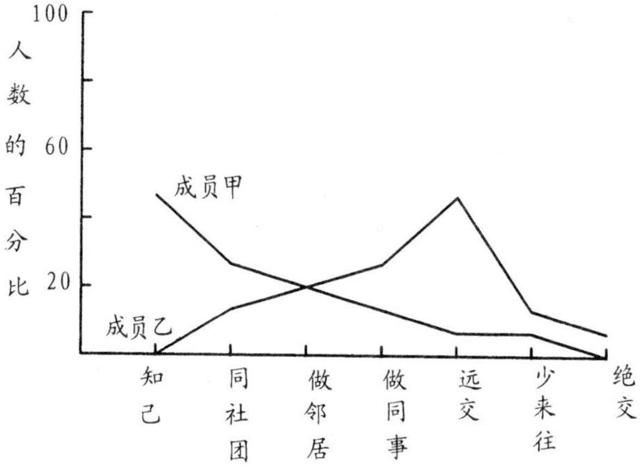

图 5－7　同一群体成员对甲、乙两人的社会距离

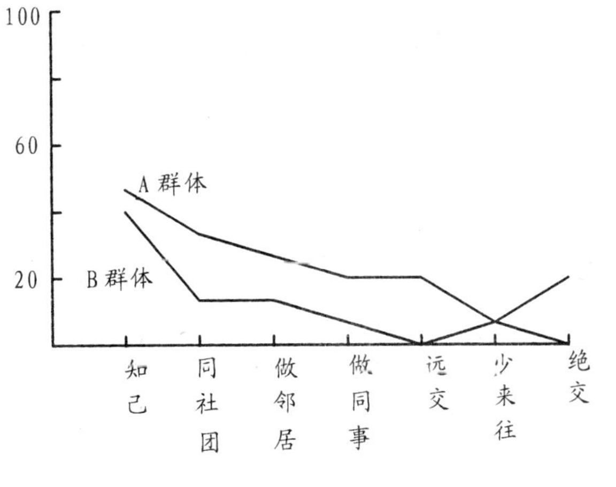

图 5－8　A、B 两个群体对某个人的社会距离

三、语义分析法

语义分析法与上述两种方法不同，它的目的在于分析人们对于特定的对象所给予的意义，即该对象在人们心目中的形象如何，简称为S·P法，也称“双级形容词分析法”。

1957年，奥古斯德等人收集了许多对称的形容词（如好——坏，认真——马虎等）作为指标，采用－3——0——＋3共七级的尺度的评定形式，通过因素分析把形容词组分为几个因素。他们发现主要因素有三个，即评价因素（如好——坏）、活动因素（如主动——被动）和力量因素（如强——弱）。

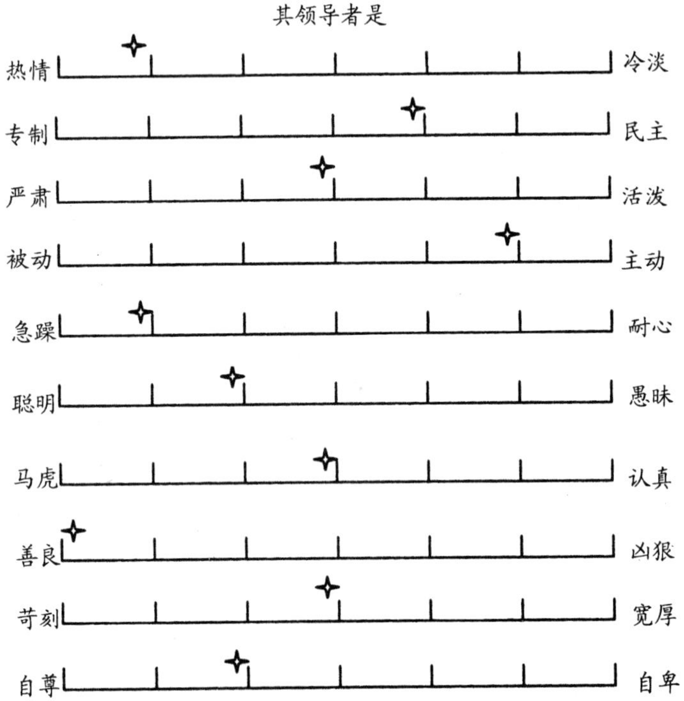

图 5-9　语义分析法量表示例图

（图中标✦号的就是被测试者的选择项）

具体测量方法是：根据所要测量的态度，由研究者设计出一套测量的尺度。该尺度是一些7点的尺度，尺度的两端是成对的形容词，尺度上的每一点均有相应的分数，被测试者只需要根据自己的看法在尺度上选择出能够代表自己看法的那一点，圈画出标记。之后，研究者再把被试所选择的那些点的分数加在一起，就得到一个态度测量的得分。通过这个得分就可以反映出被测试者对于该对象的总的态度。如图5－9所示。

四、生理反应法

生理反应法是通过检查被测者的生理状况的变化来测量其态度的一种方法，主要用于测量人们态度中的情感因素，因为情感在人们的态度中起着决定性的作用。

当人们产生某种态度时，其态度中的情感因素会唤起机体的植物性神经系统的变化，引起如心跳加速、呼吸急促、血压升高、瞳孔扩大等生理变化。如激动的情绪变化会使人呼吸和心跳加速、外周血管舒张、脸红耳赤、肾上腺素分泌增加、血压升高、血糖和血液中的含氧量增加；突然的恐惧会使呼吸出现暂时中断、外周血管收缩、脸色发白、出冷汗、口干舌燥等。因此，通过生理指标的测定，就可以推测人们的态度。有些专家认为，由于人们较难控制自己的植物性神经系统，所以这种方法有一定的可靠性。测谎器就是应用了这个原理。因为心理上的压力会导致生理上的种种变化，所以当人说谎时，心理状况会产生微妙的变化，从而引起生理上的变化，通过测量其生理上的变化，就可以判断他是否在说谎。

然而，测谎器只是生理变化的记录仪器，它捕捉到的只是人体内的生理变化，而不能反映外部动作和表情。所以测谎器不是万能的。原因有三个方面：①同其他科学仪器一样，它的效率高低同使用者的技巧有关。有经验的使用者总要事先精密的设计好提问程序。②有些人有控制自己情绪的本领，“处变不惊”，所以测谎器对他们的效用就要小得多，甚至发现不了情绪的变化。③由于人们的情绪有很大的不稳定性，它可以受到很多难以估计的因素的影响，如同一事物在不同的情境内可能引起不同的态度或情绪反应。所以，即使是测谎技术高超的人，也可能会发生偏差。因此，测谎器所提供的数据只能作为参考，不能作为判断的依据。

以上几种测量态度的方法，以第一、第二和第三种方法最为常用，使用也很简便，直截了当，但它们也有缺点，如真实性、可靠性差，因为人们的态度体系中都有一种“自我防御”机能在发挥作用，害怕自己反映的真实态度不符合社会及其所处的群体的规范和准则。因此，用这类方法所获得的资料可能会发生误差，还必须结合被测试对象平时的一贯表现行为，加以综合评定。生理反应法运用起来比较困难，通常用于尝试性的研究。

第六章

人际交往与社会沟通

自从有了人类社会，人际交往就成为人类社会的重要活动方式之一，并对社会发展起着十分重要的作用。可以说，人际交往与沟通是一切社会赖以形成和发展的基础。人不能离开社会而独立存在，生活在一个群体中的个体，要同社会进行广泛接触，同他人建立各种各样的联系，相互沟通信息。人际交往和沟通不仅是维护和发展人际关系的纽带，也是形成舆论、士气、时尚等等社会心理现象的前提，同时也是个体心理正常发展的必要条件。正是交往的过程才使个体和社会不断地向前发展，因此也成为社会心理学研究的一个重要方面。

第一节　人际交往概述

在正常的生活条件下，我们每个人都不能脱离开社会群体而独立生活，这不仅是生存的物质条件的需要，也是心理平衡或精神满足的需要，突出表现为如果一个人一旦长时间脱离其他社会成员，那么他们的心理发展轨迹和行为方式就要受到很大影响。因为在一般的社会生活条件下，人们总是通过语言、思想、感情等的反应，彼此影响对方，同时也受对方的影响。例如一个人的安全感与所属群体其他成员的接纳与排斥的态度有很大的关系，一个在单位和家里总是受到冷遇的人，难免不产生惶惶不可终日的感觉。同样，一个有理智的人，当他获得了事业上的成功后，他也不会忘记上级的关心、同事和朋友的支持。而另一方面一个人的自我评价也必然受到别人的意见和态度的影响。有些人过多的自卑感或优越感也常常是由别人的“眼色”逐渐培养起来的。总之，在现代社会里，人们的思维方式和行为越来越感受到人际交互作用的影响。

西方一位有成就的企业家曾经说过，一个人事业上的成功，百分之十五靠个人才能，百分之八十五靠良好的人际关系。他所说的成功因素比率固然不十分准确，但却足以说明人际关系在现代社会之重要。因此，人们之间的交往问题已成为社会心理学研究的重要方面。社会心理学中所说的人际关系既包括象亲属、朋友、同事、同学、上级与下属、商家与客户等比较稳定的人际关系，也包括萍水相逢式的比较短暂的人际关系。而任何时候都注意调整处理好这些关系对个人和社会都是一个很重要的问题。因此，社会心理学把人际交往所产生的种种表现，既作为一种基本的社会心理现象，也作为提高工作效率的管理科学进行研究。

一、人际交往的含义

人际交往是什么？一提到它，人们不难想起了社会上的一些请客送礼“走后门”、公事私办、私事公办、以权谋私等现象，其实这种庸俗的关系学只是社会人际交往中的一小部分，或者说是在社会发展一定阶段中，尤其是在经济发展水平不高、民主法制不健全的情况下，正常人际关系的扭曲和异化。这也是我们研究如何防止和批评的问题之一。

人是社会关系的总和，人际交往是人类社会特定的社会现象。从主观方面来讲，人际交往是一种“人类机能”；从客观方面来讲，人际交往又是人的存在方式，离群索居对一般人来说是不可想象的。社会心理学中所使用的“人际交往”，一般是指社会活动中人与人之间进行信息交流和沟通情感的过程。人际交往是人类社会活动的的重要形式，个人与个人、个人与群体、以及群体之间都是通过这样的活动，使自己的种种社会需要得到满足。

交往有两个最重要的特征，即“相互作用”与“交流”。这就强调了交往双方的积极性质。因此，交往只有在生气勃勃的社会实体之间，在人类之间才有可能。高等动物只能在低级水平线上进行某些为维持生存需要的信息交往。低等动物的相互接触，就很难使用“交往”这个专有词汇。显然，相互作用（作为物理和心理生理过程），沟通（作为信息的单向或双向联络）和交往（作为个性心理过程）只有在人类社会里才可能根据不同水平与不同形式的交往手段而使用这些不同的概念。

人们在现实生活中，通过各种接触、各种联系发生各种各样的相互关系。这些接触和联系，经常受到各自心理特征的制约，并伴随一定的心理体验与心理反应，满意或不满意，主动或被动等。这种表示人与人之间相互接触与联系的相互作用称作人际交往。在实际生活中，我们每个人每天都在进行着各种各样的人际交往。如家庭成员之间，同学、同事、朋友之间。而常常不为我们注意的单位之间、社会各层面之间的交往也潜移默化地影响着个体之间的交往。

二、人际交往的功能

人类社会最初的交往充分体现为一方面是劳动过程中的互助

与合作，免除能力的不足和孤独感，从而满足生存需要与归属感。研究指出，通过人际交往使自己被看成是某一个群体（或集体）的成员并能发挥某些作用，就可以加强自我。当他感到他自己“真正属于”并且能够以一个被社会公认的某一群体成员的身份发挥作用时，他就能够表现得更有能力、工作也更有效果。如在一些规模较大的篮球、排球、足球比赛场上，正是这样一种“团队”精神，鼓舞着每一个球员奋力拼搏，使其技术水平得到充分的发挥和展现。另一方面体现为劳动经验与知识的传授与继承，良好的人际交往过程，往往也是相互学习吸收经验和知识的过程。总之，从人类社会最初开始，人际交往就担负着协调人与人之间的行动和满足个体间心理接触需要的重要作用。

交往是人类的一种需要。研究指出，交往既具有积极正面的性质（友好的交往），也具有消极的性质（敌对的交往）。积极的人际交往，如相互尊重、理解和支持等等有助于一个人健康人格的形成和良好的社会适应能力、保持健康的心理状态。相反，消极的社会交往会破坏一个人的心理平衡，造成心理冲突，严重地导致人格变异或是越轨行为。例如，人际交往中的明显不公正、弱肉强食、歧视、欺辱等等，必然会给当事人造成严重的心理伤害，甚至引发一些不良后果。因此，在社会群体中，应该尽量避免发生消极的人际交往，杜绝造成消极人际交往的条件。

从社会心理学的角度讲，人际交往最基本的作用是传递信息，具体说交往的心理功能有以下几方面：

1. 沟通信息。据有人估计，人们除了睡眠以外，约有 70%的时间都花在相互交往和信息沟通上，在一般的沟通中，9%以书面的形式，16%以阅读的形式，75%以听取别人或自己说话的方式进行沟通。随着传播、沟通手段的不断进步，使人类社会进入了电子传播时代，人际交往的沟通作用仍然非常重要。因为人际交往是一种思想交换的过程，正是这种相互沟通丰富了人的思想，发展了人的思维。现代心理学业已证明，人的素质只有在交往的过程中才能得以改善，人的智力在交往的过程中才能得到健康的发展。人的种种愚昧也是缺乏交往造成的。经验和事实告诉我们，一个人能力的高低，在很大程度上取决于他获得信息的多少以及信息质量的高低，而信息的获得则取决于人际交往能力。

2. 协调功能。生活在现实生活中的每一个人，都希望与他人、与自己的群体保持一致，而有效的人际交往可以帮助人们实现这一目的。实际上人们通过交往建立了各种联系，形成一定的社会关系。为了协调共同活动的需要，使社会成员有秩序地生活，避免各种矛盾和冲突，人们制定了一系列群体规范和社会行为准则。这些规范和准则作用的发挥，必须通过人际交往来实现,把信息传达给社会中的每个成员,促使人们行为保持一致。对这些规范和准则的认识和理解也要通过人际交往来实现。当人际之间发生矛盾时,通过交往可以及时地消除误会,缓和矛盾。同时,通过人际交往,能够传播健康的社会思想,促使人们社会行为的规范化,形成良好的社会心理气氛,并使之处于主导地位,还可以净化不良的社会风气,消除不健康的社会意识形态,使社会处于和谐、稳定、有秩序的状态之中。

3. 心理保健功能。交往是人类最基本的社会需要之一，同时也是人们赖以同外界保持联系的重要途径。通过交往，人们可以减少恐惧感和孤独感，保证个人的安全感。心理学家沙赫特在1955年曾设计了一个简单的实验，他选择了两组人：一组为对照组，一组为实验组。他告诉实验组说，他们要遭到一次强烈的电击，不会造成伤害。同时又告诉他们，还要等儿分钟才会受到电击，他们可以自己单独等候，也可以和别人在一起等候。结果实验组有63%的人表示他们要和别人一起等候，对照组人中要求这样做的人却只有33%。一旦他们做出选择，实验便告结束，谁也没有受到电击。这个实验表明，人有亲和需要，当心理上发生恐惧时，更需要与他人在一起。人都有归属的需要，通过彼此间的相互交往，可以诉说各人的喜怒哀乐，这样就增进了成员之间的思想、情感的交流，产生依恋之情。事实表明，“交往剥夺”同“感觉剥夺”一样，给人的心理损害是极其严重的。

有人发现，生活在孤儿院里的孤儿长期过着孤单的生活，得不到正常儿童应有的抚爱刺激，更缺乏良好的交往机会，结果无论是智力还是个性发展都较正常儿童差。一个人长期与世隔绝、离群索居，他的精神就会崩溃。医学心理学的研究表明，长期孤独的人，精神会变得忧郁，心理发生变态，甚至影响寿命。通过彼此的交往，人们诉说各自的喜怒哀乐，增进彼此的思想和感情交流，可以获得情感上的共鸣，有利于保持心理的平衡。人际交往还是人们转移和发泄不良情绪的有效途径，在交往过程中，人们通过各种方式疏导、调节自己的情绪，可以减少心理压力，恢复心理平衡，保证自己的心理健康。

4．心理发展动力功能。由于人与人之间的不断交往，为个体提供了大量的社会性刺激，从而保证了个体社会性意识的形成与发展。婴儿一出生就通过与父母的交往获得生理的和心理的满足。随着年龄的增长，人际交往的范围日益广阔，接受各种社会思想，形成一定的道德体系，逐渐完成了各个年龄阶段的人生发展课题，社会意识由低级向高级迈进，形成健全的人格特征以适应复杂的社会生活。在人际交往的环境下，人们相互学习，相互竞争，个体在与他人的相互比较中发现自己的不足，从而获得自我发展的动力。

第二节　人际沟通

在英文中“沟通”（Communication）这个词也包含了传播、

交往、交流的含义，在本质上他们都涉及到信息和行为的交流，沟通是人类彼此理解的桥梁。对沟通的理解有广义和狭义之分，狭义的人际沟通即人与人之间的信息传递与交流。人们在共同的活动中彼此交流各种观念、思想、兴趣、情绪、感情与意向等等。如群体内部各成员之间的横向沟通，群体之间、部门之间的横向沟通，上级机关与下属机关以及组织内部领导与部属的纵向沟通等等，都属于人际沟通的范围。人际沟通对人际关系的发展是至关重要的。人际沟通是人与人之间增进了解的工具。广义的沟通则是人类整个社会的互动，在这里，人们不仅交换思想、观念、知识，而且还交换相互作用的个体的全部社会行动。

一、人际沟通的过程和特点

人际沟通是人类社会交往的最初、也是最重要的形式，人们之间相互传递信息以沟通思想和交流感情，是人类社会形成的开端。简单的人际沟通是将信息由一个人传向另一个人，传递信息的人被称为发信者，他将信息通过某一渠道传给另一个人，后者称为受信者。在人际沟通中还有反馈。其基本过程如图 6－1 所示。

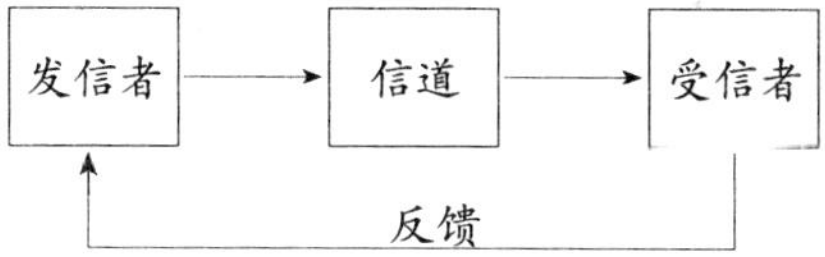

图 6－1　人际沟通过程

首先，发信者产生了要沟通的动机，他可能要表达什么观点或向对方请教什么问题。他首先要选定沟通的内容，然后确定如何把所要沟通的信息翻译成词语、手势或其他信号称为编码。第二步，发信者发出的信息进入联结发信者与受信者的通道（称为信道），信道就是沟通信息的媒介或载体。第三步，沟通信息到达受信者。理想的情况是受信者注意并正确地理解了信息，受信者对信息的理解和解释称为“译码”。只有受信者接受并理解了信息，沟通才算发生，在此之前，仅仅是信息的传递。最后一步是反馈，指发信者从受信者那里得到信息是否被接受和理解的反映。这样就形成了一个完整的人际沟通过程。

人际沟通是凭借人这个特殊的生命体来实现的，因此它具有以下几个基本特点：

1. 沟通双方均为主体。人际沟通不同于通讯设备之间的简单的信息往复，在这里，沟通双方都是积极的主体，都有一定的目的和意图，在沟通的过程中，主客体的关系处在不断的变动之中。

2. 人际沟通调整着双方的关系。由于沟通双方都是积极的主体，他们同时扮演着发信者和受信者的双重角色。因此这种沟通可借助符号系统进行相互影响，调整双方的行为，或达成协议，或改变态度，或由于沟通而密切了关系。

3. 沟通双方具有大体一致的符号系统。符号是人们用来沟通的工具，可以是言语的，也可以是非言语的，只有统一的符号及意义体系才能保证沟通的相互理解，如果符号体系不一致，便会发生沟通障碍。

二、人际沟通的种类

沟通的种类形式多种多样，可以按照沟通媒介、方向和渠道的不同把沟通分成不同的种类。

1. 正式沟通与非正式沟通。根据信息的沟通渠道，我们可以把沟通分为正式沟通和非正式沟通。正式沟通是指在群体、组织内部，依据一定的组织原则所进行的信息传递与交流。例如群体与群体之间的公函往来，群体内部的文件传达，召开会议，上级与下级之间定期的情况交流等。另外，群体所组织的参观访问、经验交流、工作调查等也在此列。

正式沟通的优点是：沟通效果好，比较严肃，约束力强，易于保密，可以使信息保持权威性。重要的消息和文件的传达，组织的决策等，一般都采取这种方式。其缺点是因为要依靠组织层层传递，所以形式刻板。

非正式沟通是指不受组织监督而自行选择的沟通渠道。例如，群体成员之间私下交换看法，朋友聚会，传播小道消息等都属于非正式沟通。

非正式沟通的优点是，沟通形式灵活，直截明了，速度快，容易及时了解正式沟通难以提供的“内幕新闻”。非正式沟通能发挥积极作用，是群体中良好人际关系的表现。其缺点是非正式沟通难以控制，传递的信息不确切，容易失真、曲解，而且可能导致小群体、小圈子的形成，影响人心稳定和群体的凝聚力。

2．单向沟通与双向沟通。按照沟通有无反馈，可以分为单向沟通和双向沟通。所谓单向沟通，指的是信息发送者背向或者以命令方式面向接受者，一方发送信息，另一方只接受信息，双方无论在语言上还是情感上都缺乏信息反馈。发指示、下命令、作报告等都属于单向沟通。

双向沟通指的是信息的发送者以协商和讨论的姿态面对受信者，信息发出后，还要及时听取反馈意见，必要的时候，发信者和反馈者还要进行多次重复交流，直到双方共同明确为止。

单向沟通与双向沟通各有利弊，具体表现在：

第一，单向沟通主要是上级发命令，下级执行，因此，在解决简单问题或处理紧急情况时，它比双向沟通要快、要迅速。而双向沟通有可能在沟通过程中受干扰，因此传递信息的速度较慢。

第二，单向沟通在传递信息时，发送者和接收者之间没有讨论的余地,上级的命令无论理解还是不理解都要执行,因此得到的信息往往不那么准确,把握性不大;而双向沟通则在接收者和发送者之间有反馈机会,可以重复讨论,易于确证,比较准确。

第三，单向沟通比较严肃，刻板，往往是一个人或几个人说了算。因此，在受信者不愿接收意见和任务时，易于产生逆反和抗拒心理；而双向沟通则比较灵活、自由，接受者有反馈机会，能产生参与感，增强信心，而且有利于双方相互理解，形成融洽的人际关系。

第四，对信息的传递者来说，双向沟通的压力比单向沟通的压力要大，这是因为双向沟通不仅要在发送信息前做好多方面的准备，而且要解答接收者提出的各种问题，有一定的心理压力。而单向沟通则相对比较简单，心理压力也较小。

3. 横向沟通与纵向沟通。根据沟通的方向，可以把沟通分为横向沟通与纵向沟通。横向沟通指的是在组织中，层次相当的个人及群体之间所进行的信息传递与交流。纵向沟通又可分为上行沟通和下行沟通。上行沟通主要是指群体内部基层人员通过一定的渠道与高层人员所进行的信息交流。有两种表现形式：一是层层传递，即依据一定的组织原则和组织程序逐级向上反映。二是越级反映，指的是减少中间层次，让上级和群体成员进行直接交流。下行沟通主要是指高层人员对基层人员所进行的信息交流。就比较而言，下行沟通比较容易，上级“居高临下”，条件便利；上行沟通则困难些，容易遇到中间梗塞。

4. 书面沟通与口头沟通。根据沟通的媒介，可以把沟通分为书面沟通与口头沟通。书面沟通是指用书面形式所进行的信息传递与交流。例如信函、文件、刊物等。书面沟通的优点是，它可以作为档案材料和参考资料长时间地保存下来，有一定的严肃性与规范性。在表达方式上，它往往比口头表达更为详细，可供接收者仔细阅读，深刻领会。其缺点在于，书面沟通时效有限，不能及时得到反馈，适应情况的应变能力差，尽管互联网等现代科技手段为书面沟通提供了有利条件，有时仍难于达到预期效果。

口头沟通就是运用口头表达来进行的信息传递与交流。例如谈话、电话洽谈等。口头沟通的优点是，它能够充分、迅速地交换意见，能当面提出或回答问题，较为快捷、主动；沟通双方不仅可以面对面进行语言交流，而且可以进行感情交流，增加亲切感、提高沟通效果。口头沟通的缺点表现在：沟通范围有限，尤其是在群体沟通场合，使用起来有困难；由于沟通双方缺乏深思熟虑，考虑问题未必周全，且口头沟通受表达能力限制，随机性又较强，有时会造成词不达意或传递一些“多余”的信息，影响其沟通目标的实现。

三、人际沟通的工具

人际沟通中的信息传递只有借助于符号系统才能实现。可以将人际沟通粗略地划分为言语沟通（用言语作符号系统）和非言语沟通（用各种非言语符号系统），非言语沟通系统也可以划分为各种形式。各国近年来在这方面总结出了四种非言语沟通形式：身势语、辅助语、空间接近、视觉交往。其中每一形式都使用自己的符号系统，因此言语和非言语实际存在着五种沟通形式。

言语沟通，是利用人的言语作为符号系统。这里的言语既包括口头言语，也包括书面言语。口头言语是指有声的自然语言，即语音符号系统，其中包括两个原则：词汇的和句法的。言语是最通用的沟通手段，因为在信息传递中，借助于言语表达的意义最易于被对方接受。

在间接交往中，常常采用书面言语，书面言语不受时空条件的限制，不仅可以帮助个人获得他人的知识经验，而且扩大了人们认识世界的范围。在交往中,书面言语不及口头言语直截了当,但它保存的时间长,可以字斟句酌,充分考虑词语的恰当性,以达到更完美的心理效果。无论是口头言语,还是书面言语都要求双方对传递的信息理解层次上应有相应的一致性。

非言语沟通。言语是人类最重要的也是最便捷的沟通工具之一，非言语符号在人类的社会沟通中起着十分重要的作用。非言语包括手势、面部表情、体态表情。人体各部分的动作反映出一个人的情绪反映，因此，这些人体的各部分的动作特性纳入交际情势中，就会给交往带来细微的差别。而这些差别在同样动作的运用中又是含意不一的，例如在不同民族的民族文化背景下使用这一或那一手势，其意义就可能不同。

辅助言语系统是指发声系统，即音质、音幅和声调。是在言语中加入停顿，以及咳嗽、哭 、笑、语速等，所有这些附加物都有加强信息的语义分量的作用，但不是用增加言语的手段，而是“近似于言语”的手段。

沟通过程中的空间与时间也同样是一种特殊的符号系统，也是沟通情境的组成部分。如个别交谈的场所，应根据交流对象和内容分别选在餐厅饭桌、家庭客厅、宾馆房间，还是公园的亭阁。那么不同性质的会议场所、会场设置也有不少学问。再例如交流双方面对面的位置，表示对说话者的注意，可以促进思想交流；相反如果双方位置不当，就不利于交流意义的表达，甚至会产生一定的消极意义。实践证明，交往中的某些空间形式对交流的效果是有很大影响的。

在各种文化背景下关于交往时间的运用也同样有某些特点，是对含有意义的信息的独特补充。如在商业或外交谈判中准时到达表示对谈判对方有礼貌，相反，迟到则表示不尊重。在个人的交往中，也有时间上的要求。遵守承诺、节约时间、言简意赅也在一定程度体现一个人的信誉和能力。

在沟通过程中使用的另一个特殊符号系统是视觉交往中的“视线接触”。这方面的研究同普通心理学在视觉（眼睛的活动）方面的研究有紧密关系。表面看来，目光接触这种符号系统的意义是有限的，例如，把视线接触同与亲密的交往的研究联系在一起。但这种研究的范围已经扩大了，表示眼睛运动的符号已被列入交往情境更加广阔的领域。同一切非言语手段一样，视线接触也是对言语沟通的一种补充。无论是“暗送秋波”还是“怒目而视”都是双方情感的表达。

对于以上四种非言语沟通系统来说,都有这样一个共同的方法论性质的问题。其中每一非言语沟通系统都利用自己的符号系统,这个系统可以看作是一种约定符号本。我们知道,任何一种信息都应当编码,并且这种编码和译码系统应使沟通过程的所有参加者都了解。但是,如果说在使用言语时,这种编码系统程序不等地为大家所了解的话,那么在非言语沟通中,重要的是如何保证另一交往伙伴也掌握这种约定符号本。不然的话,上述系统就不能向非言语沟通提供任何有意义的东西。非言语的沟通系统在沟通过程中无疑起着巨大的辅助作用(有时也起独立的作用)。所有非言语沟通系统,由于具有加强或减弱言语作用的能力,这些系统同言语系统一道保证了人们为组织共同活动所必需的信息交流。

四、人际沟通网络

沟通网络是指在信息沟通过程中,无论是哪一种沟通形式,都必须采用一定的途径,我们把沟通途径所组成的格式,叫作沟通网络。从理论研究的角度,沟通的网络可以划分为五种基本类型,即链式、Y式、圈式、星式以及全通道式沟通网络。

1. 链式沟通网络。这是一个平等网络，在这个网络中，居于两端的人仅能与内侧的一个成员相联系，居中的人则可分别与两个人沟通信息。在一个组织系统中，它相当于一个纵向沟通网络,代表一个五级层次,逐级传递,信息可以自上而下或自下而上地传达。在这个网络中,信息经过层层传递,层层筛选,容易出现失真现象;各个信息传递者所接受的信息差异很大,平均满意程度有较大差距;处于最低层的沟通者只能作上行沟通,或接收失真度较大的信息,因此心理压力大,最容易产生不满足感;其他层次的沟通者的心理满足感都居于中间状态。

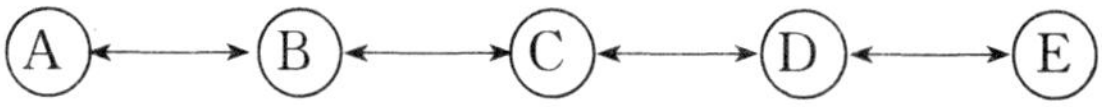

图 6－2　链式沟通网络

2. Y 式沟通网络。这是一个纵向沟通网络，其中，只有一个成员位于沟通的核心，成为沟通的中间媒介。这种信息沟通网络集中化程度高，解决问题的速度快。其中，C 是沟通的中心，他接受的信息量大，成为信息反馈的媒介。这种网络群体成员平均满意程度，除 C 外都比较低，因此每个成员的心理满足感差别很大。

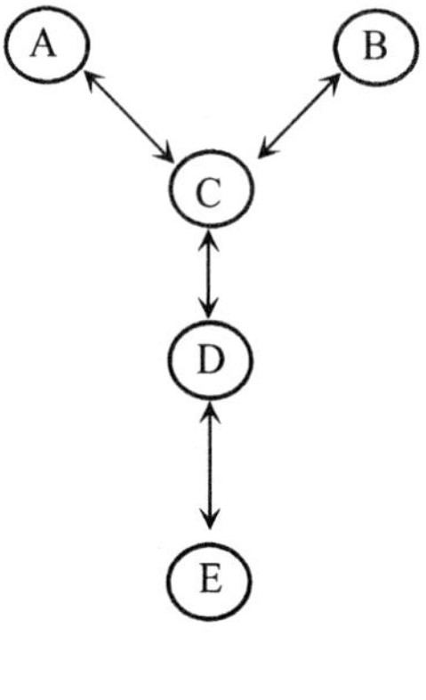

图 6－3　Y 式沟通网络

3. 圈式沟通网络。这种网络可以看成是链式网络的一个封闭式结构。这种模式可以解释为五个人之间的依次联络和沟通，其中，每个人都可以同时与两侧的人沟通信息，因此，个人的心理满足程度无明显高低之分，处于中间状态。在这一沟通网络中，集中化程度偏低，群体成员具有较为一致的满意度，因此群体士气高昂。

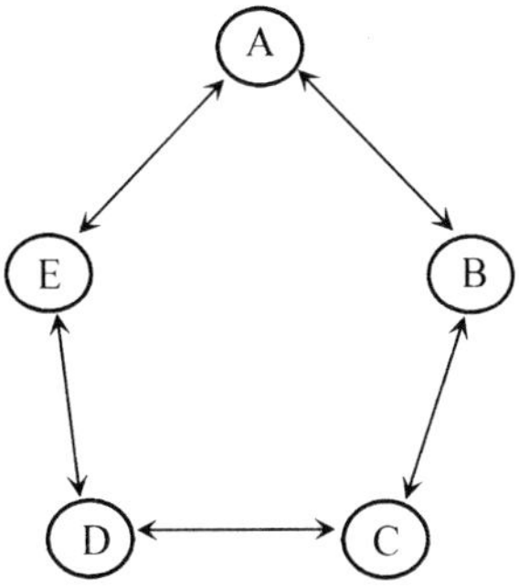

图 6－4　圈式沟通网络

4. 星式沟通网络。这种网络属于控制型网络，其中有一个成员是各种信息的汇集点与传递中心。这种网络集中化程度高，解决问题的速度快。C 是信息沟通的核心，一切信息都得经过他进行传递。在该网络中，可能采取的沟通渠道很多。在进行信息沟通时，群体人员心理满足方面的差距很大，群体士气低落。

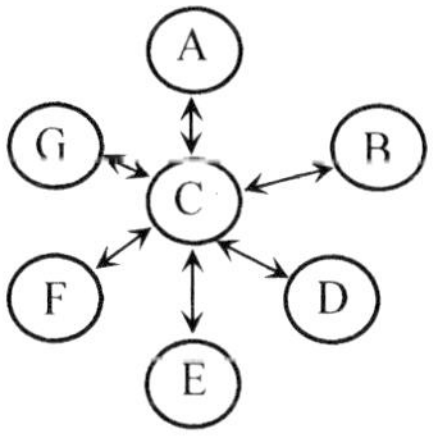

图 6－5　星式沟通网络

5. 全通道式沟通网络。这种网络是一个开放式的系统，其中每一个成员之间都有一定的联系，彼此互相了解，民主气氛很浓或合作精神很强。群体成员的平均满足程度很高，满足程度的差距很小，团结士气高昂，合作气氛浓厚。不过，这种网络沟通渠道太多，易于造成混乱，而且浪费时间，影响工作效率。

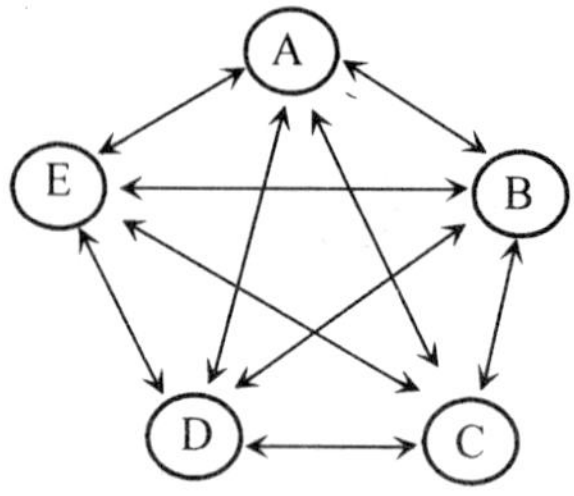

图 6－6　通道式沟通网络

当然，这几种沟通网络模式只是理论研究的分类。在实际生活中，多是交叉出现。我们了解它，对于从理性的把握上，灵活运用多种沟通网络模式，达到更好的沟通效果是多有裨益的。

五、人际沟通的障碍及其克服

人际沟通的障碍可以发生在沟通过程的任何一个环节，如编码和译码不准确、信息传送不全、信道选择不当以及沟通渠道和沟通网络的问题等。在人际沟通的实际过程中，人们首先遇到的问题往往是语言系统造成的障碍。语言是交流思想、沟通信息最主要的工具。人们通过语言、文字及其他符号，把事物的特征和发展状态转换为信息进行沟通。沟通者双方，或者听不懂对方的语言（不同语种或同一语种因地域不同而产生的方言），或者表达不清，或者文字不通顺，不能确切地表达自己的思想，曲解了对方的意思，甚至对对方产生错误的看法，其结果必然影响双方的沟通效果，并可能使他们之间关系恶化。如大学里的教师不能用普通话而是用方言授课，使来自不同省区的学生听课感到吃力，这样就影响了师生间的沟通效果，使学生产生逆反心理。因此，我们国家提倡学习普通话。在各种群体、组织内部，要促进人际沟通，必须要提高成员的语文水平，解决人们语言表达不清和理解混乱的文化素质问题。随着对外开放，外事及商业往来的增多还要求越来越多的人掌握一门或几门外语，以适应与世界各民族人士的沟通需要。

其次是心理因素引起的障碍。人际之间能否实现沟通，还取决于沟通双方的信念和观点是否一致，双方如果对同一事物的态度、观点、信念不一致，就可能造成沟通障碍，然而这并不是最重要的。关键在于双方能否用对方的观点审时度势，思考问题。俗话说的“将心比心”，即指站在对方的立场上去考虑和分析问题，就可以使双方达到沟通的目的，促进组织内部人际之间的亲密关系。此外，人际之间的沟通，还受到沟通双方修养差异的限制。如果一个人主观、自负，听不进别人的意见或看法，随意打断对方的谈话，或指手划脚，那么，对方感到自己没有得到尊重，他也不会与对方有更多交往，或者敬而远之，甚至采取拒绝、排斥的态度。

第三，空间距离引起的障碍。信息发送者与接收者空间距离很远，对一些复杂问题的意见沟通有时可能发生障碍。面对面的沟通容易把复杂的问题说清楚。距离远，采取电话、电传或书面沟通，受通讯条件或文化水平以及双方理解程度等限制，都会影响沟通效果。

第四，中间环节过多造成的障碍。信息在传递过程中，有时中间环节所起的中介作用是不可忽视的。但如果中间环节太多，或者中介作用不能很好发挥，在传递过程中可能造成信息失真，也会影响沟通效果。

第五，沟通方式不当造成的障碍。我们前边介绍了多种沟通形式和网络，这些网络各有优缺点。根据实际需要选择沟通形式和网络，有助于信息沟通的顺利进行。例如某一组织对很多人发出重要通知，采取书面沟通形式效果较好。如果采用口头通知，未直接通知本人，而中间又通过很多传递者，信息容易受损失，造成沟通障碍。

那么怎样才能使沟通的双方实现思想或信息的交流与传递呢？按照心理学的要求，即沟通的一方应该站到另一方的角度中去体察和度量沟通中的每一个问题，用对方的观点去理解所要表达的观念与态度，去体会他对这些观念、态度所怀的感情，去领会他对该话题的好恶爱憎。然后，再有“的”放矢地考虑交流的途径和层次目标，一次或依次进行。但是，在沟通中要理解对方的观点和态度，真正能站在对方的立场上来考虑问题，绝非容易的事情。

首先，要控制偏激狭隘的情感，提高自身的心理素质。偏激狭隘的情感，如猜疑、嫉妒等等，是影响人际沟通的重要因素。诚然，人是有感情的动物。但对这些与现代文明格格不入的心理疾患，必须用理智去控制，并逐步加以克服。沟通的一方要设身处地地去了解对方的观点和价值标准，较准确地把握对方的想法和思维变化的趋势和结果。同时要提高思维水平，克服消极的心理因素，以不卑不亢的平和心态与对方沟通。融洽、协调的心理气氛，有利于促进沟通。还要养成良好的心理习惯，如注意力集中、情绪镇定、态度平稳、不急不躁等，这样有利于对信息的理解与接受。

其次，要以诚待人。诚实、讲信誉是良好的人际沟通的基石。尔虞我诈、勾心斗角是人际沟通的毒瘤。因为正常的人际沟通的目的是为了达到意见的一致和感情的融洽，是为了解决人际之间的隔阂，而不是为了加深矛盾。因而，沟通的双方在沟通过程中都应抛弃有意防范和自卫心理。以诚意，而不是虚情假意地去进行这种沟通。沟通的双方都能以现实的态度把问题的分歧点找出来，各自用对方的观点去了解对方的问题而不持怀疑态度，不怀戒备心理，不说假话地去实现这种沟通。只要人们在沟通中，不是吹毛求疵地去寻找对方的不足之处以证实自己的正确，而是为了了解对方，真正以与人为善的态度体谅和理解对方。那么，沟通就会取得比较理想的效果。有时尽管一次或几次沟通，还未取得预期效果，但终究朝着预期目标在前进。

再次，要有坦荡的胸襟，能接受对方的不同观点。沟通不仅要了解对方的不同观点，还应该有肚量听取对方的不同观点，并吸收其中的合理部分。世界上的每一个人都有自己的个性和特点，就像世界上没有完全相同的两片树叶一样。由于每个人的家庭、环境、职业、社会地位、文化修养、知识结构、民族传统等等的不同，因而决定了他们的兴趣志向，决定了他们对问题的不同看法。正是这种差异，决定了人际之间相互沟通的难度。例如，一个大学生与只有初中或小学文化水平的人沟通，文化层次的差异，要求双方都要积极寻求沟通的共同点，特别是前者要有洗耳恭听的心理准备，才有可能达到沟通效果。而政府的官员与工人、农民的沟通、公司高级管理人员与普通员工的沟通，都要求前者首先要放下“架子”，“礼贤下士”，通过选择适当的沟通途径和方法，以能达到沟通的目标。

还要指出的是，由于每个人的性格不同，心理健康状态不同，也影响沟通的效果。对于交往，不是每个人都擅长的事情。有相当一部分人性格内向，喜欢独来独往；还有一部分人由于自卑心理的影响不敢同别人交往。有自卑感的人不是不想与别人交往，而是怕遭别人轻视和排斥，所以，当他的恐惧感超过了亲近别人的愿望时，就会极力地压抑自己与别人沟通的欲望，从而对别人采取冷淡态度。自卑感使人不能自如地与别人交往，轻松地应付谈笑。在人多的场合下，不愿表现自己。克服自卑感必须对别人感兴趣，真正愿意与别人交往，而不是采取逃避的态度。此外还应积极参加集体活动，特别是自己喜爱的活动，通过这些集体活动，增进自己同群体的感情交融，促进自己同别人之间关系的和谐。

第三节　人际吸引

在人与人的交往过程中，为什么有的人一见如故，而有的人点头之交数十年，仍有“知人知面不知心”之叹。在现实生活中，我们跟什么样的人来往，在正式与非正式群体内，我们跟哪些人保持较密切的关系，即在怎样情况下容易建立人际交往甚至友谊与爱情，这就是人际吸引的问题。人际吸引包括的现象十分广泛，但它们全部都能根据相互作用的三种成分进行分类。即人的相互感知与理解，个人间的喜爱（吸引力与好感）、相互影响与行为（包括角色行为）因素。在这里，人与人之间的喜爱是人际交往稳定性、深度、亲密性的主要调节器。人们的相互感知和理解与他们的行为可能会有比较大的变化范围。但是满意与不满意的状态是评价人际交往的主要标准。好感与恶感，喜爱与不喜爱虽是相互交错的概念，但又有区别。前者只表明主体与主体系统中的情绪成分，而后者更广，包括着吸引力的因素。如果把人际交往看作是人们之间相互作用的动态过程，那么它的最直接的表现就是人们之间的相互吸引和排斥。人们之间的这些感情状态，受到社会、经济、政治等因素的深刻影响，还受一些更直接、更具体的社会心理因素的影响。根据社会心理学家的实验研究，影响人际吸引的社会心理因素比较主要的有以下一些因素：

一、外表的吸引性

一个人的体形外貌是由先天遗传素质形成和发展起来的，它不依个人的主观愿望为转移。但一般人在判断别人时，特别是在初次接触时，第一印象往往主要来自对其外表特征的评价。而且在日后的交往中，从心理上却往往无法消除对其外表所产生的影响。同时，还存在着另外一种心理现象，即对于那些与我们自己外表、风度相类似的人，也容易建立起良好的人际关系。外表因素对人际关系建立的影响并不仅仅局限于男女间的关系。尽管其发挥作用的程度不同，但它确实是一个涉及到所有个体相互交往过程中的一个影响人际关系建立的心理因素。

我们在研究这个问题时，特别是在实际生活中，应对外表的吸引性引起注意。不修边幅、粗俗不堪的习气是一般人不愿接受的。然而，我们对外表与内涵的差异性亦不能轻视。例如，漂亮的面容并不等于心地善良和智慧充裕；华丽服饰的“包装”，也不能排除为掩饰其“囊中羞涩”；高官厚禄者亦非等同于才干超群。这些都是社会的复杂性使然。

二、态度的相似性

在个人特性方面，双方若能意识到彼此的相似性，则容易相互吸引，两者越相似则越能相互吸引，产生亲密感。个人特性指年龄与性别、个人社会背景、态度等。在其他信息缺乏的情况下，同年龄、同性别的人比较容易相互吸引，如老年人喜欢和老年人在一起，青年人喜欢和青年人在一起。在教育水平、经济收入、籍贯、职业、社会地位、社会价值、资历等方面相似的人们容易相互吸引。社会心理学家柯尔等人研究最好朋友时指出，个人所指出的最好朋友都是同等地位的人，一般说他们在教育水平、经济条件、社会价值等方面都很相似，即所谓门当户对。

在相似性因素中，态度是最主要的因素。例如政治主张、宗教信仰、对社会上发生重大事件的看法都比较一致的人，在感情上更为融洽，即所谓志同道合。纽科姆（T·Newcomb）在 1961 年曾做过一个实验。实验对象是公开征求住宿志愿者，共 17 人，都是大学生。实验者提供他们免费住宿四个月，交换条件是定期接受谈话和测验。实验步骤是这样的：进入宿舍以前测定他们关于经济、政治、审美、社会福利等方面的态度和价值观以及他们的人格特征。然后将对于上述问题的态度、价值观和人格特征相似和不相似的大学生混合安排在几个寝室里，一起生活四个月。四个月内定期测定他们对上述问题的看法和态度，让这些大学生相互评定室内人员，喜欢谁，不喜欢谁。实验结果表明，在相处的初期，空间距离决定了人们之间的吸引，到了后期其相互吸引发生了变化，彼此间的态度和价值观越是相似的人，相互之间的吸引力越大。

人与人若具有共同的态度与价值观，则不但容易获得对方的支持与共鸣，同时亦容易预测对方的感情与反应倾向，因此在相互作用的过程中，彼此容易适应而建立起较密切的人际关系。为什么与我们相类似的人比较具有吸引力呢？一个可能的因素是：类似或相符本身具有一种增强作用。例如，有的男人通过共同喜爱并参加一项运动而逐渐成为朋友。对于与我们态度、价值观念相类似的人，我们与之争辩的机会较少，而且由于获得他们的支持，往往容易加强自信心；态度与价值观念的相类似也使我们得以维持一致和平衡的友谊。因此态度的类似性，就变得更加具有吸引力。从另一个角度讲，与自己态度及价值观念比较类似的人，从感觉上也认为能够比较正确地反应自身的能力、感情和信仰，因而也比较具有吸引力。然而态度的类似性并非单靠一两次的接触即能发现的，通常是在多次的交往联系中，慢慢发现对方与自己的共同点，而由于共同点的发现又促进以后交往的频率，如此循环，使彼此间的较密切关系更加稳固。

三、需求的互补性

当双方的需要以及对对方的期望正好成为互补关系时，也会产生强烈的吸引力。例如，独立性较强的人，往往喜欢和依赖性较强的人在一起；脾气急躁的人，往往喜欢和脾气沉稳的人相处，从而使双方的关系更为协调，各人的特点正好适合对方的需要，各得其所。需求的互补性是指双方在交往过程中获得互相满足的心理状态。大体上说来，它包括两个部分，即彼此的社会增强作用的满足和彼此心理特性相反者的互补作用。人与人一旦开始交往，其所建立的人际关系能否得以持续或中途停断，有赖于彼此的社会增强作用，即个体能否透过相互作用而获得动机的满足。有人曾观察大学生在迎新会中，新同学是如何结交朋友的情形，其大致过程如下：

彼此陌生的新生初次见面时，先是看花名册，寻找自己的同乡，若话不投机则接近同室的人或相邻而坐的人。交谈中彼此发现对方具有魅力（合乎自己的要求），便继续交谈下去，若有一方感到失望（不合乎自己的要求），则会话便告中断，而再转向另外的对象。性格外向的则多找人交谈，性格内向的则保持沉默。有人对部队新兵入伍后的相互交往情况进行过研究。发现同乡乃至口音相近等因素，都成为日后相互来往密切的重要条件。社会心理学家西保（J. Thibaut）与凯利（G. H. Kelley）的研究认为，两人相处，对双方都有助益，或彼此有友好的意愿，或彼此发现具有类似的态度时，两人的相互关系便有继续维持的可能。反之，若一方增加了另一方的不安，或对另一方表示不友善，则难以持续。两个人透过彼此的交互作用所获得的报偿超过由此而来的损失时，两人之间的人际关系才得以维持。亲密的友谊关系，乃是彼此以极少的损失可换取很多的报偿，亦即相互满足的状态。

研究表明，互补因素增进人际吸引，经常发生在感情深厚的朋友、特别是在异性朋友或夫妻之间。20 世纪 60 年代美国社会心理学家克克霍夫等人研究了已建立恋爱关系的大学生。结果发现，对短期的伴侣来说，推动吸引的动力主要是相似的价值观念，而驱使长期伴侣发展更密切关系的动力主要是需要的互补。由此，克克霍夫等提出择偶的过滤假说，两个不相识的男女要结成终身相托的婚姻伴侣，必须经过几道过滤关卡：①时空距离的接近；②人身的因素，主要指当事人的社会经济地位、教育水平、信仰等；③态度与观念的相似；④需要的互补。当然，并非所有婚姻的缔结都必须经过这样一系列过滤。

四、情感的相悦性

一个人之所以喜欢另一个人，愿意和他建立良好的人际关系，往往是因为那个人也喜欢这个人；对于那些不喜欢自己的人，当然这个人也不会喜欢对方。这种情形特别是一个人迫切需要满足自己内心爱的需要时，就更是如此。双方心理上的接近与相互帮助，也就减少了人际间的摩擦事件与心理冲突，这种相互间的赞同与接纳，也是使彼此间建立良好人际关系的心理条件。

五、对才华的敬仰

个人具有某种与众不同的特殊才能，其本身就有一种吸引力，使他人对之发生钦佩感并欣赏其才能，愿意与他接近。美国社会心理学家阿伦森（E·Aronson）曾经安排实验，让每个被试者听四种不同的录音。四种录音的内容不同，但都是智力测验节目，其中两个录音候选人显得很聪明，而且学习成绩与体育课等活动也都很好。另外两个录音的候选人所显示的为中等智力水平，学习成绩及体育活动也一般。录音中的两个候选人（一个是很聪明，另一个是中等智力水平）在谈话快要结束时，不小心各打翻了一杯咖啡，并洒在新衣服上，其他二人没有什么意外事故。当实验中的被试者听过这四种录音之后，实验者要求他们指出对录音中的候选人的喜欢程度，结果发现最受人喜欢的是那个打翻了咖啡又聪明的人；最不受人欢迎的是那个打翻了咖啡天资中等的人。洒咖啡的简单动作本身显然不具有吸引力，但它却使一个完美的人多了一个惹人喜爱的方面，于是使他更有吸引力。由此看来，能力非凡可以使一个人富有吸引力，难怪犯错误可以使其吸引力又增加了一层，这一发现称为“犯错误效应”。

研究还表明，有些小缺点而才能卓越的人对两种人缺乏吸引力。一种是能力差而自尊心低的人，他们对能力高超者有崇拜心理，并可能产生晕轮效应，即认为理想人物总是十全十美、白玉无瑕的，不应该有那种可以克服的缺点；另一种是能力强而自尊心也高的人，他们对于才能出众而连一点小缺点也不能克服的人感到失望，认为这种人不值得自己崇拜。

六、时空上的接近性

时空上的接近往往是使人与人之间彼此熟悉、加深了解的一个客观外在条件。所谓“人熟是个宝”就是这个道理。时空上的接近往往表现在居住距离的远近和人与人之间相互交往频率这样两个方面：

1. 距离的远近。人与人凡是地理位置接近者，容易自然发生人际交互关系。例如在教室里座位靠近的同学，在机关里办公位置邻近的同事，以及住宅接近的邻居们，彼此见面的机会多，自然而然就容易建立起较密切的人际关系。

距离的远近对交友的影响，尤其在一些被自然地理区隔开的村落里，就显得更加明显。距离较远的人，其形成或继续友谊的机会就比较少，俗语“远亲不如近邻”可以形容这种状况。

2. 相互交往的频率。人与人或由于地理位置的接近，或由于工作上的需要（如医生与护士，主管与秘书），相互交往的次数愈多，则容易具有共同的经验，具有共同的话题，而建立起较密切的人际关系。尤其是陌生人相处的初期，地理距离的远近与交往的频率，对于能否建立起较密切的人际关系具有决定性的作用。

关于对人际吸引的解释，学者们提出了各种各样的理论，相等理论认为，以最小的代价换取最大的报酬乃是一般人所追求的行为原则。根据相等理论，人与人之间相互吸引的道理也在这里。两个人之间友谊的建立，要看当事者觉得这个友谊的维持是否对双方都有益处。如果双方感到友谊的存在使彼此可以获得好处,那么这种友谊的存在会使得双方都得到一种心理上的满足,而得以继续。如商业行为的合作伙伴关系、在婚姻择偶上“门当户对”都是比较典型的相等理论的具体体现。

得失理论则认为吸引取决于他人对自己的评价。虽然一个人的外表条件及其人格特点在决定我们是否与之建立、发展友谊过程中起着重要作用，但不可否认，人的主观意识在人际关系建立过程中起着更加重要的作用。人际间的相互交往的结果，人的自尊与自我意识往往是直接与他人的反应以及他人如何对待自己有关，由于人们所期望于他人的，与他人所给予自己的往往并不时时、事事相吻合，因此相等理论就显现出一定的局限性。阿伦森认为，别人对自己的评价有所改变时，更能影响自己喜欢那个人的程度，因此，在所谓的“得”的场合，人们总是对于一个能够提高自己自尊心的人产生更多的好感；而在“失”的情况下，同样的，对于经常和自己过意不去的人，会越来越不喜欢他。

第四节　人际交往空间

在人际交往的过程中，每个人都拥有自己的交际区域，由于这一区域的存在，人们能恰如其分地与他人交往，这就是关于人际交往空间的问题。所谓人际交往空间乃是指交往过程中个体与他人在地理空间上保持的距离，也称人际距离。

一、人际交往空间的特点

人际交往空间是一种心理感受和心理距离，它有以下 5 个特点：

1. 人际交往空间具有私有性。人际空间是属于个人的势力范围，为个人所独有，不容许他人随便侵入。如果有人侵入这一区域，就会使人感到心理紧张和焦虑，随之会做出种种反应以自卫，或建立新的交往空间，并有想方设法恢复自己对这区域的所有权的欲望。

2. 人际交往空间具有伸缩性。个体不论与什么人交往，不论环境如何复杂，都存在一定的区域，但这个区域的大小又是可伸缩的、可移动的，它随个体的需要、情感和客观环境的变化而随意扩大或缩小。例如，在大街上，在车厢里，在办公室，其交往空间的大小各不相同。

3. 人际交往空间具有依存性。虽然，人际空间具有私有性，但它不是独立存在的。人际空间的存在必须依存于人际交往过程，离开了人际交往，人际空间就不复存在。

4. 人际交往空间具有隐蔽性。人际交往空间虽然有一定的区域，但它是隐蔽的，看不见的，其界限不像个人的住房或国家的疆界那样轮廓分明。区域的大小是可以移动的，它随主客观条件的变化而变化，而对于区域大小的判断也是相对的。

5. 人际交往空间具有达意性。人际交往空间本身能够表示若干信息，它能告诉人们，交往者与对方之间关系的亲密程度和性质等；可以反映人际关系的现状是增进还是疏远；还可预示其发展变化的趋势。

二、人际交往空间的功能

许多学者认为，人们进行交往时保持一定的距离，具有维持心理平衡、自我防卫、控制刺激强度等功能。

1. 维持心理平衡。首先，人际交往空间可以增进舒适。我们都有这样的经验，人们在对离得太远或太近的人说话时会觉得不舒服。正是由于这一原因，当人际距离如果远或近得不适当时，人们便会采取补救的办法主动调节人际距离来进行人际交往，以增进舒适感。其次是消除紧张。他人对个人交际空间的侵入会导致人们的心理紧张和焦虑，使之产生不安和不舒服感。因此，保持适当的人际距离，维持个人交往空间的恬静，会消除人们的心理紧张感。生活观察表明，动物间不适当的接近会引起他们互相攻击，在人类也有类似行为发生，若生存环境过分拥挤，交往空间太少，往往会增加心理紧张，引起矛盾。在生活中发生的许多攻击行为，往往可以归因于距离太近。

2. 自我防卫。保持一定的个人交往空间也是一种自我防卫和保护的措施。即人们可以通过调整和控制个人交往距离，以对付外来威胁，从而有效地保护自己。当对一个人的身体或自尊心的威胁增大时，个人交往距离也随之扩大。如犯有暴力罪的犯人所拥有的个人交往距离比无暴力犯罪史的犯人要大得多。可以认为，暴力罪犯不但威胁着别人，他们自己也觉得受着威胁，他们因对报复的恐惧而增大了个人交往空间，借以加强对自身的保护。

有研究发现，孩子们在教师办公室这种有轻度威胁感的环境里，如果他们互相熟悉，就会彼此靠拢；如果相互陌生，就会彼此离开。这一现象告诉我们，互相熟悉或陌生影响着人们对人际距离的调整。互相喜欢的人在制造一个防御外来威胁的共同保护区时，不是扩大他们的身体缓冲地带，而是彼此靠拢，缩小其个人交往距离。

3．控制刺激强度。交往双方保持一定空间，有利于调节人们从对方身上接受的刺激量的强度。有学者在游乐场里做一现场实验，实验者让一部分同伙穿上礼服，洒上古龙香水，而另一部分同伙则服饰平常，然后观察游人对这两部分同伙的反应。结果表明，那些着意打扮，产生强烈刺激的实验者同伙，使游人对其保持较大的人际距离；而对无强烈刺激的实验者同伙则保持一般的人际距离。

人们可以通过控制人际距离来获得适当的刺激。当人们彼此间距离太近时，对方的面孔、气味、声调和其他方面的刺激就会汹涌地扑来，而这些刺激本身并非对方所需要，但会干扰交谈的内容，产生喧宾夺主的效果。在这种场合下，人们就会自觉地调整人际距离，减少冗余信息，使人际交往取得更好的效果。

三、人际交往空间的距离

人际交往空间的距离即人际距离，指的是交往时自己与他人的远近；双方空间的大小可以用双方之间的距离来表明，心理学家霍尔（A·Hall）把人际距离分为以下 4 个等级。

1．亲密距离。亲密距离的近程为 0～0.15 米，远程为 0.15～0.45 米，前者是安慰、保护、做爱等和他人身体全面交流时的距离。后者的典型行为是耳语。在亲密距离中，交往双方是通过各种感觉通道（视觉、听觉、温觉甚至触觉）同时来交换信息的。一般说来，双方距离越近，彼此可以交换的线索越多。但是这种人际距离常常表现为私下行为，且只有两者达到“亲密无间”的程度时才使用。需要指出的是，处于打架、摔跤的双方，其目的在于战胜和制服对方，虽然距离很近，但不能称为亲密距离。

2. 私人距离。私人距离的近程为 0.45～0.75 米，远程为 0.75～1.2 米。前者是那些相互熟悉、关系好的人之间使用的，好朋友或一对幸福的伴侣在公开交谈时常使用这一距离。后者是普通朋友和熟人之间的使用的。私人距离一般是私人之间在交往时使用的，这种交往较少有身体接触。用这个距离交往，既能体现友好而亲密的气氛，又使人感到气氛融洽很有分寸。

3. 社会距离。社会距离的近程为 1.2～2 米，远程为2～3.5 米。前者是不相识的个人间或在处理商务或其他事务时人们之间使用的距离。后者则应用于更为正式的场合，如商务谈判、人事交涉等。以社会距离进行交往的双方，彼此的关系不再是私人性质的，而是一种公开性质的交往。双方对这种交往大多本着公事公办的态度，这里极少有友谊的感觉甚至连友好的气氛也没有，说话自然而响亮。这是一种较为正式的交往关系。

4. 公共距离。公共距离的近程为 3.5～7 米，远程为 7 米以上。前者是在演讲或讲课时常用的距离。后者是人们在参加重大庆典或迎接重要人物时所使用的人际距离。公共距离常应用于非常正式的交往，常有一些正式的规范控制人际距离。

四、影响人际交往空间的因素

人际交往的空间不是刚性的，而是可以变化的。许多研究表明，人际交往空间的大小因人而异，即使同一个人的个人交往空间也会因时、因地、因对象的不同而不同。人际交往空间的大小取决于三个因素：文化、情境和个体。

1. 文化因素。尽管人际交往空间有一些全世界通用的规则，但是，对人际距离的大小及理想的人际距离的尺度有决定性影响的是各自的文化模式。文化是人际距离中一个重要调节因素。

霍尔通过对阿拉伯人、法国人、日本人和英国人的观察，认为人际交往空间的应用因文化差异而不同。日语中没有和“私人领域”相当的词，日本人把私人领域仅仅理解为他自己的住宅及其私人场所，把这个领域看成是固有的地盘，对任何人的侵入都表示反感，但他们又很喜欢和其他人挤在小小的空间里。而西方人则把“私人领域”看成是随时存在于人体周围的一定区域。阿拉伯人和日本人一样，有群居于狭窄区域的习惯，他们在公共场所互相靠得近，然而在家里阿拉伯人的住宅普遍宽敞空荡，却又不愿意单独呆着，即使在宽敞的住宅里也喜欢与他人挤在一起。而德国人由于有一种特别独特的自我意识，所以他们愿意与外人保持一定的距离，以保护“私人领域”。德国人心目中的“私人领域”是一个包围起来的、与任何人不相共处的具体区域。

2. 情境因素。情境因素主要指交往性质和吸引强度。在交往中竞争或合作的性质影响双方所保持的方向。在竞争状态下，双方喜欢采取面对面的方向，而在合作状态下，双方往往采取肩并肩的方向；交往性质还会影响到以后双方交往距离。竞争以后，与对手保持更大距离，合作以后则与对方缩小距离。

由于人们相互间具有类聚性，他们举止文雅、彬彬有礼，相互间产生吸引力，因此交往空间也越来越小。同理，人们对于那些缺乏吸引力的人，如精神病患者、生理缺陷者、乞丐等，都会表现出否定态度而增大人际距离。

此外，交谈内容有无吸引力是一种重要的情境因素。越是有趣的话题、隐秘的话题，就越吸引双方离得更近。

3. 个体因素。性别、年龄、个性与心理健康状况等个体因素对交往空间起着重要作用。

一般说来，女性比男性使用的交往距离要短。事实上，妇女们不论和谁在一起，其人际距离都小一些。另外，异性的一对要比同性的两个站得更近些。除了在人际距离上的这些性别差异外，男、女性对于个人交往的安排与方向也有不同的反应。例如，当妇女与她们认识和喜欢的人一起坐在桌边时，往往坐在那个人的身边；而在同样情况下，男性选择对面的位子。

人际距离在年龄方面的差异，主要表现为人际交往距离随年龄的增长而增大。一般说，年龄大的孩子会选择较大的个人交往空间，大年龄男孩比同龄女孩的个人交往空间要大，而在更小的时候，他们在这方面没有什么差异。

个性是影响个人交往空间的重要变量。大部分研究认为，性格外向、热情的人与爱交际者交往距离较小，而内向、冷漠性格的人与爱吵闹者的交往距离则较大；多血质的人其交往距离比抑郁质的人要小些。此外，人们的心理健康状况也会影响相互交往时的人际距离。

第五节　群体中的人际关系

这里的人际关系主要是指组织管理系统中的人际关系。了解了人际交往与信息沟通的一般概念和规律之后着重分析一下管理系统中的人际关系问题，对管理者协调好群体内人际关系，提高群体效率具有十分重要的意义。

一、组织管理体系中人际关系的类型

在组织管理体系中人们之间有正式关系，也有非正式关系。正式关系是由组织结构系统的职能地位明确规定的，因此也称为职务上的关系。而非正式的关系往往以个人之间感情因素为基础，也称个人关系。

1. 职务关系。组织管理系统中的职务关系，从垂直来看可以划分为以下几种类型：

(1) 不同层次正职与正职的关系。如工厂里厂长与车间主任、大学学里校长与院长、院长与系主任的关系等。这种关系是管理系统的组织骨架，它可以保证上级指示的基本内容贯彻执行到每一个人，同时也保障了把执行的情况反馈到上级领导部门。由于各级正职具有领导本部门的法定权力，在他们之间建立良好的职务关系对整个管理系统的有效运转起着主导作用。

(2) 同一部门正职与副职的关系。在管理系统中这种关系是对各级正职的补充，并起着辅助的作用，正职和副职的关系不同于各级正职的关系，副职对正职来说不仅是下级，而且还是顾问和助手，在各级正职之间命令和服从的原则占支配地位，而在正职与副职之间的关系中，命令与服从尽管也起重要作用，但更主要的协商、讨论，共同做出决策。

(3) 各级职能人员的关系。这是指上级职能部门的负责人与下级职能部门的负责人的关系。这种关系中命令与服从不起主要作用,上级职能部门对下级职能部门进行业务指导,提出建议,通报信息。因此,他们的关系不是领导关系,而是指导关系。

此外，从水平方向上来分析管理系统的职务关系还有上级职能部门负责人与组织正职的关系，组织中同级职能人员之间的关系等。

2. 个人间的关系。管理系统中的人与人之间的关系总是职务关系与个人关系的结合，两种关系相互渗透、相互交叉。在组织中没有脱离个人关系的纯粹职务关系，也没有脱离职务关系的纯粹的个人关系。一个领导人要求下级执行某项任务，如果他们个人关系融洽，下级会心情愉快地执行任务。如果关系紧张，下级就会拖延执行任务，甚至找出种种借口拒绝接受任务。这种情况在日常工作中是常见的，同时也表明了个人关系在管理系统中的重要性。

管理系统中个人之间的关系，可以表现在认知、情绪、意志和道德规范等方面。认知主要是指社会认知，这种认知主要受知觉者本人主观态度的影响，领导者不能只是按自己的标准来评价下级，在对某人评价与其自身的评价有分歧时，要充分考虑下级的自我评价，这样才能形成融洽的人际关系。在相互认知的基础上，人们会产生彼此之间的好感或反感，进而产生心理上的相互接近或排斥，这种情绪方面的关系表现，可能建立在利己的基础上，也可能建立在利他的基础上。在管理系统中要特别防止建立在利己基础上的上下级关系，社会上存在的欺上瞒下、阿谀奉承、吹吹拍拍等现象，都是由利己的交往动机决定的。

3. 管理系统中的交往圈子。管理系统中领导者的交往圈子可以分为两类，公务交往和日常生活交往。在这两类交往圈子中，人们的交往圈子是很灵活的。一个下级可以参加上级的公务交往圈子，也可以参加他日常生活的交往圈子。一个领导人可能与部分人形成公务的交往圈子，而与另一部分人形成生活的交往圈子。领导者如果只重视日常生活的交往圈子，会使他脱离自己所领导的群体；如果只重视公务交往圈子，则会使他思想狭窄、精神生活贫乏。

一个新上任的领导者面临的一个重要问题是过去形成的交往圈子还没消失，而新的交往圈子又没有建立起来。为了填补交往的空白，领导者可能要加速建立自己的公务交往圈子，在某些情况下还会依靠过去的交往圈子并进行适当的改造，在一些情况下甚至不得不对人员进行较大的调整。但领导者在建立自己的公务交往圈子时必须慎重，因为对前任领导不满的人会集聚在新领导者的周围，群体会分裂为对立的两部分。

二、群体中人际关系的测量

人际关系的测量一直是社会心理学关注的课题，特别是了解群体中的人际关系，有着十分重要的现实意义。它不仅反映人际之间的关系，也反映群体的凝聚力和群体的工作效率。

美国心理学家莫里诺（J. L. Moreno）曾经首创研究小型群体中个人与其他成员关系的方法——社会测量法。莫里诺的社会测量法程序比较简单：实验者首先设置一种情境，让群体中所有个体按自己的愿望，选择（或拒绝）自己的工作（或游戏）伙伴，然后分析彼此间吸引与排拒的心理关系，并绘成社交关系图。这种社交关系图，有助于了解个体在群体中的社会地位、适应性、领导能力、以及成员彼此间吸引或排斥的心理。另一方面，对于群体的特性，诸如群体构造、群体的分化、群体的领导作风（民主或专制）、群体的凝结性、对外压力的抵抗、气氛的高低等，也可以从其社交关系图中看出来。因此在国外，社会测量得到了广泛应用。

社会测量的程序首先是确定标准，即指出群体成员彼此选择的问题，例如："你愿意与谁在一起工作"，"你认为谁最适合当领导"等。标准有强弱之分，强标准对被试者有重要意义，并且长时间起作用，如"你愿意和谁一起工作"就是强标准，它关系到选择什么人长期共事。弱标准是短期内的选择，起作用的时间很短，如"你愿意和谁一起去出差或旅游"。其次是选择数量，被试者的选择可不受数量限制，也可以规定选择的人数。无论哪一种都要规定选择的顺序：第一选谁，第二选谁，最后选谁。再次是实验的准备，主试者要了解被试者的情况，与他们建立合作融洽的关系。

测量结果可以用人际关系矩阵表来表示，也可以用人际关系结构图来表示。人际关系矩阵是一种标识人际关系状况的行列表，是根据群体中总人数而制成的 n×n 的行列表，表内记入成员的选择关系和排斥关系，最喜欢的记 3 分，其次 2 分，再次 1 分。同样，不喜欢的依据程度记 -3 分、-2 分、-1 分。从表中可以一目了然地知道群体中诸如人际关系、群体气氛等方面的状况。如在表6－1所示的结果中，我们可以清楚地看到，A最受人喜欢，F最不受人喜欢。把各项加以综合，还可以反映每个人的总的好恶情况。

表6－1　　人际关系矩阵表

选择者	A	B	C	D	E	F
A		3	2	1	－1	－2
B	3		2	1		－2
C	2	1		－2	3	－1
D	2	－1	1		3	－2
E	3	2	－1	1		－3
F	1	－1	2	－2	－3	
分类合计	＋11	＋6/－2	＋7/－1	＋3/－4	＋6/－4	－10
总数	11	4	6	－1	2	－10

把彼此间喜欢和不喜欢的关系用图来表示，称为人际关系图。图中小圆圈内的字母代表成员的代号，实线表示友好关系，虚线表示否定关系，箭头表示方向。如图6－7所示。人际关系结构图把群体内人际关系状况反映得一清二楚。运用社会测量法可以了解群体内三个方面的问题：群体中最受欢迎的人，有无非正式小群体，非正式群体中的领袖人物，谁的人缘好，谁最受孤立等。社会测量法广泛地应用于工厂、机关、学校等群体，可以为领导者调整人事关系和选拔人才时参考。

社会心理学家塔旧里（R. Tagiuri）曾就莫里诺的社交测量法加以扩大，添上主观判断的项目，以进一步分析人际关系，称为关系分析。他以面对面的一个小的群体成员为对象，要他们回答下列四种项目。

1. 举出你所喜欢的人。

2. 举出你认为喜欢你的人。

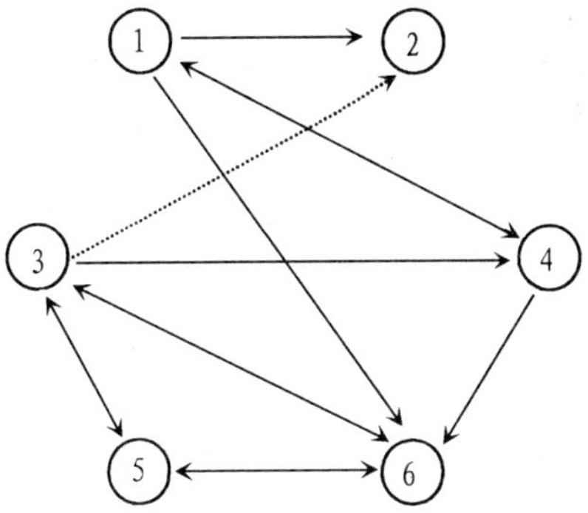

图6－7　社会测量人际关系举例

3．推测群体中谁喜欢谁。

4．推测群体中谁被谁所喜欢。

结果发现对于第二项目（我认为某某人喜欢我），判断正确的人较多，而对于第三项目"谁喜欢谁"的判断，往往并不一定正确。另一方面，能正确推测"谁喜欢谁"的人，也不一定能正确地估计"谁喜欢我"。

此外，塔旧里所发现的一般现象为：

1．在人际关系中有相互适应的知觉现象，即由于自己喜欢他，所以也认为他喜欢我。

2．在群体内，人缘好者，适应他的人超过了他本人的估计数；而人缘不好者，适应他的人则低于本人的估计数；中等人缘者，自己的估计数较为准确。

3．各人都有夸大估计自己所选择的对象人缘好的倾向，认为自己所选择的对象，别人也都会选他。

我们在日常生活与人交往中，假如没有被某某人所喜欢及接纳的客观事实，我们就不太可能有"某某人喜欢我"的主观认知。毫无事实根据的主观认知，将导致人际关系判断的错误，而使我们的人际交互作用遇到许多困难。人与人的沟通是获得正确人际关系情报不可缺少的过程，只有沟通，才能使个体的行为建立在正确人际认知的基础上，以便做出正确的行为决策。

人际关系的测量除了社会测量法外，还有行为测量法、动机选择法、两步测量法等。

三、改善群体中人际关系的途径

改善群体中的人际关系应从管理者和被管理者两个方面入手。首先，要建立一个作风正派、办事公道、密切联系群众的领导班子，一个群体中领导班子的思想与作风，是影响群体人际关系的重要方面。其次，领导者要做好群众细致的思想工作。思想工作是群体建立良好人际关系的重要手段，思想通了，就会明理气顺，感情融洽。再次，要创造有利的群体环境和交往氛围，促进成员间的交往，一方面要让成员了解群体的目标，鼓励大家创造出一种团结协作的气氛。另一方面要加强成员之间的信息和感情交流，也可以组织必要的文娱活动，增加相互之间的了解。

对于群体成员应自觉加强修养，与他人发展良好的人际关系。首先要树立正确的世界观和人生观，对集体、他人和人与人之间的关系有正确的认识。其次要注意自身的性格锻炼。此外还要注意提高自身的交往技巧，交往是一门学问，需要自觉地学习和锻炼。

群体成员良好的人际关系是增进群体效率的重要原因之一。而对人认知的正确与否，则又影响人际关系的好坏，尤其是领导者，如果不能洞察成员间的真正需求与感情，则无法建立群体内良好的人际关系。有些人好像天生善于体会别人的心意，但多数人往往太关心自己的地位与安全，只想引人注意，只想影响别人，以致于与人交往时不能倾听别人的意见，而导致许多误解，或有意、无意地伤害到别人。

对于我们个人来说，在实际生活中，总是希望自己在群体中有好的人缘，即有一个较好的人际环境，以利于自己的学习和工作。这是我们学业或事业能否取得好的成绩或业绩的重要条件，也是衡量一个人生活质量高低的重要指标。因为高质量的生活，首先应当是精神的。如果一个人在单位里人缘不太好，或者威信不高，人为的学习和工作的难度自然会增大，其惬意或愉快的心情的频率和时间也会减少。那么怎样才能使自己在群体中具有较好的威信呢？以下几点是应该注意的：

一是在学习或工作中，应刻苦努力，有好的学习成绩和解决实际问题的能力，这是取得别人好感和信赖的基础条件之一。

二是为人诚实、忠厚、正直、表里如一。不口是心非；不参与拨弄是非、制造传播“小道消息”、损害别人形象的活动；不卷入无原则的是是非非的争吵；不陷入人际矛盾的“漩涡”之中。

三是不计较别人对自己的“评价”，尤其是听到别人的非议、甚至与事实有出入时，也不必大动肝火，应把精力集中在自己的学业或事业上。即“不管天晴亦阴雨，吾心坦然工于事”。而平和的心态、冷静地思考、理智地处置将帮助我们逐去头上的阴霾。

四是乐于助人，但不阿谀媚人，亦不无故施小恩小惠于他人。因为媚人，易为人所轻视；小恩小惠会被人误解为有所求。

五是团结人要普遍。一视同仁，不厚此薄彼；平等待人，不搞人身依附或拉拉扯扯。

六是坚持与人为善，不苛求别人。不拿别人短处比自己长处。

七是不过多考虑或追求自己的利益得失，乐于为集体利益奉献并做必要的牺牲。

八是不表白、不张扬，相信历史是公允的。

九是胸怀宽广。绝不对过去某个同学或同事的失误或“失礼”而无法释怀。过去的事就让它过去，着眼于明天、着眼于未来，化消极因素为积极因素。切莫加深或激化矛盾，形成尖锐的对立面。

十是注意掌握良好的为人处世方法。热情而不虚伪、精明而不圆滑，坚持原则而又不乏必要的灵活。

人际交往的能力是可以通过训练得以提高的，下面介绍提高交往能力的两种方法。

1．感受训练法。感受训练或叫实验室训练法。其方法不一，通常为十二三名受训者集于一堂（实验室或远离日常工作场所的某一地点），加上一名指导者（通常为心理学家）及一名助手，时间短者一至两周，长者三至四周，没有特别的任务，也没有一定的议题，只许他们自由交谈有关目前在身边（此时此地）所发生的事，不涉及工作上以及观念上的问题。

这项训练采取非指导性、未经组织的群体自由讨论方式，因此受训者往往不知何去何从，逐渐陷入不安、焦躁、厌烦、不快等情绪状态。根据布拉德佛（L. P. Bradford）等的分析，受训者在训练的集会开始三至六小时后，即发现两种事实，那就是：①要谋求大家一致赞同的议题是相当困难的。②成员彼此不太注意倾听别人说的话。

由此，受训者便会体会到在一个群体中各成员对群体整体的关心远不如对自己本身的关心，这种体会将使受训者了解，为什么公司的委员会在讨论问题时，很难统一成一致的论点，或者某些人为什么经常在讨论会中离题谈论私人的事。

受训者因面对（此时此地）情绪混乱状态，慢慢地发现自己的真面目，而平时对自己的愤怒、不安等情绪都是不太愿意承认，或压抑不表达出来。了解自己，同时也看着周围的别人跟自己一样陷入痛苦的情绪状态，于是逐渐能够体会别人的感情。

当然，在我们的现实生活中，要组织或参加这样的感受性训练是比较困难的。但我们还是可以采取经常性的心理疏导、纪律约束等办法，增强群体内人员的集体观念，关心维护集体利益。同时，引导大家正确认识自己、逐步克服自私自利、损害集体的行为。这对于提高组织的凝聚力是有帮助的。

2. 角色扮演法。一个人的动机不同，在人际交往的过程中，假如每一个人都能够站在别人的立场，多替别人着想，势必可以减少很多不必要的误会与不愉快的冲突，而维持彼此和谐的人际关系。角色扮演法就是虚拟某些现实的问题场面，让一个人扮演各种不同的角色，站在不同的立场上处理问题，以期了解别人的需求与感受，而改善在人际关系中对人的态度。例如，让一个经理扮演下级的角色，听从别人的指挥执行任务，有助于他体验运用权威的命令口气使人感受到不愉快感觉，从而改变其说话的语气。让一个护士扮演病人的角色，整天躺在床上，可使她体会到病人忧郁的情绪，从而表现出较多的同情。而我们有时看到的让违章司机举着小旗帮助维持交通秩序，更多的是一种惩戒的性质，也使之体会交警的辛苦和违章给社会带来的危害。

第七章

群体心理与社会互动

荀子曾经说过，人生不能无群。社会与其说是由一些相互联系的个人组成，不如说是由众多的群体组成。人总是要属于、生活于或活动于一定的群体之中，从出生他就属于家庭的一员，随着年龄的增长，他进入了学校，成为班集体的一员，以后他又走上工作岗位。他还属于一定的民族，按照这一民族的风俗、习惯来生活。这些诸如家庭、学校、工作单位、民族、阶级、阶层等等都是群体。社会就是由个人组成的群体构成的。因此，一切社会行为不仅发生在个人身上以及个人与个人之间，也发生在群体之间。群体对个人有什么作用，个体在群体中有何表现，群体之间又是如何相互作用的，是社会心理学家十分感兴趣的问题。群体既作为人们生活的基本单位，又成为社会的重要结构要素，因而连结了人与社会，成为人与社会的桥梁。在群体中，人们获得了安全感、责任感，体验到了亲情、友情、关怀和支持。群体是个体的价值、态度及生活方式的主要来源。群体虽由个体组成，但群体心理并非是个体心理的简单相加，它是社会心理的又一个层次。在本章中，我们要讨论群体心理以及在群体环境下的个人行为。

第一节 社会群体概述

一、群体的含义和特征

在社会心理学的研究中，群体是一个专门的学术术语。一个群体不同于个体的简单集合，商店里购物的人群，公共汽车上的乘客都不是社会心理学意义上的群体。那么什么是群体呢？实际上群体概念的使用是非常广泛的，有人指出凡是按照某种特征而划分出来的人们的共同体，都可以说是群体①。所以群体可以是现实存在的，如家庭、班级、学校、各类组织等。群体也可以是假定的，即群体中所包括的成员彼此之间没有个人的接触，但是他们由于年龄、职业、性别、阶层等方面的原因，具有某些共同的社会心理特点。为了研究的方便，把他们划分为某个群体。所以也称为研究群体。我们这里的群体仅是指现实存在的群体。关于群体的定义，60 年代芝加哥学派的 E·W·伯吉斯在《人格和社会群体》一书中，将群体定义为“若干互动的具有特定人格的个体的集合”。纽科姆则认为“群体是由两个以上的相互分享有关特定事物的规范，并扮演密切制约社会角色的个体所组成。”也有人指出，要判断一个人群是不是群体的关键在于看它有无共同目的和相互间互动。在参照了诸多定义后，我们认为所谓群体就是为了达到特定目标，由若干人组成的相互依赖、相互影响的人群结构。一般认为群体具有以下特征。

1. 群体有一定的结构，有比较稳定和明确的成员关系。如沟通结构、活动结构和人际结构等。他们有分工、有协作，在行

① 孙晔 李沂等《社会心理学》，科学出版社，1987 年版，第 350～351 页。

为上相互影响、相互依赖，能够彼此感到他们是联系在一起的一个整体。群体不同于乌合之众，群体成员间稳定的明确的关系通过一些标志与群体外的人区分开来，并使群体内成员间关系明确。如同部队的战士穿着一样的军服走在一起，不但使外人认为他们是军人，而且会使他们自己彼此产生一种一致感。乌合之众的最大特点是众人之间没有必然的明确的关系，只是空间上较为接近而已。

2. 群体成员之间具有互动的关系。群体成员之间的关系可能是长久的，也可能是临时性的，但他们有一个共同的特点就是具有相互之间的互动关系。而这种互动经常是面对面的、直接的。

3. 有较一致的群体意识和规范。意识是指群体成员在长期的共同活动和彼此交往中，形成的一种关心群体存在和发展，与群体荣辱与共的思想感情。规范是群体成员互动和开展活动遵循的准则。它除了包括社会所通行的一般准则之外，还有仅为本群体所特有的某种特殊的要求。群体的意识和规范是在群体成员交往过程中产生和形成的，它超越于个体意识之上，制约和规定了群体行为，它使群体内外有别。群体意识和群体规范对群体的巩固和发展具有重要的意义。

4. 他们有共同的目标和活动。群体成员之所以结合在一起，是为了达到某种目的或满足某种需要。为了达到目的，在群体意识和群体规范的作用下，社会群体随时可以产生共同一致的行动。

二、群体的类型

群体是各种各样的，家庭、学校的班级、工厂的班组等都是群体，有时因为特殊的原因暂时结合在一起的几个陌生人也可以形成一个群体，我们可依据不同的标准将社会群体划分成不同的类型。一般而言，有以下四种分类法。

1. 依据群体的实际关系状态或者亲密程度分为初级群体和次级群体。这是最典型、最普遍的分类。所谓初级群体，又叫直接群体、基本群体或首属群体，指的是其成员相互熟悉、了解，因而以感情为基础结成亲密关系的社会群体。初级群体人际关系密切，互动形式是面对面直接交往，互动频率很高，个体成员的个性得到全面体现。典型的初级群体有家庭、邻里、朋友和亲属等等。复杂组织中的一些非正式群体，如工厂中的工友小集团、学校里的兴趣小组等也属于初级群体。所谓次级群体，又叫间接群体或次属群体，指的是其成员为了某种特定的目标集合在一起，通过明确的规章制度结成正规关系的社会群体。在这类群体中，成员间的感情联系很少，互动以间接为主，人与人之间的关系主要是工作关系，私人生活很少有人过问。其典型是各类社会组织，如政府部门、学校、企业等。

2. 根据群体的组织化程度，分为正式群体和非正式群体。正式群体是指那些有明确的规章、成员的地位和角色、权利与义务及彼此间的关系都有明确的规定，其成员间的互动采取制度化、规范化的方式，并常常是书面形式的规定。正式群体主要指一些政治、经济、军事、文化组织。非正式群体是人们在交往中自发地组织起来的。人们在交往过程中，由于有共同的兴趣、共同的观点、共同的感情、共同的目标等等而自愿结合在一起，就自然形成了非正式群体。非正式群体可以是在正式群体之内，也可以是在正式群体之外，或是跨几个群体。有时一个正式群体之内有许多非正式群体。非正式群体主要包括一些同辈群体、游戏群体和兴趣小组等。社会心理学研究与社会生活实践都证明，在正式群体中总会存在着非正式群体，非正式群体在一定程度上会影响正式群体，这种影响可能是积极的，也可能是消极的。

3. 根据群体成员的归属，可以划分为所属群体和参照群体。

前者指的是成员所处的群体，后者指的是被成员用来作为某种参照对象，并对成员的态度、认识发生重大影响的非所属群体。个人参加的每一个群体并非都能成为这个人的参照群体。个人经常把自己的行为与参照群体的规范进行对照，若不符合这些规范就改正自己的行为。根据成员不同的参照需要，会形成不同的参照群体。如一个落后农村的女青年所处的群体有农村中的伙伴群体和家庭群体等，而她们的参照群体可以是城市里的摩登女郎，羡慕她们在衣着、观念、行为上的开放和新潮；也可以是以一些富裕地区的家庭为参照，渴望自己的家庭能像他们一样，住房宽敞，生活舒适。

4. 根据群体形成的原因，可以把群体分为血缘群体、地缘群体、业缘群体、趣缘群体和志缘群体。基于成员间血统或生理联系而形成的群体叫血缘群体，包括家庭、家族、氏族、亲戚等具体形式。血缘群体历史最为悠久，家庭作为血缘群体的典型，是社会中最普遍、最基本、最特殊的初级群体，对人的成长影响最大。基于成员间空间或地理位置关系而形成的群体叫地缘群体，包括邻里、乡里、社区等具体形式。这类群体的出现比血缘群体要晚。比较稳定的、牢固的地缘群体是人类采取定居形式后的产物。基于成员间劳动与职业的联系而形成的群体叫业缘群体。包括各种各样的社会经济组织、政治组织和文化艺术组织等等具体形式。这类群体的出现是生产力日益发展、社会分工越来越细、阶级社会逐步产生的结果。趣缘群体是由于人们的兴趣相投而结成的群体，既包括儿童的游戏群体，也包括成人的娱乐群体、俱乐部、兴趣小组等。这是人们为了满足各种精神需要而结成的各种群体。志缘群体是由于人们的志向或信仰相同而结成的群体，如政党、宗教团体等。

5. 根据群体的规模可以把群体分为小群体和大群体。小群体是指相对稳定、人数不多，为共同目标而结合起来的，成员之间具有直接的面对面的互动的群体。群体的大小是相对的，社会心理学对群体大小的划分提出了一个标准，这就是群体成员之间是否有直接的面对面的接触和联系，凡是有直接的面对面的接触的就是小群体，如家庭、工作小组、班级等，小群体一直是社会心理学十分感兴趣的课题。大群体是指群体成员之间以间接方式相联系的群体，可以进一步分为不同形式和不同层次的群体。如国家、民族、阶级、阶层、职业群体、社区群体等，可以作为社会心理学专门研究的对象。

此外，还有外群体与内群体、先赋群体和后致群体、实体群体和统计群体、、松散群体和联合群体等之分。我们可以根据实际情况采用不同的分类方法。

三、群体的功能

关于群体的功能，可以用一句话来概括：群体是个人与社会的中介。以下分别从社会群体对于个体、对于社会的贡献两方面来解释。

1. 从社会成员个体的角度而言，群体主要有两个功能。首先，群体能够满足成员个体的基本需要。作为群体成员交流感情、发挥个性和开展活动的场所，群体能够满足人的群居的需要、安全的需要、爱的需要、自尊的需要、自我表现的需要、谋生的需要等。群体所具有的一致行动的能力，能使个人通过实现群体目标获得自己单独无法取得的利益。如家庭这种初级群体可满足人的生理需要、感情需要；企业组织能满足人的生存、发展需要。其次，群体是个人进行社会化的全部的、唯一的途径。无论是初级群体还是次级群体，都对一个人从生物人转变为社会人，适应并承担社会角色发挥重要的作用。初级群体承担着重要的社会化的任务。个体的社会化内容有很大一部分是在初级群体中进行的。特别是在未成年期，基本的社会化场所就是初级社会群体。家庭的教育、邻里、伙伴的影响，对于一个人适应社会的行为方式、价值观念以及个性的形成，有着深远、持久的作用。次级群体对人们的行为及心理活动也有重要的影响。事实上，每个人在成长的很早时期就进入了一定的次级群体，就承担起了一定的初级群体范围以外的社会角色。在现代社会中，这种作用尤为明显，象学校的教育、各种职业的培训等，对一个人胜任社会角色，培养合格社会成员必备的知识和技能有重要的作用。

2. 从社会角度而言，群体主要有三个功能。首先，群体是社会存在的标志。个体的人通过组成群体而构成社会，因此从某种意义上而言，是群体构成了社会，而非个体的人直接构成了社会，群体的形成是社会存在的标志。其次，群体发挥了维系社会秩序的作用。作为基本的社会生活组织形式，社会群体一般不会随着个别成员的退出和死亡而消失，其活动持续下去，就是在传递着某种规范和价值准则，从而起到积累和延续社会价值规范的作用。不但如此，群体还通过把社会的伦理道德、风俗习惯等内化为社会成员的行为规范和角色内容，从而发挥社会控制效力，维护社会秩序。群体还有促进社会发展的作用。作为初级群体的典型，家庭的幸福和美满是促进社会稳定和发展的前提。次级群体主要通过有效地发挥其独特的政治、经济、文化等功能传承文化，推动社会的发展。还有，群体功能的分化促成了社会结构的分化。社会群体的演进，反映了社会结构由简单到复杂、由单一到多样、由集中到分散的分化过程。它的分化必然引起原有社会结构形式的变化。比较典型的例子是在社会结构演进过程中，家庭群体起到的独特意义。最初，家庭集婚姻生活、养育儿女、赡养老人、教育、经济、宗教、政治等功能于一身。随着社会的发展，家庭的功能日渐趋于纯化，它的满足人的生理、感情、养育、消费等功能加强了，而其它功能则分给了社会上的教育组织、生产组织、政治组织、宗教团体等，因而促进了次级群体的发展，加剧了社会结构的分化。

第二节　群体规范与群体凝聚力

群体规范和群体凝聚力是群体非常重要的特征。那么，如何理解群体规范？影响群体凝聚力的因素都有哪些呢？了解这些问题，对提高群体的活动效率是十分重要的。

一、群体规范的概念与功能

群体规范是群体成员互动和开展活动所遵循的行为标准，是群体对其成员行为的共同期望。这些标准为群体每个成员所公认，而且是每个成员必须遵守的。群体规范主要有风俗、文化、习惯、道德、舆论、公约、准则、法律等行为规范及各种不同的价值标准。群体规范可能是在群体内正式规定的、成文的，也可以是自发形成的、不成文的规定。无论是成文的，还是不成文的，群体规范都潜移默化地影响着个人的行为及人格的发展。

群体规范一旦形成，就要反过来对群体发生作用，这种作用是广泛的，持久的，深入的。没有群体规范，共同活动就不可能进行。群体规范的功能体现在以下几个方面：

1. 维系群体的整体性。一方面，群体存在的形式是它的整体性，这种整体性表现在群体成员的行为、感情和认知的一致上，群体规范就是这种一致性的标准，它把群体整合为一体。没有群体规范，群体成员就无法相互理解和共享所传递的信息、经验和情感，群体活动也就无法进行。从另一方面来看，群体是由许多人结合而成的，要维持其整体性，使其存在下去，就需要有一定的准则来约束成员，而成员也正是依据这种对准则的认同，相互一致起来，形成一个整体。

2．使成员认知标准化。群体规范就是一致性的标准，它体现着群体的整体性，统一着群体成员的意见和看法，调节着他们的行为。这种统一群体成员意见、看法、判断、评价的功能就是群体规范的认知标准化功能。它是群体成员的行为准则，群体成员以此来评价自己和其他成员的行为。既使有个别人持不同意见，但由于规范的压力和个人的从众性，也势必使其与规范保持一致。因此，群体规范在群体成员的共同活动中一经形成，便具有一种公认的社会力量，并不断内化为人们的心理尺度，成为对各种言行的判断标准。

3．对群体成员的行为进行定向和约束。群体规范对群体的约束作用主要表现在群体舆论中,当某些群体成员的行为举止与群体规范相矛盾时,多数成员会根据群体规范对这种行为做出一致的判断或结论,这种带有情绪色彩的共同意见对个人的行为具有约束作用,使之不至于违反群体规范。群体规范不仅约束着成员的认知和评价,而且还指示了人们满足需要所采取的方式和相应的行为目标,从而规定了人们日常行为的范围和准则,使他们表现出一定的群体行为特点。也就是告诉人们应该做什么,不应该做什么。

4．群体规范使群体内外有别。群体规范一般为群体内部成员所熟知，而群体外的人则不大熟悉，即使知道也不必去遵从。群体规范体现着群体的特征，使群体在观念、行为、衣着、神态等方面采取内外有别的形式，增强本群体成员的认同感、归属感。

群体规范对人的行为的约束作用在现实生活中随处可见。中学校规校纪中规定：不允许中学生在校期间谈恋爱。这是对全体中学生整体上的要求。学生们一进校，领导和老师就三令五申这条规定，这使中学生们认为：谁谈恋爱就是违反校规，就是大逆不道的事情。因此，男女生尽量限制交往，一旦某些早熟的学生对异性产生了好感，也只能压抑在心，任其自生自灭。如果有的学生胆敢“光明正大”的谈起恋爱来，那一定会遭到来自老师、父母和其他同学的嘲笑和批评。总之，这条校规使中学生们从心理到行为都受到了定向和约束。而如果一个学生在完成了九年义务教育，走向了社会后，他们就可以自由地谈恋爱而不再受原来群体规范的约束。可见，“不允许中学生在校期间谈恋爱”这条规定把在校生和走向社会的青年区别开来。

群体规范也有消极作用，具体表现在它的惰性上。因为规范是一种多数人的意见，它要求成员行为趋于中等水平，它约束人的行为，就是为了把人们的行为限制在一个中等水平上，既不能过于积极，也不能过于落后。这样，规范就会限制人们的积极性和创造性。此外，群体规范的效用也有一定的范围，如果规范压力超出群体多数成员所能承受的程度，规范的效力就会消失殆尽。如老老实实地种地是传统农民的规范，谁要干起经商等非农产业的营生，会被认为不务正业，遭到舆论的谴责。这种规矩长期以来限制了农民从土地上的解放和社会流动，扼杀了他们从事非农产业的积极性和创造性，使农民固守贫穷和落后。改革开放以来，由于市场经济的形成和非农产业利益的强大拉力，农民已经冲破旧有的观念信条，大胆地从事经商、建筑、运输等行业，不但使旧的规范作用失效，而且大大促进了农村社会的发展。

二、群体规范的形成

群体规范的形成是群体规模、结构变化的结果。在小规模的群体里，成员之间的直接的、面对面的互动关系是可以维持的，这是小群体情绪、气氛、状态的决定因素。而在较大规模的群体里，成员之间不再有可能维持直接的互动机会。成员关系的间接性表明，群体结构的维持和活动的开展，必须依赖于一种非情感特征的，较正式的规范。群体规模的扩大也使得成员之间的“社会空间”增大，社会活动范围拓宽。由此，成员个体对情境、对他人行动的理解和反应就有了多重性。由于这种多重性，成员的行动与观念的一致性程度开始降低，若没有一种或一系列超越于个体之上，超越于情感成分之上的规范、价值观或信念，群体就不可能维持。可见，正是群体成员关系的间接性和多重性导致了群体规范的形成，从而使规模扩大、结构复杂的群体得以维持和发展。在日常生活中，规模越大、结构越复杂的群体，其纪律、公约、准则等规范越是标准化和细致化。

群体规范的形成受社会标准化的心理因素的影响。人们在共同活动中，其心理存在着一种社会标准化的倾向，即人们在对外界事物的共同认知和判断上，发生类化过程，彼此接近，趋于一致，从而导致模式化，固定化，以便于遇到同类事物时做出尽快的反应。

群体规范的形成还与模仿、暗示、从众、服从等心理因素的影响有关。群体规范的形成是受模仿、暗示、顺从等因素影响的。因为群体在讨论时，一个人必然要受到其他人意见的暗示，从而形成自己的判断，或者少数人在大多数人意见的压力下，为了避免自己被孤立而受到其它成员的另眼相看，从而产生遵从、模仿他人，再现他人的行为和意见，形成统一的群体规范。如“尊老爱幼”这一中华民族的传统美德能够家喻户晓、深入人心，从某种程度上而言，既是社会标准化的结果，也是受到以上心理因素影响的结果。

在现代社会，群体规范的形成还与社会认知有密切关系。所谓社会认知指的是对人及其行为的认知。社会认知包括感知、判断、推测和评价。其过程是社会知觉、社会印象、社会判断，其基础是人与人之间的利益。正是群体中成员在追求各自利益最大化的基础上，通过理性的感知、判断和评价，才制定了群体规范。许多大公司、大集团内部的规范基本上是在理性的考虑到各自利益合作的基础上制定出来的。

三、群体凝聚力

群体凝聚力是群体成员被群体吸引并愿意保留在群体中的程度，是群体吸引其成员，把成员聚集于群体中并整合为一体的力量。群体凝聚力表现在成员的心理感受方面，即认同感、归属感和力量感。认同感就是群体成员对一些重大的事件和原则问题保持共同的认识与评价。认同感对个人的认知给以知识和信息。归属感就是指每个成员在情感上加入群体，作为群体的一员，具有“我们”和“我们的”这种情感。归属感给个人情感上的依据。力量感是指当一个人表现出符合群体规范的行为时，群体就会给他赞许和鼓励，以支持其行为，从而使他的信心增强，决心更大，行为得到进一步强化。力量感给个人以力量，使个人的活动能坚持不懈。由于群体各种各样，群体与其成员的关系以及所在环境的不同，群体凝聚力也有很大的区别。

群体凝聚力对成员的作用，表现为增强群体对其成员控制力，增强群体成员的自信心与安全感，促进群体成员的人际关系协调一致。沙赫特曾研究了凝聚力强度显著不同的两个群体，他让两个群体的成员各自讨论解决一个问题。在讨论的过程中有三个实验者助手充当假被试，扮演不同的角色。其中一个故意表示赞同群体意见，一名故意先发表不同意见，而后同意群体意见（从众者）；另一名则自始至终坚持不同于群体的意见（异议者）。结果发现，上述两个群体的许多成员都试图改变异议者的初衷，一旦发现异议者顽固地坚持自己的观点，就对他不理睬，甚至将他排斥于群体之外。

凝聚力强的群体能控制成员的行为，对群体的工作效率有很大的影响，沙赫特研究发现，群体凝聚力与群体工作效率存在着复杂的关系。他通过控制不同的实验情境把被试分成五个组：

①强凝聚力 + 积极诱导
②强凝聚力 + 消极诱导
③弱凝聚力 + 积极诱导
④弱凝聚力 + 消极诱导
⑤对照组

各组的任务是生产棋盘，凝聚力的强弱由指导语的控制而产生，积极或消极的引导是用群体其他成员写的纸条递给被试，要求增加或减少生产。对照组是在没有上述两种控制下从事生产。实验分成两个阶段，第一个阶段共 16 分钟，对四个实验组均不进行诱导，只给以中性纸条；第二个阶段共 16 分钟，每个实验组被试均收到 6 次诱导。研究结果表明，实验的第一阶段，各组成绩并无差异，而在实验的第二阶段，凝聚力的强弱与不同的诱导产生了两种明显不同的效应。积极诱导能提高生产效率，特别是对强凝聚力的组作用更大。消极的诱导则会降低生产效率，对弱凝聚力的组作用更大。这一研究结果显示了群体凝聚力受诱导影响的倾向。如图 7－1 所示。

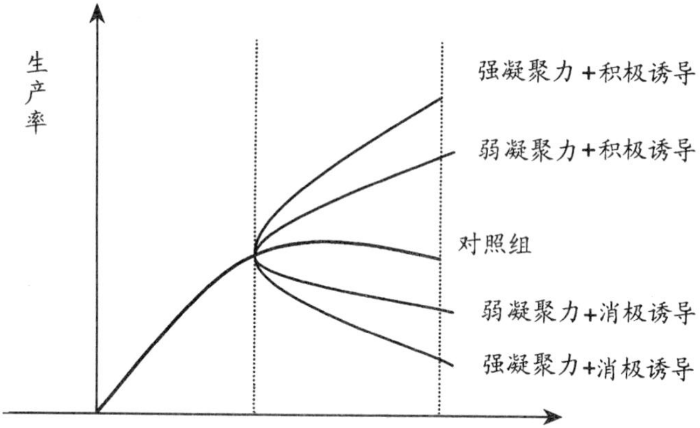

图 7－1　群体凝聚力对工作效率的影响

这一结果说明，要提高任何一个群体的工作效率，最重要的是要引导群体向正确的方向发展，若方向不正确，群体的凝聚力越强，由于小团体主义的影响越有可能阻碍群体工作效率的提高。

那么，有哪些因素影响群体的凝聚力呢？一般认为影响群体凝聚力的因素主要有以下几个方面：

1. 目标整合。群体是由不同个体组成的，群体有群体的目标，个体有个体的目标，如果群体成员的任务互不相关，就会削弱群体凝聚力；相反，把个人与群体的任务目标统一起来，达成一致，就会增强群体的凝聚力，这称为目标的整合。群体目标的整合包括两个方面，一是把这一目标的不认同者排除在外，从而明确地划分了群体的界线。如篮球队，不爱打篮球的首先就应该排除在外。队员们一致认可成立篮球队的目标是满足爱好，提高球技，并愿意遵守训练的一系列规定，那么，篮球队这一群体的凝聚力必然会增强。二是群体目标要满足群体成员的需要与愿望，使个体目标在群体内得以实现。对群体成员来说，个人的目标必须与群体的目标相一致，当两者发生矛盾时，应以群体利益为重，修正或确立个人目标。

2. 群体的领导方式。首先，不同的领导方式，对群体凝聚力有不同的影响。在民主、专制和放任三种领导方式之间做比较，就会发现采用民主领导方式，比另外两种方式能使群体成员之间更友爱，思想更活跃，群体的凝聚力也更强。其次，领导的激励机制也很重要，不同的激励方式，对群体成员的情感和期望有不同的影响，采用个人和群体相结合的激励方式，有利于增强群体凝聚力。此外，领导的能力、品行甚至人格魅力都会对群体凝聚力产生重要作用。

3. 群体内人际关系。良好的人际关系，会产生较大的吸引，能增强群体凝聚力，而紧张的人际关系会削弱这种吸引力。群体成员的志趣相投和心理相容是影响群体内人际关系的两个重要因素。

志趣相投是指群体成员在动机、理想、志向、信念、兴趣、爱好等方面基本一致。共同的志趣可以保证群体成员拥有相似的态度和协作互助的精神。在一个志趣相投的群体中，彼此之间能够激发工作热情，增进相互间的信息沟通，增强凝聚力。

心理相容是指群体中成员与成员之间、成员与群体之间相互吸引、相互尊重、和睦相处。心理相容是群体具有凝聚力的心理基础，在心理相容的群体里，为群体成员创造了积极乐观的心理气氛，使成员保持良好的心境，有利于积极性和主动性的发挥。心理不相容表现为相互排斥、相互猜疑和相互攻击，必然降低群体的凝聚力。

此外，群体成员年龄、职业、社会地位、文化背景、利益等方面的相似性，在性别、性格、气质、能力等方面的互补性，以及群体成员能否经常地进行深入的沟通和交流，也是影响群体内聚力的重要因素。

4. 外界影响。外部的压力和威胁，能够在一定程度上提高群体的凝聚力。社会心理学研究证明，无论这种外部压力是积极的（竞赛、竞争、评比等）还是消极的（批评、处分、破产、兼并等），都会显著地提高群体的内聚力。外来的威胁和与周围其它的群体竞争，会增强群体成员的认同感与归属感，使他们联合起来一致对外，从而提高了群体的凝聚力。“兄弟阋于墙，对外共御其辱”，正是这个道理。

除了以上主要因素之外，群体规模的大小以及群体的结构、运作方式等因素也对群体的凝聚力有一定的影响。

通过对影响群体凝聚力因素的分析，我们可以发现，要提高群体凝聚力重要有以下途径和方法：第一，要加强领导班子建设，特别是要提高领导者的管理水平，改变传统的领导方式，实行民主领导，对领导的素质、品行要有高要求；第二，设置合适的目标，使个人与群体的任务、目标相一致；第三，因地制宜地采取有效的奖励办法，提高群体成员的主人翁意识，使每个成员都关心群体的生存和发展；第四，重视感情的交流，通过改变组织的沟通结构，为成员之间创造各种经常进行沟通和交流的活动，培养成员的群体意识和成员间良好的人际关系；第五，适当地利用外部压力，开展群体间的竞争，在社会上营造一种公平竞争的氛围等等，都有利于群体凝聚力的提高。

第三节　群体对个体行为的影响

群体具有动力的功能，群体本身的特点对社会和群体中的个体行为发生着多方面的影响，使个体在群体中的行为不同于个体独处时的行为，本节重点探讨个人在群体情境下常见的一些心理现象。

一、群体压力

群体对个体的影响在很大程度上是群体压力形成的。群体压力是群体对其成员的约束力。群体规范形成以后，群体就要求其成员共同遵守行为规范。对于群体行为准则的共同遵守，往往也是群体大多数成员的意向和愿望，这种多数人的意见就会产生一种无形的力量，使群体成员自觉不自觉地保持着与大多数人的一致性，这种力量就是群体压力。群体压力与权威命令不同，它不是由上而下明文规定的，也不是强制个体改变自己的行为，而是通过多数人的一致意见，形成压力去影响个人的行为。尽管群体压力不具有强制的性质，但对于个人来说却是一种难以违抗的力量。因为当一个人的意见与群体大多数人的意见不一致时，他就会感到紧张和不安，就会有一种害怕偏离群体而陷入孤独的恐惧感，而采取与群体大多数人的意见相一致的行为。

群体压力约束了群体成员的异端行为，有助于群体任务的完成及群体组织的存在和发展；群体的一致行为有助于增加成员的安全感，避免孤独和恐惧，当个体的观点和意见得到了多数人的赞同和支持，他就会感到得到了群体的欢迎和接纳，内心便产生了安全感。而对群体内少数固执己见的人则形成一种威胁，迫使他们接受群体压力。群体压力对个体也有消极的影响，其中最为突出的表现是抹杀个性，在一定程度上抑制了个体创造性的发挥。

群体压力对个体行为的影响，研究较多地是关于从众和服从现象。

1. 从众。所谓从众就是个人在社会群体的压力下，放弃自己的意见，在直觉、判断、信仰以及行为上采取与大多数人相一致的社会心理现象。从众有不同的表现形式：一种情况是个体没有自己的观点，抱着无所谓的态度，跟着大多数人走；另一种情况，个体有不同于群体其他人的看法，在群体的压力下，放弃自己的观点，改变了态度和立场。第三种情况是个体只采取了与众人一致的行为，内心里仍然坚持自己的态度和观点。这些情形都可以称为从众。第三种情况有人也称之为顺从。

为什么会产生从众现象，心理学家们进行了大量的研究。其中最有影响的是谢里夫和阿什的实验。

谢里夫在20世纪30年代初，利用“游动错觉”研究个人反应如何受其他多数人反应的影响。他让被试坐在暗室里，在其前面呈现出一个固定的光点，被试会产生游动错觉。让被试判断光点游动的距离。谢里夫发现，被试单独估计光点移动距离，个体间的差异很大，从一两英寸到二三十英寸。这是由于被试在缺乏可供参照的背景条件下，分别建立了自己独立的参照系统。而当许多被试在暗室里一起估计时，发现被试彼此的判断逐渐趋向一致。显然，这是受他人判断的影响而产生的结果。被试以别人的判断作为自己判断的参考依据，建立了共同的参照系统和准则规范，从而表现出了从众行为。

阿什在 20 世纪 50 年代多次做过关于知觉方面的从众实验，他所用的实验材料是 18 套卡片，每套两张，分为标准线段和比较线段（如图 7－2 所示），要求被试判断 a、b、c 三条线段中，哪一条与标准线段等长。被试共有 7 名，其中 6 人是阿什的助手，只有一人是真正的被试。而且总是安排在倒数第二个回答。18 套卡片呈现 18 次，前 6 次大家都做出正确的判断，从第 7 次开始，假被试故意做出错误的选择，观察真被试的反应是独立的还是从众的。

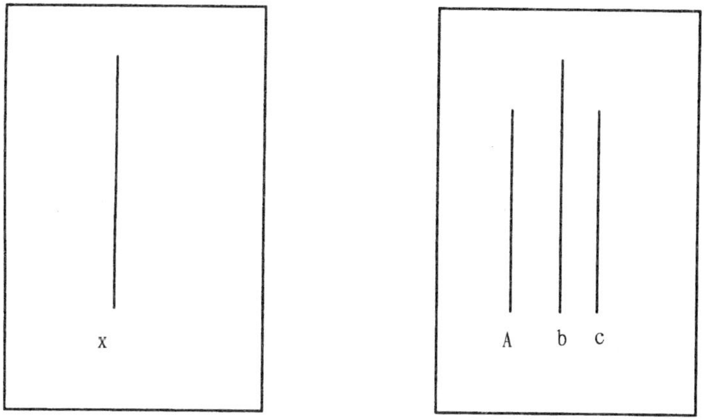

图 7－2　阿什从众实验的线段卡片

经过多次实验，得出以下结果：有 1/4～1/3 的被试保持了独立性，没有发生从众行为；有 15% 的被试在回答次数中有 75% 的从众行为；所有被试平均从众行为是 34%。

许多学者在不同的国家重复了这个实验，都得到了相近的结果。

阿什发现造成错误判断的原因主要有三种情况：

（1）知觉歪曲。被试把他人的反应作为自己认知的参照点，而不是凭借客观的标准去认知。

（2）判断歪曲。被试对自己的判断缺乏信心，虽然意识到自己与别人的差异，但相信多数人看到的总比自己正确，从而采取从众行为。

（3）行为歪曲。被试确认自己的判断是对的，而别人是错的。但不愿被他人视为越轨者，为求心安，在表面上采取了与他人一致的行为。

从众行为还与周围环境的性质和个人的心理特征有关。当群体内聚力较高，各成员目标一致，活动协调，群体对个人有较大吸引力，而个体在群体中地位又比较低，个人的心理素质不高时，个人容易出现从众行为。从众行为有积极作用的一面。如在社会生活中，许多人都参加捐献活动，个体在这个压力下也做了捐献，这是有积极意义的从众行为。从众行为也有消极作用的一面。当在青年群体中许多青年都抽烟的情况下，个别成员也会跟着抽烟。对从众现象的研究，有助于促进人们维护社会秩序和发扬良好的道德风尚，抵制不良的社会风气和消除不正确的思想观念。

在群体活动中，个人听从多数人意见的从众行为是大量存在的。但在某些场合下会发生众从行为，即群体中由于多数人受到少数人意见的影响，而改变原来的态度、立场和信念，转而采取与少数人一致的行为。我们日常所说的“一呼百应”的现象就是众从行为所致。众从行为的产生与少数派成员内部的特征和多数派成员内部的关系有关。少数派群体成员的态度和行为只有保持高度的一致性，对多数成员才具有影响力。少数派还必须具备行为上的符合时代精神的独立性，使多数派成员感到压力，促使多数派依从少数派。如果少数派成员中有权威人物，其影响力会大大增强。发生众从行为的多数派成员内部的关系具有内部意见分歧、缺乏群体凝聚力，以及多数派成员对遭遇问题的真实情况不明确等特征。众从行为往往是一种积极的新异行为，对众从行为的研究和探讨有利于社会的发展和变革，加速社会的发展进程，并妥善解决社会生活中的实际问题。

2. 服从。服从是社会生活中的普遍现象，我们在家服从父母，在学校服从老师，在单位服从领导，在公路上要服从交通警的指挥。人的一生处在无数的服从之中，很小的时候，我们就接受了服从的教育，在工作岗位上又不断得到强化，使服从成为我们的一种习惯。

社会心理学研究的服从，是指由于受外界压力的影响，而迫使个人按照社会要求、群体规范或者别人的愿望而做出的行为。这里的外界压力主要指两种情况，一是他人，二是规范。对老师、军官、领导的服从是对他人的服从，实质上是对权威的服从，如一切行动听指挥、下级服从上级等。群体成员对领导人物的服从是必要的，因为这可以使群体在统一指挥下成为一个有机整体，从而提高群体的活动效率，在紧急情况下，群体成员的服从行为就显得更为重要。另一种情况是在一定的有组织的群体规范影响下的服从，即对规范的服从。如遵纪守法，维护社会秩序等。个人在社会生活中总是隶属于某个群体，任何群体都有一定的规范和纪律，要求成员共同遵守，可见群体的规范对每个人来说都必须服从，否则就不可能有正常的社会生活。虽然服从对群体和社会生活具有十分重要的意义，也并非在任何场合都要服从。实际上社会心理学的研究和理论反对盲目的服从。毫无原则的服从，只会使人走向愚昧。

服从与从众有共同点，又相互区别。主要区别在于服从是被迫的，对行政命令、群体规范或权威人物意志的服从是无条件的。从众不是对权威或规范的服从，而是对舆论或群体压力的服从，从众也可能是违心的服从，但它不是执行命令，而是求得心理上的平衡。

如果一个人被命令进行违背自己良心的行为时，他会怎么办呢？如果权威的命令违反伦理道德，人们会不会服从呢？为了探讨这个问题，社会心理学家米尔格拉姆进行了一项很有影响并引起广泛争议的权威服从实验。

米尔格拉姆在报刊上刊登广告，公开招聘被试者，结果有40名不同年龄、不同职业的男性应招入选。实验者告诉他们要进行一项关于研究惩罚对于学习效果的实验。他们两人一组，由抽签决定一个人当老师，另一个人当学生，教师的任务是朗读配对的关联词，学生必须记住这些词，然后在教师呈现的四个词中做出正确的选择。如果选错了，老师就按电钮电击学生以示处罚。实际上，每组被试中只有一个是真被试，而且抽签时又总是当老师的那一个。当学生的则是实验者的助手。

充当学生和老师的被试分别被安排在两个房间内，中间用一堵墙隔开。在“学生”的胳膊上绑上电极，而且把“学生”用带子栓在椅子上，在实施电击惩罚时以防止他逃跑。

“老师”面前有一个巨大的控制台，上面有30个电钮，所标的电压从15伏增加到450伏。把每4个电钮分为一组，共7组，分别标有弱、中、强、特强、剧烈、极剧烈、危险等字样。另外两个电钮用×××表示。实验者首先请“老师”接受一次45伏的示范电击，虽说是很轻微的，但“老师”也已感到难以忍受。

实验开始后，“学生”故意出错，“老师”从15伏开始按照实验者的指示，每错一次就增加一次电压。从15伏到75伏，

“学生”对电击没有表示出反应，以后随着电压的升高，“学生”发出呻吟、抗议、尖叫、怒骂、哀求以致悲鸣，“教师”不忍心再继续下去，问实验者怎么办。实验者严厉督促“教师”继续实验，一切后果由实验者承担。

在这种情况下，有26名被试（占65%）服从了实验者的命令，坚持到实验最后，但表现出不同程度的紧张和焦虑。另外有14人（占35%）做了种种反抗，拒绝执行命令，认为这太残酷了。

米尔格拉姆的实验证明了当人们得到保证，不承担任何责任的情况下，会表现出毫无原则的服从行为。心理学家们进一步研究发现，以下因素与服从有关：

（1）命令者的权威性越大（如威望、权利等），越容易导致服从。

（2）服从者的道德水平越高，服从的可能性越小，人的世界观、道德观、价值观对服从具有明显的制约作用。

（3）米尔格拉姆对被试人格测验发现服从者具有明显的权威主义人格特征，他们重视社会规范和社会价值，主张对违反社会规范的人进行严厉处罚，他们往往追求权力和使用强硬手段，毫不怀疑地接受权威的命令，表现出个人迷信和盲目崇拜。

（4）情景压力的影响。在米尔格拉姆的实验中，没有一个人预测到被试会将电压升至450伏，但实际上有65%的被试这样做了。除了其它影响因素外，情景压力是重要原因。米尔格拉姆在实验中研究了权威与被试距离（如是面对面的在一起，还是通过媒介发生联系）对服从的关系，发现权威越靠近被试，来自外界的压力越大，服从率越高。反之，权威的压力会因距离的扩大而减小，正所谓“天高皇帝远”。所以，一个人想要拒绝别人的要求而又没有足够的勇气，一般不用面对面地说，而是以间接的方式来表达。此外，受害者的接近程度也是影响被试服从的重要原因，一个人对给他人造成的伤害越直接，他感受到的压力就越大，服从率就越低。距离越远越容易服从。

二、社会促进

社会心理学研究证明，个体在社会群体条件的刺激下，往往会采取完全不同于个体条件下的行为方式。一个人在从事某项活动时，如果有他人在场，就会对他形成一种刺激。这种刺激会影响他的活动效率，有时会促进活动的完成，有时会干扰活动的完成。社会心理学分别称为社会促进和社会干扰。

一个人从事某项活动时，有他人在场会促使活动的完成，提高活动的效率，这种现象称为“社会促进”，也称为“社会助长”。早在 1897 年，特普莱特（T. Triplitt）就研究了这种现象，他看到美国自行车运动协会的记录，发现在不同条件下，自行车运动员的成绩不同。竞赛的条件下成绩最好，有伴随者的条件下次之，无伴随者的情况下成绩最差。可见他人的存在提高了竞赛者的力量。群体对个体活动效率的影响表现为以下三种形式。

1. 观看效应。一个运动员或演员在大庭广众面前比赛或表演时，观众的存在，对他们具有极大的促进作用，促使他们发挥出最佳的才能。当然相反的情况也会出现，在有人观看的条件下，个体成员会意识到自己的行为被其他成员所关注，往往造成心理上的紧张，而做出错误的反应，如一个技术操作能手，在独自状态下，他操作自如，得心应手，但在众目睽睽之下，可能丢三落四，错误百出。一位新教师在上课之前，尽管做了许多准备工作，可是一上讲台面对全班几十名学生，马上感到紧张、心慌、手足无措；可见“观众效应”在不同的情况下有不同的效果。

为了解释这种现象，罗伯特. 查荣克（R. Zajonc）以动机和内驱力的研究成果为基础，在20世纪60年代提出了优势反应强化说。所谓优势反应就是指那些已经熟练掌握的动作或简单机械的动作，或不加思考就可以表现出来的习惯动作。有他人在场的情况下，一个人的动机水平会提高，优势反应就能够自然地表现出来，使活动更加出色。反之，对于需要动脑筋的或不熟练的活动，他人在场，其动机水平提高反而会产生干扰作用，降低活动的成绩。罗伯特．查荣克的这一理论可用图7－3来表示。

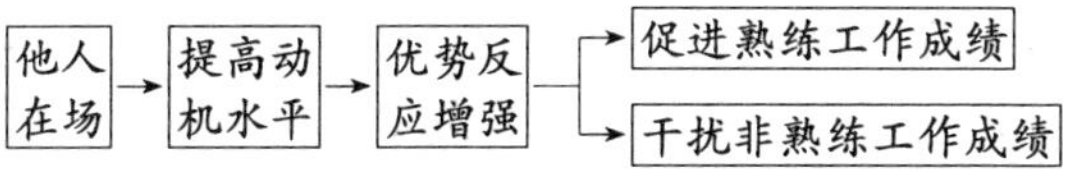

图7－3　他人在场对个体活动影响的过程

罗伯特．查荣克之后，许多研究者发展和深化了这一学说，有些学者指出，社会促进效果可能是通过活动者的竞争动机和对他人的评价的认知来实现的。一个人在成长的过程中会不断地受到他人的评价，并会逐渐地关注他人的评价，争取赢得他人的好评。有他人在场的时候，无论在场的人是否对活动者感兴趣，活动者都会认为他人正在对自己进行评价，于是提高了动机水平，从而产生促进和干扰作用。他人在场是否能提高动机水平受评价者身份和态度的影响，评价者越具有权威性、态度越严肃，对活动者的动机影响越大，也受活动者年龄和个性特征的影响。此外，活动者的动机水平还依赖于活动者知觉他的操作被别人评价的程度。

2．共做效应。在群体中共同活动，由于成员间的相互激励作用，可能比一个人的单独活动更有效率。十个能工巧匠，也许任何人都无法独自建一座房子，但彼此合作就能容易地建十栋房子。但共做并不是在任何情况下都能起到促进作用。共做并不是每个人力量的简单相加，也不是一个常数，共做效应的大小取决于人们结合或协作的方式。

社会心理学家通过研究发现，群体活动的实际效率常常达不到理论上应达到的效率。比如一个人每小时种 5 棵树，10 个人混在一起每小时就未必能种 50 棵。群体越大，每个人平均付出的劳动可能越小。有一个实验证明了这一结论，当一个人单独拉绳时平均用力 63 千克，若两个人一起拉只有 118 千克（减少了 8 千克），3 个人一起拉只有 160 千克（减少了 29 千克），而 8 个人一起拉的力量为 256 千克，比 8 个人单独拉的力量之和 504 千克少了 248 千克，反映了群体越大，个人出力越小的现象。此外，群体共做还存在一种“趋中”现象。

要发挥共做效应，提高群体效率，首先群体应该是一个存在着有机联系的和谐整体。从横向看，最佳共做效果的取得，要求群体内部必须有良好的相互关系；从纵向上看，群体内部必须有明确的奋斗目标，齐心协力是发挥群体优势、创造共做效果的前提。此外，在群体成员之间创造民主的气氛，也是提高群体效率的重要条件。

3．竞争与协作。在竞争激烈的大型比赛中运动员最能出好成绩，个人的爆发力常常是被对方逼出来的。每个人都有求成动机，就是希望把自己的才能与潜力发挥出来，这种求成动机在群体情况下，表现为竞赛动机；个人在群体情况下进行活动，不可避免地会产生被他人评价的意识，这种意识其实也是一种竞赛动机。在活动难度不大的情况下，这两种竞赛动机会产生强烈的推动力量，使群体产生一种社会刺激，促使个人在行为的速度和数量方面有所增加，形成一种争先恐后的现象，在社会心理学中称为竞赛效应。在社会活动中常把竞赛作为鼓励进取、提高活动积极性的有用手段。社会心理学家特别关注竞争与协作的研究，在群体中人与人之间既有竞争，也有协作。竞争是个体或群体的一方力求胜过对方成绩的对抗性行为，协作则是群体成员为了实现共同的目标而同心协力、相互促进的行为。在群体中,人际之间有时是纯粹的竞争,如各种竞赛,有时是纯粹的合作,那么在既有竞争又有协作的情况下人们又如何行为呢?许多实验证明,人们并不总是按照理想的策略来支配自己的行为。

社会心理学对这类现象做了大量的研究。其中有两个著名的实验,一是多伊奇(M. Deutsch)和克劳斯(R. Krauss)的卡车游戏,另一个是鲁斯(R. Luce)和莱法(H. Raiffa)的囚犯难题。

卡车游戏:让成对的被试参加卡车竞赛,要求每一辆卡车由一个地点尽快地达到另一个地点,两辆卡车有不同的起点和终点,但有一段路是狭小的单行线,他们行使的方向是相反的(如图 7－4 所示)。比赛成绩按时间计算,花的时间越短,得分越高。

图 7－4 卡车游戏示意图

实验结果令人吃惊的是:尽管参加者都很清楚最佳的策略是合作,交替使用这段狭窄的路,只要一方等几分钟,让另一辆先过去,双方就都能获得好的分数。可是被试都不肯合作,他们不让对方使用这段狭窄的道路,而是抢先占用,各不相让,僵持不下。

囚犯难题:在公安局两个嫌疑犯面临着一个问题,由于证据不足,地区检查官采取了一个聪明的办法,把两个人单独监禁起来,分别告诉他们说,“如果你揭发你的同伙,你将获得释放,你的同伙将受 15 年监禁。如果你不认罪，你的同伙揭发了你，你的同伙将获得释放，你将受 15 年监禁。如果你们两人都认罪，将得到减刑处理，各监禁 10 年。如果都不认罪，仍可按流浪罪处罚，各监禁 1 年。”这个囚犯当然知道，检查官对他的同伙也会说同样的话。这种情况可以用图 7－5 表示。

		囚犯甲	
		不认罪	认罪
囚犯乙	不认罪	各监禁 1 年	甲释放 乙监禁 15 年
	认罪	乙释放 甲监禁 15 年	各监禁 10 年

图 7－5　囚犯困境示例

社会心理学家从这里受到启示，对这个问题做了修改，通过了一系列实验，提出了一些倾向性的选择。实验是这样的，两人分坐在两间小室内，面前各有黑、红两个按钮，要求被试每次选择其中一个按钮，如果两人都选择黑的，各赢 1 元，如果两人都选择红的，各输 1 元，如果一个选择红的，另一个选择黑的，则选红的赢 2 元，选黑的输 2 元，用图 7－6 表示。理想的策略是

		甲的选择	
		黑	红
乙的选择	黑	各赢 1 元	甲赢 2 元 乙输 2 元
	红	乙赢 2 元 甲输 2 元	各输 1 元

图 7－6　囚犯难题竞赛模式

双方都选黑的，但实验的结果是，许多人都选红的，理由是不知道对方选什么，结果造成两败俱伤。

那么有没有办法使人们加强协作，避免竞争呢？有人提出了一种理论，认为当目标和手段是积极的相互依赖时最可能产生合作关系。就向两人抬木头一样。产生协作的通常情境是：一个群体的成员彼此合作，而与另外一个群体成员进行竞争，也就是说，群体间的竞争可以导致群体内的合作。

三、极端转移

一般认为，群体是其成员们意见和判断的“调节器”，他抛弃最极端的意见，接受的仿佛是所有成员的折中决策。但是在一些特殊情境下群体在对面临的问题进行决策时，群体决策比个人决策具有更大的极端性，即群体往往容易铤而走险，或者极端保守，这种现象叫极端转移。

1961 年，美国社会心理学家斯脱纳通过“选择性两难问卷”，提出假设的情景，比较被试在群体讨论情况下和单独条件下所做的选择情况。具体情景是这样的：一位电机工程师，五年前大学毕业，已婚，有一个孩子。他一直在一个大电气公司工作，工资不高但够用，将来还有一笔不小的退休金。有一个新的小公司邀请他去工作，工资很高，但不稳定。研究者提出了小公司有 6 种挣钱的可能性，要被试进行选择。这 6 种选择是：

①小公司能赚到钱的概率是 1/10；

②小公司能赚到钱的概率是 3/10；

③小公司能赚到钱的概率是 5/10；

④小公司能赚到钱的概率是 7/10；

⑤小公司能赚到钱的概率是 9/10；

⑥不管赚钱的可能性多大，都不去小公司任职。

要求被试先单独做出选择，而后把被试分成小组，进行集体讨论，再共同做出决策。比较这两种情况下所做出的决策，发现被试在群体条件下比在单独条件下更富于冒险。后来的研究进一步表明，如果原来单独时的选择比较冒险，经过群体讨论后，会更加冒险。如果原来单独时的选择比较保守，经过群体讨论后，会更加保守。

为什么会出现这种情况呢，研究者提出了以下解释。

1. 责任分散理论。群体容易比个体做出更冒险的决策，是因为责任分散地落到了每个成员的身上，群体决策若出现了问题，应当由群体来承担，而不会把责任归于个人；既使责任落到个人身上，也会由于大家的共同分担而变小。因此，这就减少了个人的责任感，降低了个人对不利后果的担心，从而导致人们选择的极端性。

2. 文化放大理论。在某些文化中，人们称赞冒险。在群体讨论的情况下，主张冒险的人比主张保守的人更有说服力。受赞扬冒险社会文化背景的影响，人们会把冒险作为一种规范来应用，积极向冒险转移；而如果一个社会的文化高度评价谨慎，那么群体决策就会出现保守倾向。

3. 说服论据论。群体讨论的情景下，一个人的极端意见如果得到其他人的支持，他会变得更相信自己的意见，从而采取更极端的立场。

4. 社会比较理论。这个理论认为在群体中，人们通过与他人的比较来评定自己的观点，当发现别人的观点与自己相似时，就不愿停留在一般水平上，而是倾向于走极端，以表明自己高人一头。

四、去个性化

有时候，在群体条件下，由于一些单向的互动行为，如在暗示、模仿、感染的情况下，个体在群体中有较好的匿名性，没有明确的个人标志，容易从而出现一种不负责任的失去理智的行为。例如：球迷在足球场上观看足球比赛时，最文明、最有教养的人也会在球迷群体的狂热气氛中不由自主地大叫大喊，产生一些非理性行为，这种现象称为去个性化现象。

社会心理学的研究认为，在一个活动方向和活动方式较为一致的群体中，有时个人会“忘掉”自己的个人身份，而把个体等同于群体，把个人行为当作群体行为，他们不考虑别人怎么想，不惧怕惩罚，使自己的言行失去控制和调节。

在一项研究中，告诉女被试者，实验者要了解人对他人痛苦的反应，要她们对一个人施加电击。测量她们给出电击的次数和时间。实验在两种条件下进行，一是去个性化条件，不使用被试者的名字，让她们穿上宽大的衣服，戴上口罩，只露出眼睛，实验完全在黑暗中进行。二是个性化条件，让被试穿着通常的衣服，招呼她们的名字，而且实验是在光亮的情况下进行。结果表明在去个性化条件下的被试比个性化条件下的被试给出的电击高出两倍多。

去个性化现象有两个特点，一是群体成员的匿名性，二是责任的模糊性。去个性化条件就像给人戴上一个假面具，淹没了个人的行动，往往造成放肆的举动，如果没有受惩罚的可能，没有内疚感，一个人的行为会更加粗野，因为他觉得不是个人在干，而是群体在干。于是在头脑发热的群体中，一个胆小的人竟会变得胆大勇敢，一个平时能约束自己的人也会变得肆无忌惮。如果一个群体的行为方向和方式是积极健康的，那么卷入这个群体的人可能唤起集体主义感，表现出与集体利益一致的良好行为，而如果群体是一个破坏性的不良群体，那么其中的个人就会表现出相应的破坏性行为。

第八章

社会心理学在社会控制中的应用

人的需要和动机是各种各样的，但一个个体的各种需要和动机只有建立在符合社会需要的基础上才能为社会所接受，社会才能协调发展。如果个体需要或欲望不加节制地任其泛滥，就必然会导致道德的衰退、良知没灭和越轨行为，使社会失去秩序。由此可见，社会秩序的形成依赖于人们之间的彼此制约，依赖于人们对社会制度以及法律、规范的服从，也依赖于人们对自己的约束。也就是说，任何社会都需要运用社会体系来维持社会的稳定和有序运行。

第一节　社会控制概述

社会秩序的建立、维护和改善都有赖于社会控制。在社会生活中，个人之间、群体之间、个人与群体之间经常会因为各种利益冲突而发生矛盾，如果这些矛盾得不到及时的调节和控制而发展成为剧烈的冲突，将导致社会秩序的混乱乃至社会的瓦解。

纵观历史，古今中外，凡是经济繁荣的时代，都是社会秩序良好，社会控制得当的时代。因为社会控制就是这样给社会成员提供合乎社会目标的价值观念和行为模式，规定各社会群体的社会地位、权利和义务，协调社会运行各系统的关系，对社会生活中的各种“失控”现象进行制止或制裁。当前我国社会正处于转型的关键时期，社会运行机制在不断地转换，社会结构脆性较大，“规范真空”、“控制失灵”发生的可能性极大。如果不制止或预防这种现象，不重视研究得力而有效的社会控制手段，社会秩序就面临被扰乱或被破坏的潜在威胁。而改革开放成败的关键在于社会能否保持稳定，社会秩序能否维持下去。因此，得力而有效的社会控制对我国具有极为重要的现实意义和深远的历史意义。

一、社会控制的基本含义

“社会控制”这个概念最早是由美国学者罗斯提出的。他认为，人生来就有同情心、互助性和正义感，这三个天性共同构建了社会的“自然秩序”，即促使人们自行调节自己的行为，从而使社会生活处于自然的有序状态之中——人们互相帮助、互相同情、互相约束、和平共处。罗斯之所以把人性和社会秩序联系在一起，并提出“社会控制”理论，这同他所处的时代背景是分不开的。19 世纪末 20 世纪初，美国经历了剧烈的社会变动过程，城市化如火如荼，大规模的移民浪潮频频发生，杂乱的人口分布状态使原来的社会群体解体。在移居后的城市中，人们的社区意识难以形成，相互之间很陌生，缺乏同情和帮助，越轨和犯罪现象频频发生。罗斯认为，这是因为社会的“自然秩序”已被破坏，人们缺乏自我约束和相互约束所致；要维持社会秩序就必须进行“社会控制”。

所谓社会控制，从广义上说，是指社会组织体系借助某种特殊力量对全体社会成员施加影响，将其思想和行为纳入预定的社会轨道，从而实现社会的稳定性和一致性；从狭义上说是指对越轨者给予惩处和重新教育，使其改邪归正，达到维持社会安定的目的。综合起来看，社会控制是指社会组织体系通过社会规范以及与之相适应的方式和手段，对社会成员和群体行为进行指导和约束，从而协调社会关系的各个部分，维持社会秩序，推动社会发展的过程。

不难看出，社会控制有以下几层含义：

社会控制既包括制裁违反社会规范的行为（如对犯罪行为进行制裁），又包括引导广大社会成员认同并自觉遵守社会规范，协调个人、群体、组织、社会整体之间的关系（如用舆论、道德、习俗等对人们的行为进行引导）。

社会控制的目的是使个人和团体的行为不仅要服从社会稳定的需要，还要服从社会发展的需要，即个人、团体的自由意志与社会的秩序观念达到和谐统一。

社会控制在依靠社会力量的同时，还必须使社会规范被每个成员“内化”，从而达到积极控制的目的。因此，社会控制的实现途径必然是多样的，如政治控制、经济控制、法律控制，以及作为心理表现形式的道德、舆论、文化等等方面的控制。只有如此，才能实现社会力量控制与社会成员自我控制的统一。

社会控制是一个动态过程。它不仅包括对现有社会秩序的维持，还包括建立新的社会秩序。随着社会的变迁，社会心理和社会规范也在不断发展和更新，社会控制的结果将是不断形成新的秩序。

二、社会控制的基本途径

社会控制的途径很多，从不同的角度可将它们分成不同的类型。

1. 从控制手段上看，有经济控制、政治控制和思想控制。经济控制是以经济手段对社会秩序进行控制，在商品生产的社会里，总有一些人会唯利是图，必须采取必要的经济手段来规范人们的社会行为，进而维护社会秩序。经济控制是整个社会控制的基础。

政治控制是通过政治手段来保持政治形势的稳定进而维护社会秩序。政治控制手段的具体形式有政权、法律、政策、纪律等。

思想控制通过对社会基本观念的认同，保持群众情绪的稳定，进而促成社会的凝聚力和向心力。其具体形式包括习俗、道德、信仰、舆论等。

文化控制是指通过文化部门的活动对人们社会行为的影响和约束，这些活动包括教育、科学、文学艺术、新闻出版、广播、影视、卫生、体育、文物、图书馆、博物馆等，它主要以宣传教育、说服疏导等潜移默化的方式为社会成员创造一个良好的社会文化环境，从而达到社会控制的目的。

2. 从控制的社会结构层次看，有宏观控制和微观控制。宏观控制指利用政治的力量对整个社会在总体上加以控制，如对政治、经济、文化、意识形态等诸多领域的控制；微观的控制是指对社会生活的各种具体领域实行控制，这些社会生活领域涉及人们最基本的需要，比如衣、食、住、行、婚、丧、嫁、娶等等。

3. 从控制客体的状态看，可分为积极的社会控制和消极的社会控制。积极的社会控制是指通过舆论、宣传、教育等措施对人们社会行为的正面引导来实现的社会控制，主要是引导社会成员的价值观和行为方式，预防越轨行为的产生；消极的社会控制是指通过对各种越轨行为的限制、惩罚与制裁来实现社会控制。

4．从社会控制的作用方式来看，可以分为制度控制和非制度控制。制度控制是指以明文规定的形式向社会成员公布“什么可为”、“什么不可为”的控制途径，比如公布法律、规章、纪律以及各项具体制度等；非制度控制是指通过道德、风俗、习惯等非制度化手段来实现社会控制的途径。

5．从控制主体看，社会控制又可分为内部控制和外部控制。内部控制即内化控制，这是一个社会化的过程，也就是说，社会成员通过社会化的各种步骤的磨炼将社会规范内化为自己人格的过程；外部控制即外在控制，也就是说，社会通过正式的或非正式的制裁途径控制各种越轨行为。正式的社会控制途径，如通过组织化的、制度化的程序给予奖励或处罚，如晋升、表彰、奖励、拘留、判刑、罚没、降职等；非正式的控制途径，指社会成员通过冷漠否定的言行，如用鄙视、瞪眼、皱眉等姿态来纠正不适当的越轨行为，而用热情洋溢的笑容、友好亲昵的动作来肯定社会成员符合社会规范的行为。

实现社会控制的手段和方法很多，但社会控制并不是使人们机械地服从某种外在力量，实际上，社会控制是把外界的思想、法律、规范、规章等内化为自己人格的一部分，成为制约个人行为的真正力量，时刻以此来鞭鞑有关犯罪活动的欲念，不时地控制行为的过失。如果没有这种心理的制约机制，各种控制手段便不可能产生真正的控制作用。我们所说的心理控制，实际上是内部控制和外部控制的统一。社会心理是人们对客观存在的社会现象的感受、反映，它直接与日常生活相联系，是人们在一定社会环境、文化和社会条件下的一种系统的、不定型的、自发形成的社会精神现象。社会心理主要表现为感情、风俗、习惯、自发倾向和信念等等。

社会心理作为一种广泛的社会现象，在社会控制中起着重要的中介作用。这种中介作用主要通过内化来实现。

所谓内化，是社会个体接纳一定社会规范作为其人格构成部分的过程，即社会成员将一定的文化转化为个体稳定的心理因素的过程。在这一过程中社会规范内化为控制主体进行社会行为的内在尺度。也就是说，通过内化过程，在主体内部设定了一个心理标准，这个心理标准就是“客我”。客我是由他人眼中的（即来自他人的）“自我形象”（他画像），和自己头脑中的（即来自自己的）“自我形象”（自画像）两部分组成。客我便是主体内部的一面心理镜子，主体通过这面镜子看自己，衡量自己是否符合他人的要求。

社会主体的这种内在尺度设定，是有效的社会控制的前提。因为此时社会规范已构成人格的要素部分，在主体内部构成一个“应该”标准，从而使主体履行规范成为一种自觉的行为。人们常说“我的良心要求我（不允许我）”等等，实际上是说“因为我已有了有关这种规范的是非尺度,在这面镜子里我照得出自己，我必须允许(或不允许)自己做某事”。在此,“良心”乃是内化了的社会规范。这种已经内化的规范使主体产生“理应如此”的感觉，鼓励或禁止社会成员进行某种社会行为。

这种由于内化而产生的社会控制，在主体内部有一种很强的内心驱动力。比如内化所产生的守法观念与惧怕被惩罚而勉强守法完全不同，后者是个人对社会外在控制的强迫性反应，而前者是内心深处驱使的一种自愿行为。虽然内化和守法都能控制盗窃行为，但后者不盗窃是害怕被关、被杀，而前者不盗窃则是认为盗窃是不应该的行为。正因为如此，内化在社会控制的中介环节中就享有十分重要的地位，在一个社会群体中，规范内化的范围越广，程度越高，社会成员发生越轨行为的可能性也就相应降低。虽然有时也会产生越轨的冲动，但多数情况下可以使之受到抑制，不至于发生连续的越轨行为。

正因如此，我们说社会心理控制是内部控制和外部控制的有机统一。

在本章中我们重点介绍人的社会化、社会舆论、流言、传统文化、越轨行为等社会心理学诸方面内容在社会控制中的具体应用。

第二节　社会化与社会控制

孩子从离开母体呱呱落地之日起，便处于与社会的互动联系之中。因为刚出生，他对外界一无所知，是一个毫无自助能力的婴儿。但是，他的出现却成为那个得到他的社会的一种潜在威胁，因为他可能构成对该社会原有秩序的威胁。除了不能自助外，他的生物潜能既广泛而又不确定，所以，任何社会都不会不对他加以引导而任其自由成长。这就牵涉到个体的社会化问题。社会化是许多学科共同研究的问题，不同学科根据自身的性质和任务从不同的角度研究社会化，如社会学偏重于社会化过程中人与社会的互动，关注社会环境、社会规范对人的社会化的影响。文化人类学偏重于社会化过程中的文化继承，关注一民族代代相传的文化模式对其成员的共有人格及社会行为的影响。社会心理学则侧重于社会化过程中个人的成长，强调社会对人的心理素质的作用，社会规范的内化及社会角色的形成。

一、个体社会化的含义

个体社会化的涵义全部寓于“生物人”向“社会人”的转变过程，这是传统的解释。现代学者认为，个体社会化不仅包括从“生物人”向“社会人”转变的全部内容，而且还包括个人成年后与社会之间发生的教化、内化与调适的内容。从“生物人”向“社会人”的转化，只是个体社会化的起点。美国社会心理学家弗罗姆认为，“社会化诱导社会的成员去做那些使社会正常延续就必须做的事”是“社会和文化得以延续的手段”。[①] 而罗伯逊认为，“社会化是人们终生相互作用的过程。通过这一过程人们获得了个性，并且学会了他们所在的社会生活方式。”[②]另有一些学者认为，个体社会化是使文化代代相传的过程。还有一些学者将社会化与“内化”相提并论，而“内化”特指个体接受社会文化教化，并将其作为自己的价值准则的过程。对社会化的这些认识存在两方面的不足：一是只强调被动学习的一面；二是以学习群体行为模式或规范等局部内容代替广义的文化教化。

因此，综上所述，我们认为所谓社会化是指个体在社会实践中学习知识、掌握技能和社会规范等社会文化，适应和参与社会生活，并积极作用于社会的过程。

首先，社会化是一个复杂的过程。个体的社会化是经过个体与社会环境的作用而实现的，是个体把社会环境中的一些社会规范与道德准则加以内化的过程。由于不同的社会有不同的社会规范和行为标准，因而在不同的社会历史条件下，社会化的内容也是不同的。社会环境对人的影响是十分复杂的，影响的渠道有直接的也有间接的；个人对社会规范的认识和掌握有自觉的、积极主动的，也有不自觉的、消极和被动的。无论个人喜欢不喜欢，社会化都会在一定的社会环境影响下作用在个体身上。社会化渠道的复杂性和内容的复杂性决定了社会化过程是一个十分复杂的过程。

---

① 黄育馥：《人与社会——社会化在美国》，辽宁人民出版社，1986年版，第5页。

② [美] 尹思 罗伯逊著，赵明华等译：《现代西方社会学》，河南人民出版社，1988年版，第177页。

其次，社会化是一个学习社会角色与道德规范的过程。一个生物个体，一出生就被置于复杂的社会环境中，一方面，他需要他人和这个社会的帮助，另一方面，得不到社会帮助的个体要么成为可怜的短命儿，要么构成对社会秩序的威胁。因此，任何社会都会使用种种方法对个体施加影响，使他们懂得什么是正确的，是被社会所提倡和鼓励的，什么是错误的，是被社会所禁止和反对的。个人的成长就是在个人与环境的相互作用中反复扮演某个社会角色，不断获得社会规范，成为一个合格社会成员的过程。

其三，社会化是一个终身的课题。在20世纪中叶，由于受弗洛伊德“童年决定论”的影响，从事社会化研究的心理学家普遍认为社会化是一个童年课题。50年代以后，社会化的研究领域日渐拓宽，学术界不但开始重视青少年的社会化，也注意到成年和老年的社会化。在生命的不同阶段人的社会化有着不同的内容和任务。

社会化是个体由生物人向社会人的转化过程，社会控制则是促使个体转化的手段。社会化与社会控制是相辅相成的，两者共同构成维持社会秩序使社会得以延续和发展的基础。社会控制的效果，归根到底取决于社会化过程能否把社会规范传给后代，取决于人们普遍承认这些规范和法令的合法性。

二、社会化的功能

个体社会化的社会控制作用，是通过社会组织体系如家庭、学校、同龄群体、工作单位等对个体社会化过程、内容和结果施加影响，以使个体的思想和行为纳入预定的社会轨道，从而实现社会的稳定性和一致性。个体社会化对社会控制的作用是通过以下内容来实现的。

1. 传授生活基本技能。社会成员的生活，从新生儿起其衣食住行，各种生活本领不是靠本能得来，而是由家庭、学校、同伴、工作单位的“教育”而获取的。就基本生活的各种动作技巧而言，即令是本社会传统所认可的一些最基本的习俗动作，如拿刀叉、筷子等，也是需要婴儿之外的社会力量的教诲，婴儿通过锻炼才能习得。例如，中国人用筷子吃饭，虽然看似简单，但是如果不是在此特殊环境下的教诲和学习，一个外国人，即便已经二十岁，也不一定会用好筷子。就基本生活技能而言，也需要父母、家庭、学校、社会媒体的“传授”，社会成员才逐渐学会该社会认可的技能。如果社会不教会他讲话，不教会他写文章，不教会他其他文化，那么他就不可能舒畅地、熟练地表达自己的思想感情，不能做好社会需要他、认可他做的事。就整个国家或社会而言，社会成员没有得到足够的教育，文化素质低，这个国家和社会就不能够健康地发展。一个充斥着文盲的国家，其经济发展和社会进步必将受到影响。这些与社会控制有着密切联系的问题，归根到底又要取决于社会对成员的教育。

2. 教导社会规范。社会规范是社会成员的行为准则。每个社会无不要求成员按照规范行事。教导个体学习社会规范，这是个体社会化和社会控制的又一个重要内容。社会规范有两类，一类是软性规范，如信念、习惯、风俗、传统道德、伦理。它们没有明文规定的形式，不具备严格的强制性，只要求人们通过内化了的信念和价值观，自觉遵守。软性规范在人们的社会生活中大量存在，深入到每个人的心灵深处。另一类是硬性规范，主要指法律、法规、条例、命令、决定等由国家各级行政、立法、司法机关制定的规范或强制性文件。这两类社会规范，主要通过个体社会化过程，教导人们自觉遵守，约束人们的行为，调整人们的社会关系，维持整个社会的秩序，从而达到社会控制的目的。

中国是一个具有悠久历史的文明古国。我国人民在长期的共同生活中，形成了本民族长期赖以生存和发展的优秀社会规范。

这些规范是民族的瑰宝，需要社会控制者在处理社会化与社会控制的关系的过程中，教导社会成员将它们继续保持并发扬光大。但是因为社会规范也具有一定的历史性，在阶级社会里还具有阶级性，我国几千年封建社会流传下来的社会规范，也有不少糟粕，在个体社会化过程中，应引导社会成员对这些糟粕进行革新，以适应不断发展的社会需要。如对猖獗的封建迷信、邪教活动，就应该坚决予以取缔。树立新的社会规范，如健全法制，教导个体在社会化过程中遵守这些法律规范，从而保证社会发展的有序化。

3．培养正确的人生价值观。人为什么要活着？为什么终日劳作？这是个体人生观问题，也是社会化过程必须加以指导的问题。人生观，是人们对人生价值的根本看法和根本态度。由于生活的复杂性，人们对生活可能有各种各样的态度。例如，司马迁在《史记》中记载了作为农民的陈胜的人生抱负："嗟乎，燕雀安知鸿鹄之志哉"；作为楚国没落的贵族后代的项羽见到巡游时威风至极的秦始皇时抒发的人生观："彼可取而代之"；身为社会地位卑微的小吏刘邦对此的态度则是："嗟乎，大丈夫当如是也。"就个体而言，生理基础、出身、社会地位、阶级、社会实践、生活环境等的不同，人们对人生的价值、生活的目的、意义的认识也不尽相同。

基于人生观对人们选择生活道路和人生归宿有着决定作用，对一代青年的人生观，尤其是对他们的人生理想的引导和控制，往往成为社会化的重要任务。社会通过社会化指点青年人生观健康发展，以求达到社会控制的目的。如要求社会化的各影响因素（家庭、学校、舆论等等）对社会成员进行有效的人生观教育，抵制各种不良的人生观（如"人生在世，吃穿二字"的享乐主义人生观，"有权不用，过期作废"的权力拜物教人生观，"看破红尘"、悲观厌世的人生观等等），树立积极、向上的人生观。

这也牵涉到另一个重要问题，即个体在社会化过程中获得并发展人格与自我意识的问题。按一般的观点，人格是一个人通过社会化而形成的观念、性格和习惯等，是个体较稳定的生理、心理素质和行为的总和。它一方面表现为个体对社会环境的行为和态度的心理倾向性，如需要、动机、兴趣、理想、观念、态度、习惯和角色等，另一方面是心理特征，如能力、气质和性格等。人格是社会化的产物。人的社会化不仅培养了人的共性，也培养了人的个性。而个性一般表现在人的兴趣、能力、气质和性格等方面，其中心内容及形成和发展的标志是自我的完善程度。我们在这里所说的“自我”（也称自我观念和自我意识），是对自己的社会存在及状况的觉察，是对属于自己的社会、生理、心理特征及状况的认识。个体在社会化过程中，一方面不断与社会认同，学习和内化社会价值、态度、目标和行为模式；另一方面也了解自己与他人的差异，进行自我认同，探索他人对自己的评价和自己的实际形象，逐步形成自我观念。社会控制体系在个体进行社会化并获得人格与自我意识的过程中，通过各种控制手段（如政权、法律、纪律、道德、社会舆论等等），影响社会环境，从而影响个体的需要、兴趣、理想、观念、态度、习惯和角色，培养人的共性，促成人的个性，实现社会成员朝着对社会有利的方向实现自我认同，从而实现社会控制的目标。当然，在此过程中，最重要的是引导并促成个体形成有利于社会的人生价值观。

4. 培养社会角色。这与前一个问题有密切联系，在此特别提出来，目的在于引起社会管理者的重视。社会是一个无限广阔的现实舞台，在这个舞台上表演的都是活生生的形形色色的社会角色。社会角色作为与人们的某种社会地位和身份相一致的权利和义务的规范和行为模式，它不仅与个人的地位、行为、权利、义务密切相关，而且与社会的结构和状态相关。从社会控制的角度看，社会控制体系正是通过培养个体的社会角色，引导个体进行社会化，从而实现社会控制的。

首先，社会化培养个体分清角色类型的能力。例如，培养个体区分自己先赋角色的能力，使之对自己的种族、民族、性别等先天的或生理性的角色类型有明确的认知。同时又培养个体对自致角色的认知能力，使之明白通过个体的努力，也可以得到其他的各种社会角色。

其次，健全角色扮演的心理状态。根据人们扮演角色的心理准备，社会角色可分为自觉的角色和不自觉的角色。自觉的角色是人们在扮演某种角色时，已经明确了自己应该担负的权利和义务；不自觉的角色是个人扮演某一角色时处于盲目无准备的状态。一个人经过成功的角色教化后，他所扮演的角色规范就能溶入自己的每一项行动之中，就能有效地扮演自觉的角色，减少角色冲突。

其三，全面理解角色规范化程度。有较为严格要求和明确规定的角色称规定性角色；没有严格和明确规定的角色称为开放性角色。无论是规定性角色还是开放性角色，扮演者只有经过角色培养全面理解其规范化程度，才能在扮演过程中把握分寸。

其四，明确角色目标。角色目标是十分具体的，通过社会化，可以弄清其内容，避免盲目性。例如扮演功利性角色，就要求扮演者以追求效益和实际利益为目标，如企业法人；扮演表现性角色，其目标是表现社会制度、秩序、社会行为规范、价值观念、思想道德为目的，如警察、法官、学者、专家等。因此，只有通过社会化过程，社会角色才能领悟社会对他的期望，然后付诸实践。这样就可以避免角色不清、角色中断、角色失败等现象，从而实现社会秩序化，达到社会控制的目的。

三、影响社会化的因素

除了生物学因素以外，影响人的社会化最为重要的因素是人生存于期间的社会文化环境。其中包括文化、家庭、学校、同辈群体、职业背景和大众传播媒介，这些也是实现社会控制的重要条件或者机构。

1. 文化。在现代，文化有广义和狭义之分。广义的文化是指人类在劳动中所创造的物质财富和精神财富的总和，它包括物质文化和非物质文化。物质文化是指人类创造并赋予意义的全部制品，或者说有形物，如车轮、衣服、学校、工厂、城市、宇宙飞船等；非物质的文化则指更为抽象的创造物，如语言、思想、信仰、规范、习俗、神话、技术、家庭模式、社会组织、政治制度等。狭义的文化则是专指人类创造的精神财富的总和。英国学者泰勒曾给文化下过一个较有代表性的定义："文化是一个复合的整体，其中包括知识、信仰、艺术、道德、法律、习俗以及作为社会成员的人而获得的任何其他能力和习惯。"①文化对社会化的作用可以概括为两个方面：

第一，它规范着人生纵向成长过程。一个人只有对现有的文化规范的接纳、依从，在社会中才能顺利成长起来，并意识到自己正在成为周围世界中的一员。文化规定了人们的行为规范，培养了人们对身份、地位的认同，带给人们知识、技能和经验，并在这一过程中逐渐塑造了人的心理和性格。文化背景不同，对人的社会化影响的结果也不同：同一民族成员拥有本民族共同的人格和社会行为特点，不同民族成员的这些特点各不相同，许多社会学家和人类学家的研究都证明了不同文化对儿童的社会化的不同影响。

第二，它规范着人的横向社会地位，社会成员的互动是社会存在的基本方式，无论是私人生活还是公共生活，都是一种互动

① ［美］克莱德·克鲁克洪等：《文化与个人》，浙江人民出版社，1986 年版，第 3 页。

关系，互动过程中角色、义务、权利、职责、期望都是由文化规范来塑模的。特别是正式交往更具有文化规范的特性，比如社会上盛行的“送礼风”、“人情风”更多的是受某种社会规范的驱动。

文化规范具有超越个人或群体之上的外在性，同时还具有影响人的意识的内在性，前者指的是个人或群体在进行价值判断或行为选择时“不得不”依从现有的文化规范，而且期望着其他人或群体也这样做，由此而构成一种人际秩序；内在性是指文化规范天长日久积淀在人们的意识中，自觉不自觉地影响人们的现实行动，那些自命为超越现有文化规范的个人或群体，会被看成是越轨者，是既定秩序的破坏者。

社会文化的变迁（即新的文化特质代替旧的文化特质，新的社会文化体系代替旧的文化体系）必然引起全面的再社会化。社会文化的变迁往往影响一代人甚至几代人的心理，变迁的结构层次越深，人们的心理变化也就越大。文化变迁还常常造成文化分裂，文化分裂就会导致人格的分裂，造成人格的两重性，造成感情上的失重、信仰的迷惘和行为上的偏颇。文化变迁过程中如果受到强烈震荡，还会出现文化断层，造成一带人或几代人文化上的失教，从而出现心理的“原始”复归。因为文明的社会心理和行为是文化教化的结果，如果文化出现断层，人就失去了社会文化教化，那么原始蒙昧和野蛮的自然属性就会复归。

文化的变迁更多的表现为文化的进步和发展。文化的每一次变迁都是一次思想大解放，也是个性大解放。我们现在正经历一场现代社会文化变迁。在这场变迁中，不仅要改变人们的生产方式，也要改变人们的生活方式。使人们接受现代社会文化的思想意识、价值观念，这样就必将造就新的思想、新的感情、新的品德、新的行为和新的规范，也就是要塑造新的人格。

2．家庭。家庭是一个极为重要的社会化因素，是个人社会化的第一课堂，家庭对于社会化的重要性在于：童年期是人一生中社会化的关键时期；童年期儿童对家庭的生理、心理依赖是一生中最强烈的时期；家庭在整个社会中占据着重要而独特的地位。

现代社会，家庭尽管不是唯一的社会关系，但对每个人来说它毕竟是最早的社会关系，儿童从一出生，家庭便赋予了他包括种族、阶级、宗教、经济状况、社会地位、地区等多种内在的社会特征，这些特征中每一个都对个体日后社会化发生重大影响。家庭对个体社会化的影响首先是通过父母的教育方式和教养态度影响儿童的人格。如鲍尔温特把父母对子女的教养态度分成四种类型：专制型、溺爱型、放纵型、民主型。父母的教育方式和教养态度受其价值观的制约，对子女发生着重要影响。

3. 学校。学校是有计划、有组织、有目的地向社会成员系统传授价值观念、社会规范、生活技能、科学知识的制度化机构。儿童进入学龄期以后学校的影响便取代家庭上升到首要地位，成为重要的社会化因素。

学校的重要性首先表现在它在较长时间内对学生进行系统教育，对儿童社会行为的模塑在现代社会中，是其他途径不可替代的。它不仅传授知识和技能，也传授价值观念和道德规范。

其次，学校的重要性在于它具有独特、完整的机构，儿童进入这个社会雏形的“社会结构”中，扮演着同学、朋友、管理者、被管理者等社会角色，在课堂内外进行着各种形式的互动，使他们体验到丰富的社会经验。

在学校里，教师对学生的影响至关重要，“皮格马列翁效应”（或称期望效应）表明：教师的期望直接影响学生的发展。教师对成绩的评价作为学校经验的重要组成部分，对孩子的自尊心和成就感具有十分重要的作用。因此帕森斯曾说过“学校是儿童经验中的以成就为基础的某种地位分化制度的第一个社会化代理机构。”①

4. 同辈群体。同辈群体也称伙伴群体，是由地位相近、年龄、兴趣、爱好、价值观和行为方式大体相同的人组成的一种非正式群体。在童年时期，随年龄的增长，同辈群体对社会化影响也日益增加，这种影响在青年时期达到顶点，并有可能超过父母和老师的影响。M. 米德认为，现代社会同辈的影响甚至大到改变了传统文化传递方式的地位。②

同辈群体在社会化中之所以有如此重要的作用，是由同辈群体的特点所决定的，一般认为，同辈群体有以下特点：首先，同辈群体是一种非正式群体，它是由个人自由选择的，成员之间易产生较高 的心理认同感。其次，同辈群体有自己的价值标准，自己心目中的英雄榜样，自己的语言和交往方式，并往往因此构成独特的亚文化群体。再次，同辈群体的社会化不带有强制性，它往往是在其成员对个人的社交、安全、尊严、优越感的满足之中自然而然实现的。

同辈群体是行使脱离成人控制，实现其行为独立的一个重要活动空间，所以在某种程度上作为对成人控制的反动，成为反主流文化的背景，因此在社会化方向上具有不可低估的消极影响。

5. 职业背景。职业背景是成人社会化的一个重要因素，职业岗位是自我发展和表现个人能力及成就感的重要场所。许多学者发现，人们的工作条件、工作经验和他们所持有的态度及价值观之间存在着某种函数关系。工作的性质决定了从业者的某些性格，工作中的个人前途（发展的可能性）影响一个人的工作积极性和满意感。职业不仅决定一个人的技术、知识、地位、经济收

① 转引周晓红《现代社会心理学》，上海人民出版社，1997 第 135 页

② M 米德：《文化与承诺》，河北人民出版社，1988 年版，第 51 页

人以及生活方式和消费方式，也决定了一个人的交往对象、交往范围，甚至对人的观念和生活态度发生影响。

6. 大众传播媒介。大众传播媒介是指人们用来进行沟通信息的各种手段，包括报刊，广播，电视，书籍等。现代社会大众传播媒介无所不在，对人们的社会化起着日益重要的作用，在某种程度上改变了人们的交往方式。有人统计，在 20 世纪初城市居民的闲暇时间有 70%用于面对面的人际交往。而今天有 70%的闲暇时间是用于与大众媒介交往。这种由大众传播媒介所提供的信息组成的“拷贝世界”不仅成了人们现实生活的重要组成部分，而且由于其所具有的独特的社会心理作用，对人的社会化产生了比真实的“感情世界”更深刻的影响。

大众传播媒介尤其是电视，对人的社会化有着积极的作用，如它能使人有效地了解社会，增长知识，促使人们接受社会所公认的价值观和行为方式；大众传播媒介是全体社会成员进行社会化的“第二课堂”，而其中的电视更是成为联系千家万户的一条共同文化和知识的纽带。

社会心理学家也注意到了大众传播特别是电视对社会化（特别是儿童社会化）的消极作用。首先是电视中的暴力节目影响儿童的侵犯行为。过去成年人可以有选择性地提供书籍，控制阅读内容，向不同年龄段的儿童传播不同信息，儿童读物中一般不出现“性”、“犯罪”、“死亡”、“吸毒”等主题，而电视没有复杂的符号，什么人都可以看，欺骗、酗酒、凶杀、战争和堕落等长期以来大人努力不让孩子知道的内容，却通过电视活生生地展现在孩子面前。其次，电视影响家庭成员的相互作用，减少了家庭成员之间的交流和接触时间，从而消弱了家庭关系，间接影响社会化过程。此外，电视对儿童的注意力、思考力、想象力以及运用语言的能力也有消极影响。

第三节　舆论宣传与社会控制

舆论与宣传是一种普遍存在的社会心理现象，也是实现社会控制的常用手段，它对个体或群体的行为发生着重要的影响，因此受到社会心理学的重视。

一、社会舆论的含义及特征

社会舆论是大众对某一事物、某些人或问题的议论和评价，是社会群体或大多数成员的一种共同信念。也可以说是信息沟通后的一种共鸣。个人在社会中遇到一些现象，必然会产生不同的主观反应，这些反应并不是一致的，但经过彼此的相互作用以后，逐渐加以汇集，使个人原先的主观反应经过群体无形的压力而改变，最后形成一种相同的看法，即社会舆论。社会舆论形成后，就会成为一种群众性的意见，对社会及其成员发生连锁性的作用。舆论既表现为街头巷尾的群众议论，也反映在电视、广播、报刊、杂志等传播媒介中。舆论的结构包括认知成分、情感成分和意志成分，一种舆论中科学的、知识的成分越多，则其水平也就越高。反之，如果舆论中情绪成分占了主导，就容易“感情用事”。舆论的范围有大小，有的是全国性的，有的是地方性的，有的是社区性的，有的是职业群体性的。

一般认为社会舆论具有以下特征。

第一，社会舆论具有大众性。社会舆论是社会中具有相当数量的公众对某事物的意见。只有相当数量的人参与某一问题的议论，形成一种或多种意见，如赞成的、反对的、犹豫的、偏颇的等等，并最终形成一种占主导地位的倾向性意见，为相当范围的人所赞同时，才能形成社会舆论。舆论作为一种公众意见，是多数人赞成与支持的，如果只是个别人或少数人的意见，即使有人大力宣传和提倡，如果未能取得大多数人的支持，那么这种意见也不能称为舆论。

第二，社会舆论具有很强的现实性。社会舆论是人们针对现实问题的议论和评价。只有在某一事件关系到许多人的利益时，才会引起他们的兴趣，引发他们的议论。社会舆论经常是围绕着有关社会的安宁与幸福问题。针对社会上出现的某些特殊现象与社会固有的风俗传统、伦理道德相违背，人们感到此种情况不利于社会安定与幸福时，于是就做出种种议论，便形成了社会舆论。一般而言，社会事件与人们的利益关系越直接，越容易引起人们的议论。因此，人们称社会舆论是时势的晴雨表。

第三，社会舆论的有效性。只有那些有效的意见，即能对社会发生影响，改变阻碍社会的某种行为的意见，才能成为舆论。

第四，社会舆论就传播而言具有大众传播性。社会舆论是靠大众传播形成和扩散的，由于某一现象引起了大家的兴趣，大家就成了这一现象的评论员、宣传员，社会舆论不胫而走。社会舆论只有通过人们之间的相互交流，意见相互碰撞，最后形成大部分人认可的意见时才形成。在此过程中，大众传播工具起着十分重要的引导作用。它覆盖面广，信息传递快，影响力大，因而成为现代社会越来越重要的宣传舆论工具。

社会舆论总是代表社会群体成员的共同利益，由于社会群体的复杂性和利益的差别性，人们对发生的某种事态往往形成不同的舆论，决定了舆论正确性和合理性是相对的。有些舆论，经时代相传，成为一种固定化的心理制约力量——风俗。越落后的地区，风俗的约束力量越强。

舆论为什么容易被人接受与传播呢？首先是舆论代表了群众的倾向性意见，群众在主观上早就有了心理感受与心理准备，只不过是不明确而已。这种不明确的心理倾向遇到了舆论信息，就会被唤醒，转变成个人意见。议论往往外带有浓厚的情绪色彩，以致使舆论的形式与传播都带有情绪性。特别是当个人生活受挫和遇到困难不能解决时，最容易接受某种舆论。对舆论的接受与传播同个人的需要与愿望有关，舆论内容与个人的需要与愿望越密切，其传播的速度与广度越强。如果两者的差距过大或相矛盾时，个人对舆论就会采取置之不理的态度。

二、社会舆论的作用

社会舆论是一种十分独特的社会控制手段。它作为一种软控制力量，渗透在风俗、道德、政权等一切控制手段之中，发挥着广泛的作用。因为舆论是社会上或者是一个组织团体的共识，它必然对个人、群体和社会产生重大的作用。平时我们所说的“人心所向”、“众望所归”、“众怒难犯”等都是指舆论的压力。具体而言，舆论的作用表现在以下几个方面：

1. 舆论的鼓动作用。舆论是革命运动的先导，对社会变革具有促进作用。革命舆论是适应社会变革的需要产生的，是社会变革在观念上的反映。凡是要推翻一个政权，总是先造成舆论，总是要先做意识形态方面的工作。革命舆论能揭露旧制度的弊端，指明社会发展的方向和道路，为新制度的诞生创造强大的精神推动力量。没有以马克思、恩格斯、列宁等人的思想为代表的马列主义的诞生和传播并为社会主义向资本主义开战做了舆论准备，就没有社会主义制度的建立。没有 20 世纪 70 年代的中国关于实践是检验真理的唯一标准的大讨论为中国实行改革开放做了舆论准备，就不可能有中国的改革开放。同样，反动活动也是从制造反动舆论开始的。因此，牢牢掌握舆论阵地，使宣传的内容反映广大人民群众的呼声，对实现社会控制，保持良好的社会秩序是极为重要的。

2. 社会舆论对社会行为具有导向作用。社会舆论往往暗示出特定社会的价值规范和行为准则，对社会个体而言，他一般都会得到社会舆论的引导，即使来到一个陌生的环境不知所措时，也往往因为得到社会舆论的指导而能应付自如；对群体而言，如能尊重舆论，尊重大家的意见，便能增强凝聚力和提高工作效率。在日常生活中，这种导向作用也是十分显著的。人们在购物、欣赏电影、就业求职时，舆论都发挥着重要的导向作用。舆论的指导者越有权威性，其对人的行为的指导与引导作用也就越强。

3. 社会舆论对社会行为有约束作用。社会舆论是一种公意，反映了大多数人的意见，起着一种评论和监督的作用。因此，对少数人与众不同的言行或越轨行为具有一定的压力。少数人为了缓解这种压力，会改变甚至放弃自己原来的言行，表现出顺从的态度，与众人保持一定程度上的一致。舆论的约束作用不仅表现在对个人行为的约束上，也表现在对群体、组织乃至政府行为的约束上。当社会成员为某个问题发生冲突时，其他成员会做出评论，于是，理屈的一方就会做出让步。一个行为失检的人在群体舆论下就会有所收敛。日本新任首相森喜朗于 2000 年 4 月 24 日，在众议院回答议员关于日本侵华战争性质问题的质询时说："关于战争，应由大家在历史中做出判断"，回避了侵略战争的性质问题，遭到国内和国际舆论的谴责。在此种压力下，他不得不在两天后，让外相河野洋平发表书面谈话，重新对侵华事实做了与过去日本政府相同的表态。① 这些都充分反映了社会舆论对社会行为的约束作用。舆论代表群体中大多数人的意见，构成了一种社会控制力量，使它对每个社会成员形成一种压力，阻止不文明、不道德的言论和行为发生。

① 《北京青年报》2000 年 4 月 29 日，第 9 版。

当然，社会舆论的作用也有积极与消极之分。积极的社会舆论可以为人们提供正确的行为导向，消极的社会舆论可能为人们提供错误的行为导向。

三、社会宣传

社会宣传作为调整社会力量、社会关系和社会利益的有力的舆论手段，是指运用各种符号、传播一定的观念以影响人们的思想和行动的社会行为。[①] 因此，宣传是一种有意识地控制社会心理的活动，一个社会如果要形成一般群众的特殊态度、意见和舆论，以及特殊的风俗信仰、道德倾向，都要通过宣传。它是一种控制社会环境以养成个人的某种特殊行动倾向的方法。宣传过程实质上就是帮助人社会化的过程。任何团体和个人，如果发现有价值的知识、观念，都应该把它传播到社会中去，促进社会的文明化和科学化。现代社会已进入信息时代，各种利益也出现了复杂的交错状态，加强“宣传”这种舆论活动，以达到社会控制的目的，越来越显示出其重要性。这里我们仅就社会宣传的特点和影响宣传效果的因素作一简要介绍。

（一）社会宣传的特点

1. 社会宣传具有倾向性。在阶级社会，宣传是统治阶级控制和使用的舆论工具，具有明显的倾向性，它是为一定的社会集团服务的。例如，新闻媒介是宣传渠道之一，从来就是统治阶级要全力控制的手段，有时甚至被称为统治阶级的喉舌。所谓的“新闻自由”，其实只是维护有利于统治秩序的“新闻自由”。在标榜大众传播没有阶级性的西方，新闻自由也只是一个骗人的幌子。例如1999年发生的科索沃战争，西方传媒就从来没有认真

① 大百科编委会：《中国大百科全书·新闻出版卷》，中国大百科出版社，1990年版，第427页。

报道南联盟人民人权遭到血腥践踏的情况，而拼命去捏造事实、捕风捉影，报道所谓的阿族“人权悲剧”。这说明，传媒所作的宣传是有明确的倾向性的，即有利于统治阶级的统治。

2. 社会宣传具有社会性。宣传是一种社会行为，它在社会环境中产生和发展。就宣传者而言，他必然受到所处的环境（自然的、社会的、信息的）影响，始终会以自己独特的方法去选择制作他要传递的信息；就受传者而言，也处在上述环境的影响和制约之中，他在选择、理解、记忆信息、做出社会行为时，必然受到群体的指导和约束；就宣传活动本身而言，它也是一种沟通的特殊形式，是一种社会性行为，沟通双方在交流信息的同时，也相互交流思想感情。因此，宣传是一项十分复杂的社会性活动，所涉及的对象和内容十分广泛。从家庭到阶级、阶层、社会团体，从政治、经济、文化到思想意识、伦理道德、生活习惯，对社会起着引导和潜移默化的作用，造成强大而持久的社会舆论，成为全社会的生活内容和行为规范。

3. 社会宣传具有说理性。事实胜于雄辩。宣传只能用摆事实、讲道理的方法，动之以情，晓之以理，使人心服口服，而不能强迫命令。这就要求宣传的内容是颠扑不破的真理或令人信服的事实，而不是荒诞不经的谬误和歪曲虚假的捏造，另外，要求宣传者与受传者处于平等地位，进行相互探讨和启发。那种强制性宣传，不说理的盲无目的的宣传，是不会有好效果的。

4. 宣传具有现实性。宣传不仅要正面灌输某种思想、观念，使之形成人们的自觉行为，而且要针对现实生活中人们普遍关心的热点、疑点和难点问题，给予实事求是的传播、评价。宣传者不能用僵化的、一成不变的观点来看待理论和思想，不顾客观现实的变化，一味引经据典、恪守成规，用理论来剪裁现实，“唯书”、“唯上”，把理论当成教条，把思想当成禁锢的牢笼。宣传必须从实际出发，为实践服务，为现实服务。

（二）影响宣传效果的因素

影响社会宣传效果的因素很多，但主要有宣传者、宣传媒介、宣传信息、受传者个性及所处环境，以及政治、经济等等因素。

1. 宣传者对宣传效果的影响。宣传者对宣传效果的影响主要是通过宣传者的威信发生作用。宣传者的威信由两个因素构成：专业性与可信度。专业性一般指专家身份，包括宣传者的知识、学历、职业、地位、年龄等，这些因素使宣传者的角色构成了一个专家的形象，就具有了权威性特点。可信度是由宣传者的人格特征、外表形态以及讲话的自信程度等决定的。宣传者要使受传者接受所传信息，最关键之处在于使自己成为有威望、值得信赖的信息源。要做到这一点，首先宣传者必须同支持宣传的社会权威保持一致。在我国，其宣传威信来自中国共产党和政府的威信，作为社会宣传者，必须同党中央、政府各权威部门保持一致，使受传达者感到：从宣传者那里能及时、准确地了解党和国家的政策、意图。

其次，宣传者在宣传时要做到及时、准确。这一方面要求宣传者必须有强大的物质基础，另一方面要求宣传者能在纷繁的信息流中识别事物的本质特征，实事求是地提供宣传信息。一个有威望的信息源，它的信息网络广布，这样才能以最快的速度收集、处理、储存大量的信息资料，迅速向受传者做出解释。当然，在迅速收集信息的同时，宣传者必须对信息进行准确的“加工”，把握其实质，再向受众传播。事实证明，讲真话的宣传者威信高，宣传效果好。因为受众认为，接受此种宣传得到的是真实的信息，不会上当受骗。因此，他们最容易接受宣传，而且坚信不移。宣传假信息者，是经不起时间考验的，受众最终会对宣传者失望，严重影响宣传的效果。

其三，宣传者要自己成为宣传内容的专家。实践证明，如果宣传者被认为是某项内容的专家，宣传效果就会倍增。一个强大的宣传系统，应当配备政治、经济、军事、外交、科学、文化等各方面的宣传专家阵容。这样所作的宣传，能够具有科学性和理论深度，这就是所谓的“内行”讲话，效果特佳。实践中，人们经常邀请有关专家出面宣传，邀请有名的节目主持人、报纸的主编、有关专家、权威人士发言、撰稿，设置专栏作家等等，都是为了强化宣传者的“内行专家”色彩，增强宣传效果。

其四，宣传者要注意宣传内容的一致性。宣传的观点、论调要前后一致，不要前言不符后语，朝三暮四，否则，受众会认为宣传者言而无信，产生信仰危机，降低宣传者在他们心目中的权威地位，拒绝接受宣传。当然，社会生活瞬息万变，宣传者的认识也有一个逐渐深入的过程，有时难免犯错误，但这些情况，也必须向受众进行实事求是的解释，使受众愈发坚信宣传者求实求真的精神。

2. 宣传媒介与宣传内容对宣传效果的影响。宣传媒介是人体的延伸，现代宣传从面对面的交谈发展到利用印刷品、广播电视、电脑网络的宣传。一般说来，传播同一信息，媒介的适应性越强，普及面越广，它的影响就越大，效果就越好。不同的媒介有不同的特点，适应于不同的宣传内容，因此，必须根据所宣传的内容有针对性地选择宣传媒介。宣传内容也是影响社会宣传效果的一个重要原因。一方面表现在宣传内容与宣传对象关系的密切程度，另一方面也表现在宣传内容的安排上，如是单向的宣传还是双向的宣传（即正反两方面的内容都有）。实践证明与宣传对象的关系越密切，对其生活影响越大，越容易引起注意。至于单向宣传效果好，还是双向宣传效果好，则取决于宣传对象的文化程度和成熟水平。

3. 宣传信息及宣传形式对宣传效果的影响。实践证明，宣传信息对宣传效果有着直接的影响。为了取得较好的宣传效果，宣传者必须对宣传信息有足够的重视。

其一，合理编制信息内容。大量的资料表明，宣传内容受欢迎的程度与受传者的心理需要密切相关。因此，宣传者在编制取舍宣传内容时，应准确把握受众的心理需要，要让群众看得懂、听得明、喜欢看、喜欢听。在信息化的今天，这点就愈发显出其重要性了。

其二，要贯彻受众参与的原则。社会心理学的研究表明，对宣传者而言，受传者不是被动挨打的“靶子”，让受传者参与宣传内容的形成过程，比让他们消极接受这种宣传内容效果更好。例如近年来，报纸、电台、电视台、政府网站开办的“读者论谈”、“读者来信”、“听众信箱”、“听众点播”、“共同讨论”、“协商对话”、“为您服务”、“网络信息”等等为受传者提供了发言的机会和场地，充分发挥了受众参与宣传的作用，深深地打动了受传者，收到了良好的社会效果。

其三，要用事实说话。对事实的解释非常重要，好的解释会大大增强宣传的心理效果。要达到提高宣传效果的目的须注意以下问题：①所宣传的事实要有合理的依据，使人因论据合理而接受其推论，再由推论接受宣传；②人的欲望可以控制人的行为，利用人的欲望的力量可以提高宣传效果；③利用反复强化，人类心理的最大倾向之一就在于容易接受任何反复提示的结果；④利用反宣传，也就是借着否定谣言来传播谣言，或者借对新观念的批驳来传播新观念。

其四，宣传信息的发布要及时。社会心理学的研究成果表明，人们在接受信息过程中，有先入为主的特点，即所谓的“首因效应”。因此社会宣传迅速、及时，可以取得较好的效果。社会宣传信息最好在众说纷纭之前，在反宣传之前传播出去。例如平时的抢头版、头条，发快讯、现场直播就是这个道理。

其五，要注意某些信息的保密性。有些信息传播的时间是有序的，如果在宣传过程中打乱了时序，扩大了空间范围，就会造成损失，或引起社会混乱。

4. 受传者的状况和环境对社会宣传效果有影响。宣传心理学认为，宣传者、宣传媒介和受传者相互作用，调节着信息的选择和接收。受传者的状况因此成为影响宣传效果的主要因素之一。

其一，受传者的生理状况影响宣传效果。受传者生理条件不同，对色彩、声像、符号的识别与理解、记忆的能力不同，会直接影响到对社会宣传信息的吸收、内化。显然，瞎子看不见电视、电影，聋子听不见音乐等等。

其二，受传者的价值观、理论水平影响社会宣传效果。受传者以其社会知觉 、社会印象为基础产生社会情感，它调节着受传者对社会宣传信息进行评价和推论，进而进行选择性接受、选择性吸收和选择性记忆。他们总是愿意接受那些符合自己价值观的真、善、美信息，或有选择地接受符合自己需要的东西；他们只理解自己所需要的社会信息要素，抛弃或忽略自己不需要的信息要素；他们记忆信息时带有明显的感情倾向性，容易记住自己愿易记的内容，容易忽略自己不感兴趣的信息。因此，其价值观及理论水平直接影响社会宣传效果。

其三，受传者的需求和目标影响社会宣传效果。人的需求有生理需求，也有社会需求，这种需求的差别，必然影响到他们对社会宣传信息的态度，决定着对社会宣传信息的赞成与否，这必然对社会宣传效果产生影响。

其四，受传者所处的社会环境影响社会宣传效果。受传者身处的现实生活环境（自然、社会、信息环境），必然受到各种自然力量 、社会力量、信息力量的相互作用，受传者选择、接受信息的范围和方向受到了影响。

总之，受传者所具有的主体条件和所处的客观环境，都是影响受传者接受社会宣传信息的因素。同前面的内容联系起来，我们很容易就会形成这样的认识：舆论的社会控制作用实际上是一种社会心理控制，其关键在于搞好社会宣传；而要搞好社会宣传，就必须利用好影响社会宣传效果的各种因素。

第四节　流言与社会控制

流言是一种极为普遍的社会心理现象，流言是提不出任何信得过的确切依据，而在人们中相互传播的一种特定消息。流言与谣言的区别在于动机不同，谣言是恶意的攻击，是谣言制造者故意捏造、散布的假消息。其共同特点是：二者都缺乏明确的事实依据，但都能广为传播。由于流言与谣言的传播是单线的、匿名的，很难寻找他们的最初来源，无法判定制造者的意图和目的。事实上很难将二者区分开来，所以常常将二者放在一起讨论。

在社会剧烈变动或发生特殊事故的情况下，流言与谣言会盛行，造成社会动乱，甚至引发严重的事件。1857年，印度的兵变就是由一项流言引起。那时士兵用的是从枪口装火药的来复枪，每发射一颗子弹，士兵便咬掉子弹下面用油脂粘上去的纸片，以便把火药倒入枪筒。这时流言出现了，伊斯兰教徒听说这块油脂是猪油，印度教徒听说，这块油脂是母牛的油脂，他们由于将圣牛的脂肪放入口中而失掉了来世超生的机会。于是士兵们爆怒了，尽管英国当局一再声称这种油脂是奶油，但已经无法控制局势，于是一场暴动发生了。在群众积累了愤怒的时候，流言谣言很可能成为动乱的导火索。因此了解流言和谣言的形成规律，对控制流言和谣言、避免社会动乱，有重要意义。

一、流言与谣言的产生

流言的产生既有人们主观心理方面的原因，也有社会环境方面的原因。

从社会环境原因来看，根据孙本文的观点，流言、谣言产生有其特殊的社会背景：第一，当发生事变时，如革命时期、灾荒时期、战争时期等，最易发生谣言。因在此时，固有的社会秩序已被打乱，人们失去了稳定感，于是便以讹传讹来解释变乱的原因，或叙述事变的情况，或揣测未来的命运等等。第二，当社会面临危险的境遇，即使并未发生重大事变而仅仅有变乱的征兆时，流言、谣言也容易发生。此时，事变正在酝酿，吉凶未卜，人们出于好奇或恐惧，而使之盛传。例如东汉末年，政治腐败，民不聊生，于是黄巾军领袖所宣扬的“苍天已死，黄天当立，岁在甲子，天下大吉”，有关“变天”的政治流言广为流传。第三，社会内部结构紊乱，运行失调，统治者倒行逆施之际，由于民怨沸腾，流言、谣言也会发生。

从谣言和流言产生的社会心理基础看，首先是由于个体间的差异，使人们的感受能力、记忆能力、理解能力和表述能力不同，以及观察、记忆、理解等方面的偏差，当人们传递某一信息时，常会出现遗漏、颠倒和错误，例如，当世界第一颗原子弹在广岛落下时，日本就流传着该城市被喷洒了汽油，然后爆炸和引起大火，随之水被毒化，疾病横行的流言。①二是人有自圆其说的倾向。即人们往往希望自已的话在别人听起来是真实的、合理的，是符合某种因果关系的，为了达到这个目的，有些人便可能有意无意地增补、删改事实，使之最终成为流言。三是正常的信息渠道受阻，或缺乏信息、信息不清时，个人可能会依据猜测、

① 戴维·波普诺著，李强等译：《社会学》（第十版），中国人民在学出版社，1999 年版，第 605 页

想象，对事物做出自己的解释，这可能导致流言的产生。

可见，导致流言产生的因素是十分复杂的。按照奥尔波特的观点，流言的产生与事情的重要性和信息的模糊程度有关，用下式表示：

流言强度 = 事情的重要性×情况的模糊程度

也就是说，流言的产生必须具备如下两个条件：第一，众人对某一事件非常关心或感兴趣。流言总是产生在人们认为重要或与他们有密切关系的问题上。因此有关人们生存的事物被人们当作敏感话题谈论时，常有可能引发各种流言。第二，流言产生的另一个重要条件是信息缺乏，在传播渠道（尤其是大众传播渠道）不畅的情况下，人们急于了解事情的真相，那些街谈巷议、毫无根据的断言、“小道消息”就会乘虚而入，填补信息不明造成的空白。从这个意义上说，流言能迎合不明真相的人的心理需求。因此问题越是严重或越具有挑战性，有关的信息越是贫乏，流言就越容易急剧发生和蔓延。

社会心理学家在这方面做了大量的实验。

关于观察记忆的缺漏，根据罗斯加（Rosca）的研究，106人同时观察一个偶然发生的事情，随后让他们报告观察到的情况，结果发现正确率只有3%；另有实验指出，被试的记忆效果随着时间的消失而愈不正确。往往存在将不合理的材料舍去，而补入“合理”的材料的倾向。吉布森（E. J. Gibson）在实验中使用了许多无意义的图片，让被试者默认后再画出来，结果许多被试把无意义的图形变成了有意义的图形。这证明了每个人的心理活动中都有“合理化”的倾向。这种心理特点，再加上社会上种种的风俗、传说、神话、信仰及个人的愿望，当把他们观察到的东西传给别人的时候，就变成了一个个“完整”的故事。

当然，流言与谣言的产生也有一些实际的社会心理因素。

首先，一个人之所以转述一件谣言，是因为这能够满足他的某些私欲，满足他的某种需要。一件支持某项疑虑或憎恨、证实一项惧怕、表示一个希望的流言或谣言，都会为人所转述。而借着传播者的情绪，流言与谣言本身的情绪色彩得到了同步的增强。因此，某一流言的迅速传播，表明了制造者和传播者之间的憎恨、惧怕和希望。

其次，流言和谣言甚至为那些不相信它的人所转述，是因为转述这些流言和谣言能为他提供一个表现或发泄情绪的机会。这种情绪在正常情况下是被禁止和抑制的，而流言和谣言既给了他们一个心理补偿的机会，又使他们不感到有犯罪感。

其三，正常的信息渠道受阻或缺乏信息的情况下，个人可能会依据猜测、想象，对事情做出自己的解释，这就难免产生流言和谣言。

以下情况也会造成制造或传播流言和谣言：高压政策，成员对领导、组织不满，但又不敢说明，所以就托石言兽语，以诉不平；嫉贤妒能之人也常采用造谣中伤的手段；一部分流言和谣言是群体中的某些人为了达到自己的某种目的，而故意捏造的。

因此，客观的社会环境因素，某个人的突出特点，人们对于某些问题的关注、有关信息的匮乏和一些社会心理原因就成为流言和谣言得以产生的温床。正是由于这些原因，流言和谣言开始容易停止难，由于社会与心理因素的作用，它的传播速度非常快，传播范围非常广泛。它们常常是人们茶余饭后的闲谈资料，所以极易流传。而且一旦传播其影响就难以彻底消除。只要形成这种流言和谣言的社会环境因素没有变化，越是“辟谣”，信谣、传谣的人越多。

二、流言的传播过程

流言传播实际上是精神的传染，容易造成人心的激动起伏，为社会不安埋下种子。流言和谣言可能会使个人失去理性的判断进而接受谣言事实。对群体来说，流言和谣言可以激起成员的情绪，甚至引起恐慌事件。因此，制止流言和谣言无论对个人还是群体都有重要的意义。

流言和谣言的传播过程就是传闻内容被扭曲的过程。某日，中央电视台的几位工作人员开着车去山西某个偏僻小县拍摄外景时，因为车身有“中央电视台”的字样，那里的人开始传言“中央电视台”来了人，后来传言却变成为“中央”来人了，于是一传十，十传百，四乡八寨的人们赶来拦车跪地告状，最终惊动了县长和县委书记。①流言内容之所以被扭曲，其原因我们在本节第一部分已谈到一些。从语言角度讲，流言最主要的传播形式是人际传播。每种语言都存在语法、语音和词汇三个要素，但人们日常的口头语言交流却有不同的表达习惯，特别是语言具有个别性、地方性、民俗性的口语特点，使得流言的内容从一个人嘴里传到另一个人嘴里，从一个地方传到另一个地方时，会发生某种歪曲。更何况语言还有同音、一词多义等等现象，流言的内容被歪曲误解就更不足为奇了。但从比较心理学角度看流言内容被扭曲的原因，语言学意义上所造成的扭曲又显得微不足道了。

正如前文谈到的，注意、记忆、想象和创造这些人类心理活动的特点，是造成流言被歪曲的内部心理机制。听说流言时注意力不集中或者传播流言时记忆误差，会导致流言内容被扭曲。而记忆活动、识记和回忆过程中总包含着想象的成分，记忆形象在某种程度上是在意识流中被想象形象补充着，同想象形象结合着，尤其是在记忆内容模糊、暗淡、欠缺的情况下，人们时常会用想象内容来填补使之明确，这就使流言的一些内容在传播过程中受到了创造性的歪曲，甚至最终离题万里，沦为民间传说故事。

从流言和谣言的扩散来看，它的传播模式基本上是一种链式

① 徐锦江：《话说流言蜚语》，上海文化出版社，1991年版，第20页

沟通网络，但在其间的诸多分支上，有采取了诸如“集聚式”、“偶合式”、“单串式”等信息传播的形式。在链式网络传播过程中，流言和谣言的传播者和接受者的数目最初增加的速度较为缓慢，到了一定程度时，它的传递速度加快，传播网络纵横交错，从而使流言和谣言的传播达到饱和或接近饱和状态。在流言和谣言的传播达到鼎沸后，便开始走向落潮阶段。方式有两种，一是出现强有力的事实证明了传闻是不确切的，流言和谣言就会迅速消失。另一种则是长期得不到事实的有力证明而自行落潮。由于时间长了，流言和谣言无论是在新颖性还是重要性都开始降低，随着公众兴趣的转移，流言和谣言便在大多数人中消失。这一过程是缓慢的，不知不觉的。

从流言和谣言的接受者与再传递者的看，传播的内容是如何被歪曲的呢？按照美国社会心理学家奥尔波特和波斯特曼的观点，对原本就不确切的消息，接受者在进行再传播时常常因为这样三个原因被夸张或歪曲，即削平、削尖、同化。所谓“削平”，是指再传者把流言中不合理的成分削去，重新安排某些情节，使得传闻更简单扼要，便于向他人传播和吸引他人。所谓“削尖”，是指听流言的人，由于对其中的某些内容兴趣较浓，印象较深，当他再次传播给别人时，就会强调其印象深刻的部分，将此部分的内容“突出”了。所谓“同化”，是指流言的接受者以自己的经验、需要来理解流言的内容，凡是他认为符合逻辑的部分就接受下来，凭想象对这部分作进一步的加工，添盐加醋之后，使流言朝着自己感兴趣和期待的方向再传播给其他人。

三、流言的控制

绝大多数情况下流言和谣言是非常荒诞的，流言和谣言容易使社会成员判断失误，信以为真。因此，流言在多数情况下，会给社会生活带来消极的甚至是灾难性的后果。对个人而言，流言轻者会影响生活情绪和健康，重者达到“众口铄金，积毁销骨”的“杀人”效果。对于一个社会群体或组织而言，流言轻者会扰乱社会秩序，重者会对社会秩序造成摧毁性的破坏。因此，制止流言对社会控制者而言，具有重大的意义。如何有效地制止流言和谣言，最常见的防范措施就是法律的制裁。这里我们从社会心理学的角度出发，根据前面的分析，对流言可以采取如下办法进行控制：

1. 在流言刚开始传播时，就须准确估价其本质，即传闻会给社会带来何种结果。如果是积极的就应该因势利导；如果是消极的，应采取各种种防范措施，将之扼杀在萌芽状态之中。古语云“流言止于智者”，只要能及时采取措施，使大众保持冷静的头脑，流言就会被有效地抵制。

2. 如果流言已被广泛传播，最重要的工作就是采取有力措施使信息渠道畅通，选择适当的方式让人们了解事情的真相。因为流言常常产生于信息不灵，所以人们一旦了解并相信了真实情况，传闻便会停止。为达到此目的，有多种方法可以选择。比如，发表电视演说，设立答复公众询问中心和谣言控制中心（如美国），邀请社会各界权威人士发表见证消息。但在具体的操作中，必须注意社会成员的态度及其接受范围和排斥范围，避免使人产生“此地无银三百两”的反暗示效果。

3. 流言的产生和传播是基于一定的社会心理基础，一般认为人们处在恐惧不安和焦虑状态时，流言易于产生、传播，以求弥补人们的心理失衡。而这种失衡归根到底是社会失衡的反映。因此，要从根本上消除流言产生的社会基础和种种动因，首先，要保持社会的安定，保证民主渠道畅通，减少公众的挫折感和不公平感。并应使用各种方法提高公众的成熟度和抗干扰能力。对具体的社会组织而言，要避免流言，应该注意完善自身的运行机制，尊重社会公众的利益，与公众保持密切的沟通。

第五节　传统文化与社会控制

在中国古籍中，“文化”是“文治教化”的意思，“文”指道德、礼俗、典章制度，“化”指感化、教化。用一定的道德、礼仪、典章制度去教育人民、感化人民就是文化。从某种意义上说，我们可将传统文化作为一种与制度控制、组织控制并列的社会控制途径，正如中国古人对文化的理解一样，文化是一种教育、感化人民以维护正常的社会秩序的重要手段。文化控制具有下列特征：其一是非直接强制性，即文化控制不是以强制力推行，而是以社会性评价、内心反省等等非强制力实施的，人们即使触犯文化，也不象触犯政权一样遭受到直接的严厉制裁，因而文化控制就更为普遍，更为经常地存在；其二是自觉性，即人们在长期的社会化过程中，逐渐接受甚至内化了文化的价值标准、行为规范，在受文化控制时并没有被强迫感，是自觉自愿甚至是不知不觉中就遵从了文化控制所要求达到的标准；其三是广泛性，即文化控制具有极其广泛的覆盖面，遍及全体社会成员，几乎渗透到人类的一切社会行为之中。正是因为文化控制具有组织控制、制度控制所没有的这些特征，它因此成为社会控制的重要方式。中国历代统治者都十分重视对社会的文化控制。因为文化是一个极其复杂的整体，文化控制可能同前面我们谈到的各种控制途径有交叉，下面，我们仅就传统文化中的习俗、道德、宗教、艺术等作为社会控制的具体手段作一简单介绍。

一、习俗

习俗是一定社会文化区域内人们历代相传并共同遵守的习惯

和风俗，是一种非正式的社会规范体系，常常具体化为各种礼俗和禁忌，渗透到人们的日赏生活之中，如生产、交换、消费、居住、饮食、建筑、服饰、器物、娱乐、婚嫁、丧葬、祭祀、时令、语言、生育等各个方面。与个人习惯不同，习俗是群体行为不断重复、不断发扬的结果。某种行为因为能够满足人的基本需要，为越来越多的人所效法，就有可能被巩固下来，演化为习俗。不具备普遍性的个人行为与习俗是截然不同的两回事；只有那些被广泛接受的规范化行为，才是习俗。同一社会性群体的人们对于这些习俗总是习以为常，视为生活中应有的内容和特色，这种约定俗成，就调节和固定了他们的各种活动，实现了社会的秩序化。

我国幅员辽阔，历史悠久，遍及全国、贯通古今的习俗林林总总，种类繁多，如有关衣食住行的生活习俗；有关婚丧嫁娶、生儿养老的生育习俗；有关人情往来、礼仪结拜的人际关系习俗；有关节令岁时的节日习俗；有关民间文学、艺术竞技的审美习俗；有关天地山川、日月星辰的信仰习俗等等。这些习俗具有很强的社会控制作用。其一，习俗具有一定的社会凝聚力。习俗是一种把一定地域内的人们结合起来的无形力量，使人们产生认同感、亲近感、归属感，更易于沟通和交流，从而产生一致的行为，起到良好的社会整合作用。中国传统的节日如春节、端午节、中秋节，至今对凝聚海内外的中国人有不可小视的作用就是一个证明。其二，习俗可以协调社会关系。习俗将人们在共同生活中结成的一部分社会关系通过约定俗成的方式固定下来，使人们在日常生活中有一定的模式可以遵循，使交往双方的行为可以相互期待、预先知道，从而维护了社会的秩序和稳定。事实上，中国历代统治阶级都十分注重习俗的教化功能，通过“美风良俗”的作用，控制世道人心。曾国藩说，仁义观念应变为风俗，这样才深入人心：“众之所趋，势之所归，虽有大力，莫之敢逆，故日挠万物者莫疾乎风，风俗之于人心，始乎微而终不可御者也。”①可见习俗对社会关系的调节作用是通过潜移默化实现的。其三，习俗对人们的行为具有一定的约束力。习俗的制约作用十分广泛，法律、道德等顾及不到、控制不了的社会行为，习俗都可以发挥作用。习俗通过舆论、社会氛围，通过广大社会成员喜闻乐见的形式，如民间传说、民间故事、神话、谚语、社交礼俗等等，广泛流传于社会生活的各个领域，熏陶和影响社会成员，自发调节人们的行为，使他们都自觉不自觉地按习俗行事。在历史发展中，各种习俗将会与社会文化的其他方面（如宗教、艺术、道德等）结合起来，约束力越来越强。不遵守习俗，将会受到非正式的制裁，如他人的轻视、讥笑等等。

从社会发展的角度看，习俗的社会心理调控功能有积极的、中性的一面，也有消极的一面。那些对社会发展有促进作用以及对人们生活和身心健康有利的习俗，是积极的习俗。对于它们，应该提倡和普及。那些无明显益处，也没有特别害处的习俗，是中性习俗，对于它们，应该向积极方面引导。那些与社会发展相矛盾、有损人们身心健康的习俗，是消极的习俗，如中国传统的重男轻女、早婚早育、女子缠足等。对于它们应加强批判，逐步改造。尤其是对其中的严重者即严重阻碍社会发展、残酷扼杀人性的恶习陋俗，应坚决革除。

二、道德

道德是以善恶、荣辱等观念来评价和约束人们的社会行为，调整人们之间以及个人与社会之间关系的社会行为规范的总和。道德源于习俗，由与社会共同生活关系较为重大的那一部分习俗演化而来。因为共同生活的需要，人们对彼此的行为规范提出了

① 王光谦编：《古文辞类纂》卷一

较习俗而言更为严格的要求，对于那些对共同生活有利的行为，如作战勇敢、生产勤劳、能够获得更多的食物、救护同伴的行为，认为是好的、善的、高尚的行为，加以赞赏和表彰，给予某种荣誉；对于那些破坏共同生活的行为，如懒惰、怯懦、自私、叛变等行为，认为是不好的、丑恶的，加以鄙视和惩罚。于是原来作为习俗的一部分就演化为道德了。

道德的作用也在于控制社会成员的思想和行为，维持一定的社会秩序。道德对人的行为的控制作用，比习俗要强。习俗可以遵守，也可以不遵守，不遵守习俗不会引起太大的社会关注，人们不一定对这种行为做出社会评价。但是，违反道德就比较严重一些，社会舆论就要来干预，对它实行谴责，使行为人的人格和名誉受到损害。同时，对高尚的道德行为，社会舆论加以赞扬，使行为者声望和社会地位有所提高。道德就是利用这样一褒一贬的方法，促使人们弃恶向善，遵守道德规范的。

舆论对道德的干预是通过道德的内化起作用的，即通过反复不断地对人们的行为做出是非、善恶、美丑、公正与偏私、高尚与卑鄙等评价，从而使人们在头脑里逐渐形成一定的道德观念，这种道德观念就成为控制人们行为的内在准则。他做出为道德所称颂的行为，是出于道义感或激情，自觉自愿的，不是被强迫的，是发自内心的强大动力驱使下实行的，如我国传统道德所称誉的见义勇为、杀身成仁、舍生取义等自觉自愿行为。

道德对人们行为的控制作用比法律更巧妙。法律管不到的地方，道德可以管。道德的控制是内在的控制，不需要监督。因此，中国历代的统治阶级都非常重视利用道德来治理国家和管理社会。儒家的政治核心是仁政，所谓“为政以德”，强调用道德来治国：“尊五美，屏四恶，斯可以从政矣”，“尧舜之道，不以仁政，不能平治天下”。行德治，使中国成为礼仪之邦，这是中国封建社会得以长期稳定和延续的重要原因。

当然,道德的社会控制作用也是有限的,尤其是在社会价值观念发生重大变化的时期,道德的控制力更受到挑战。例如改革开放以来,市场经济条件下的道德观与我国的一些传统道德观产生了激烈的冲突。在这种情况下,传统道德在指导人们行为方面就不那么有力了。但无论如何,人类需要道德,需要高尚的道德。即使在今天,也需要建立与市场经济相适应的社会主义道德体系,对符合要求的传统道德取其精华,弃其糟粕。如此,则道德对社会的控制能力将显著提高,如中国传统道德中的"仁、义、礼、智、信"中的"信"与市场规则的"讲信用"是相吻合的,发扬光大这一传统道德,将有助于形成一个成熟、稳定、有序的统一大市场。

三、宗教

宗教是与神或神化物相联系的信仰和规范体系,是自然力量和社会力量在人们思想中颠倒的、虚幻的反映,是社会控制的一种特殊手段。

宗教是一种极其普遍的社会现象,原始社会就开始存在。当时,由于人们无法抵御、理解自然灾害的侵袭,产生了对某种自然现象的畏惧心理和神秘感,于是形成了原始宗教。进入阶级社会后,人们又受到异己的强大的社会力量的支配,对"人吃人"的社会苦难产生了巨大的恐惧和绝望,于是通过对超个人的自然力量和社会力量的崇拜,逐渐创造出高级宗教。现在,信奉各种宗教的人占世界人口的60%以上,宗教对各国各民族的政治、经济、思想、文化、科学、教育及社会生活的其他领域有着广泛而深刻的影响。从世界范围看,宗教对社会控制有着重要的意义:

1. 维护现存社会秩序。宗教教规大多要求人们安于现状,逆来顺受,告知人们现实苦难已是命中注定,一切希望只能寄托在来世的幸福上。从而使社会成员在观念上接受既定现实的安排,放弃反抗与斗争,这无疑是有助于维护现存的社会秩序,保持社会稳定的。

2. 提供心理支柱。宗教对来世幸福或特殊体验的强调，在一定程度上减轻了人们对现世苦难的痛感，缓解了因对超个人的自然力量和社会力量的疑惑和恐惧所带来的压力，使人们获得较大的精神安慰。此外，宗教明确指出了人生的终极目的和绝对价值，赋予本来可能毫无意义的宇宙以特殊的意义，使一部分人摆脱迷惘与绝望的困扰，从此拥有情感的寄托与心理的平衡。

3. 加强社会整合。宗教通过特定的信仰和礼仪，将不同的个人、群体凝聚成一个认识高度统一、行动协调一致的整体。

4. 约束人们的行为。宗教作为一种社会规范，包括礼仪、诫条和教义三个方面的内容，其中诫条是宗教最基本的行为准则，它严格规定了信徒不能做的事情，如基督教的十诫，佛教的五诫等等。它们对信徒的行为有很大的约束力。当然，宗教是通过信仰来实现对人们行为的控制的，对于信徒而言，宗教信条是不容怀疑的，若违反教规，可能受到非常严厉的制裁。因此，宗教对信徒具有极强的控制作用。

我国是一个有多种宗教的国家。历代统治阶级大都利用宗教来统治人民，作为加强社会控制的一个重要手段。至今道教、佛教、伊斯兰教、基督教以及其他的一些宗教，在人民群众的社会生活中仍然发挥着作用。新中国成立后，我国实行尊重和保护宗教信仰自由的政策。改革开放以来，我国某些地区出现宗教信徒有所增加的现象。在一些少数民族地区，宗教已成为人们社会生活的重要组成部分。合理地利用宗教中的合理成分，对促进社会风气的好转，稳定社会秩序有着不可忽视的作用。

四、艺术

艺术是一种特殊形式的社会意识，创作者在一定时间内，通过这种社会意识形式，借助各种符号和各种感觉，在美学各个领域，表达自己对自然界和社会的态度。

传统文化中的艺术，作为社会控制手段之一，具有独特的表现手法。借助于绘画（如中国画）、雕塑（如莫高窟）、诗歌（如唐诗）、小说（如元明小说）、戏剧（如京剧）等艺术手段，一个观念通过其表现形式获得了特殊的感染力。其社会控制作用表现在以下几个方面：其一，艺术通过前述种种手段改变着人们的情感以利于社会，唤起人们的激情。借助于艺术提供的工具和象征，群体被激发起一种共同的情绪，人们在扩大交往和团结一致时产生普遍的愉快。其二，艺术通过运用它独特的方式，将人们的渴求、希望、恐惧、悲伤表达出来，展示在人们的面前，唤起了人们的相互同情，使其成为各种美德的温床。其三，艺术创造美感，以美来培育善，以丑来抑制恶。其四，艺术可以发掘崇高感。生活中有一种常见的社会心理现象：对宏伟目标的追求使人们抛弃渺小的自我，走出自身的狭小圈子。艺术可以帮助人树立这样的目标。其五，艺术使社会象征完善化。文艺作品常常劝人为了未来的利益而忍受眼前的艰辛和痛苦，这不仅是为了自己和自己周围的人，而且是为了整个民族和社会。此外，艺术还通过拟人化的手段使国家的人格完善化。例如，以母亲来象征祖国，唤起人们最赤诚的爱，高度象征性的价值激起人们最强烈的忠诚并愿为之献身。其六，艺术不断创造新的典型形象树立榜样作用。艺术家不断在文艺作品中创造出各种各样的典型形象，尤其是塑造出许多具有巨大吸引力的英雄形象，使读者和观众在赞成和敬佩这些典型形象之余，自觉或不自觉地效仿他们。实际生活往往如此：一个社会文化造成的聚合力，在某种程度上说，就是通过用给人民灌输若干时代典型的方式来同化和统一他们的力量。

总之，社会控制就是通过包括传统文化在内的各种不同类型的社会控制途径，从社会生活的不同层次、不同方面对人们的社会行为进行约束、限制和指导。需要指出的是，人类社会行为是极其复杂的,传统文化对社会行为的控制也是复杂的,要形成一种稳定、良好的社会秩序,就必须将传统文化同社会控制的其他手段密切结合起来,而不是仅仅依靠传统文化就能达到社会控制的目的。

第六节　越轨行为与社会控制

社会上经常发生各种稀奇古怪的事：公路上的井盖被人偷去作为废铁卖了；有人喝醉酒掀翻了饭店的餐桌；失恋者轻生，跳楼自尽；有人贪图享受，砸门撬锁敛人钱财；公职人员玩忽职守，侵吞公款……这些行为，有些涉及被害者，有些则不然；有些触犯法律，有些则不属于违法范围。社会学家称这类行为为越轨行为。社会心理学对这类行为的兴趣在于为什么会有这些行为出现，以及怎样防止这些行为。

一、越轨的含义及其类型

社会控制的一个重要内容就是对种种越轨行为加以限制。那么，什么是越轨行为，谁是越轨者呢？有的研究者曾向有着各种背景的人提出这一问题，结果收到250个以上的回答，内容迥异。在这些答案中，越轨者既包括酒鬼、吸毒者、同性恋者、激进分子、妓女、罪犯，但同时也涉及说谎者、妇女、民主主义者、驾车肇事者、无神论者、年轻人、玩纸牌者、留胡须者、总统、离婚者、现代人、艺术家、和平主义者和自称无所不知的教授以及自作聪明的学生。[①]更为复杂的是，同一种行为，有的人认为是越轨行为，有的人则不然。那么什么是越轨行为呢？

---

① 尹思·罗伯逊:《现代西方社会学》,河南人民出版社,1988年版,第250页

1．越轨的含义。我们所说的越轨行为，又称社会越轨、离轨行为或偏离行为，是指社会成员（个体、群体或组织）偏离或违反一切公认的现存社会规范的行为。如何确定某一行为是否越轨不但是一个理论问题，也是一个现实问题。对越轨行为的界定，我们强调要以社会规范为标准来判定某一行为是否越轨，这是十分必要的。因为在现实生活中任何社会规范都有其社会适用范围，越出这一范围，它就失去了作为评判标准的资格。首先，越轨行为的判定与文化类型有关。由于文化类型不同，它对人们行为越轨与否的判断标准也不同。例如，一夫多妻现象在奴隶社会、封建社会、伊斯兰教国家、解放前中国大小凉山彝族地区被认为正常，在现在的很多文化中被认为不正常。又如，未婚同居在中国文化中被认为是越轨行为，在现代西方社会中则被认可。其次，同一社会中对不同群体的不同规定也对判定越轨行为发生影响。例如，社会上的青年人吸烟并不被认为是越轨行为(有的还被认为是成熟的表现),但中学生吸烟则被认为是沾染上了不良习惯,违反了校规校纪。再次,同一社会主体的同一行为在不同社会情境下可能有不同的评价。例如,在非执行特别任务的情况下,公安人员驾警车行驶于长安街的公共汽车专用道上,这是一种不正常的现象;若现在警车因追捕一逃犯(或护送国宾车队)而在公共汽车专用道上行驶,就非但不是越轨,而且还是必要的了。又如,一女子身穿三点式泳衣出现在一般的公众场合,会被认为不正常,但出现在海滨浴场则被认为再正常不过了。最后,越轨行为还随着社会规范的变化而变化。

2．越轨行为的类型。对越轨行为，不同学者有不同的分类。例如，有人把越轨分成行为越轨、习惯越轨、人格越轨和文化越轨；①有人分成行为越轨、滥用麻醉药品、暴力行为、不诚实以

① 周晓虹主编：《现代心理学》，江苏人民出版社，1991年版，第383页

及认识越轨。[①]事实上，这是根据不同的标准，对越轨行为进行的不同分类。一般认为越轨行为有以下几种分类方法。

第一，根据越轨行为的主体，可以把越轨行为分为个体越轨、群体越轨。个体越轨是指具体的个人在社会生活中做出的各种违反社会规范的行为。例如，有读者在国家图书馆阅览室内肆无忌惮地用手机大声打电话，违反了规定。群体越轨是指由若干个社会成员形成的集体或团伙进行的越轨行为，如公司进行走私活动。

第二，根据越轨行为的社会后果，可以把越轨行为区分为积极越轨、消极越轨和中性越轨。积极越轨是指行为虽然不符合现有的社会规范，但它对社会生活和社会发展具有积极的作用，例如移风易俗、社会革命。消极的越轨是指对社会生活和社会发展具有破坏性或阻碍作用的行为，如拐卖妇女儿童等违法犯罪行为。中性越轨行为是指那些与社会发展无损益作用的越轨行为，如女青年把秀发剃光，男青年留长发等不符合传统生活方式和审美观念的行为。

第三，根据越轨行为所触犯的社会规范的性质，可以把越轨行为分为违俗行为、违德行为、违纪行为、违警行为和违法行为。这是对越轨行为所作的最常见的、最基本的分类。违俗行为是指违反风俗习惯的越轨行为，如中国人结婚时到教堂举行婚礼。这种越轨行为在生活中可能经常发生，通常不会受到直接的“惩罚”。违德行为是指违反社会公共道德、职业道德、婚姻家庭道德等社会道德的行为，如中国传统社会中青年男女未婚同居。这种行为比违俗行为严重，通常会受到社会舆论的非议与谴责，并使越轨者感受到巨大的社会压力和心理压力。违纪行为指违反组织纪律的行为，它发生在各种社会组织内部，通常要受到组织

① 道格拉斯和瓦克斯勒:《越轨社会学》,河北人民出版社,1987年版,第10页

纪律处分。也有人把前述三种越轨行为统称“违规行为”。[①]违警行为是指违反警察部门为维护社会治安和公共秩序做出的各种禁止性规定的社会行为，如违反交通规则撞红灯，在公众场所寻衅滋事，赌博、酗酒情节不严重的行为等。违法行为是指违反法律规定的行为。严重违警行为有可能转化为违法行为。违法行为通常包括刑事违法、民事违法、行政违法。其中刑事违法行为也就是犯罪行为，它是一种触犯国家刑律，应受刑事罚处罚的越轨行为，因而也是最严重的越轨行为。

除以上的类型划分外，还有其他很多分类，比如：根据越轨行为所引起的社会反应，越轨行为可分为社会不表态的越轨和为社会所不容的越轨；根据越轨者对所违背的社会规范的态度，可分为失常性越轨和叛逆性越轨，如此等等。

二、越轨行为的功能

一般而言，越轨行为总是给现存社会秩序造成威胁。但在社会学家和社会心理学家看来，越轨行为对社会的影响有积极的一面，也有消极的一面。

1．越轨行为的负功能。越轨行为的负功能重要表现在三个方面。

第一，直接破坏社会秩序，危及社会稳定。社会规范是社会正常运作的保证。对重要的社会规范的普遍背离使得社会变得不可预测，并使遵守社会规范的成员与背离社会规范的成员关系紧张和发生冲突，从而使社会秩序受到破坏。例如，军人出卖军事情报危及组织的生存，采购人员收受回扣而购进大量劣质货物使工厂倒闭，夫或妇的婚外恋可能导致一个家庭的解体，工人不按

① 郑杭生主编：《社会学概论新修》，中国人民大学出版社，1998年版，第474页

规范操作将影响整个流水线的正常运行，统治者不遵守规范进行权力转移而进行争权夺利的斗争可能使国家陷入混乱，甚至导致内战。

第二，破坏其他社会成员遵守社会规范的自觉意愿性。社会规范是阻止个人为自己的利益而损害他人利益的保证。许多越轨行为对个人而言都有是有利的、愉快的，如婚外性行为、抢劫、以权谋私，但对他人都是有害的。如果这类行为的越轨者没有遭受到惩罚而逍遥法外，就会动摇人们对社会公平原则的推崇和激发人们的怨恨情绪，从而减弱人们遵从社会规范的自觉性，引诱他人也去做同样的事，最终引起诸如生产严重滑坡、情杀等各种失范现象，导致社会组织管理的混乱。

第三，破坏相互间的信任关系，降低群体或社会的凝聚力。一个群体或社会的发展需要人们真诚团结和合作。社会规范是社会成员合作的契约。社会关系就是建立在相信公众能够依规范行为处世的信任之上的。如果社会交往中出现欺诈等越轨行为，会降低人们之间的信赖度。特别是普遍的越轨行为会破坏这种信赖关系，让所有的人，不管是循规蹈矩者，还是以身试法者，都充满着不安和忧虑，严重降低社会凝聚力，例如，国有企业职工相信企业领导是他们利益的代表，假设企业领导以权谋私，会极大地挫伤职工的工作积极性；我们相信行人不会攻击在路边玩耍的孩子，但假设有人拐卖儿童，就会让所有儿童的父母深感不安，就会降低他们对社会环境的信任度；民众相信国家领导人不会因为公众批评而下令屠杀，假设某个外国领导人因该国舆论而下令屠杀，他的行为就会使该外国民众陷入对政府极度不信任的恐惧之中。

2. 越轨行为的正功能。越轨行为的正功能也包括了三个方面。

第一，积极的越轨行为能促进社会发展。社会规范总是产生于一定的历史条件之下，当社会条件发生变化，原有规范已不符合社会发展的要求时，打破常规的越轨行为有利于社会发展。因此，这种越轨行为是社会变迁的必要条件。例如，中国共产党领导人民推翻“三座大山”的反动统治，在反动阶级看来这显然是严重的越轨行为，但就是这种越轨行为，给中国社会带来了伟大的变革。又如外国的妇女解放运动，刚开始时，参与运动者倍受人们的讥笑和嘲讽，她们甚至被人们指责为同性恋或性受挫的变态者。但到了今天，大多数妇女效仿她们，走出家庭，走向社会。女性逐渐取得了与男性同等的机会，原来女性只能在家充当男子配角的情况大有改变，社会因此有所进步。

第二，越轨行为有助于明确社会规范。社会规范或者以成文的方式体现出来（如法律），或者以不成文的方式融入社会生活之中（如风俗、道德、信念）。只有当越轨行为受到惩罚时，众人的反应才使成文的规范进一步明确，使不成文的规范明确起来。例如，现在的独生子女考上大学搬入学生宿舍之初，并不都明白所处环境的社会规范。当他往窗外乱倒脏水引起楼下同学的抗议或者被人骂为“没有道德涵养”时，他才知道往窗外倒脏水是不对的。

第三，越轨行为作为安全阀对社会的不满情绪有调控作用。例如，前苏联解体后，俄罗斯的大批失业者、贫困者通过酗酒来寻找精神解脱；美国“嬉皮士”时代的青年通过吸毒来寻找精神寄托，这就使他们加入激进的政治派别（重新对社会财富进行重大调整和分配）的可能性大为减少。这对社会的稳定有利。

三、越轨行为的理论

越轨是一种多因性的社会现实，许多学科都十分重视越轨行为的研究，从各自的角度提出了各种各样的理论。

1．神学的解释。这是历史上最早也是影响最为深远的一种解释。这种解释差别很大，如把越轨者说成是魔鬼缠身，中了邪气，或者受了上帝的惩罚等等。这种解释普遍存在于生产力水平极低的原始社会，其主要影响延续到中世纪末，今天在一些落后的社会文化中依然有一定影响。

2. 生物学的解释。这种理论认为越轨行为是由人的体质中的生理缺陷引起的。最早提出这种理论的是意大利犯罪学家龙勃罗梭。他认为有些人可能是天生的犯罪者。他花了大量的时间去测量狱中犯人的头骨，发现犯人的头骨不同于正常人而与类人猿的相似，如头形古怪、朝天鼻、兔唇、下颌突出等都是人类进化中较为原始的特征。于是他总结说，犯人是现代文明社会中的野蛮人，是退化的人，是生下来就注定要犯罪的，这种犯罪特性是会遗传的。龙氏之后，有学者又将这发展为体态理论和染色体理论。

体态理论将人依体态分为三种，一种是内容型，其特征为柔软、圆胖；一种是中坯层型，其特征是肌肉发达，体格健美；一种是外坯层型，其特征是肌肉较少，体质虚弱。该理论认为中坯层型人要比其他人更容易犯罪。

染色体理论建立在染色体异常学说的基础之上。正常的细胞核都有 23 对（46 个）染色体，其中 22 对（44 个）是常染色体，与性别无关。只有一对性染色体，分为 x 染色体和 y 染色体两种，男性细胞核中的一对染色体是 xy 型，女性细胞核中是 xx 型染色体。但人们发现有一些男性有一种 xxy 型结构染色体，即比正常男性多一个女性染色体。这些人在体质上具有个子高、智商低、面部有严重粉刺等特征，在行为上具有进攻性和反社会性，在精神病院和监狱中所占的比重较大。于是，染色体理论就认为染色体异常是导致社会越轨的生理原因。

3. 社会学和社会心理学的解释。其一是社会解组论。这种理论认为人的冲动应该受到社会制度和社会规范的约束，否则便会出现越轨行为。这种理论的代表人物是20世纪初美国芝加哥大学的库利和帕克等人。他们研究当时的美国社会，认为美国在工业化、城市化以及移民潮的猛烈冲击之下，传统社会那种稳定的、紧密联系的社会体系受到破坏而解组，初级群体的功能削弱，对个人的控制力降低，社会出现了复杂性、流动性和不稳定性，从而导致大量的犯罪、自杀、酗酒、精神失常等社会越轨现象产生。

其二是社会失范论。这种理论认为，任何社会的一个基本目标就是促进一致，当因为种种原因，社会系统中的不同部分失去了它们一体化的时候，人们就会陷入无规范的或混乱的状态，即失范状态，这时越轨现象就可能大量产生。比如在迅速变动的时代，当文化价值、科学技术和社会结构以不同的速度转变的时候，如战争、经济危机、意想不到的经济繁荣，都会导致一体化的破坏，就会产生社会失范，很多人难以适应这种迅速的变动，就会导致较大比例的越轨行为和较高的犯罪率。这种理论最早由法国社会学家迪尔凯姆在其名著《自杀论》中提了出来，以后又有学者将之称为“迷范论”、“社会反常状态论”。

其三是社会结构论。这种理论认为，越轨主要原因是社会文化与社会结构之间极为紧张的产物。这种理论是美国社会学家默顿在迪尔凯姆失范理论的启发下提出来的。他认为，社会一体化的破坏使人陷入了极度紧张的失范状态，具体说，这种极度紧张是由社会手段和目标的不统一造成的。社会为每一个人都规定了受文化肯定的目标，但是社会结构的安排却没有为所有人提供受社会肯定的手段去实现这些目标。这就使一部分人产生挫折和紧张，没有社会肯定的手段就采用不受社会肯定的手段去实现社会肯定的目标，这就是越轨行为。他列举在这种极度紧张的情况下，人们可能做出的5种选择：①顺从（坚持肯定的目标又使用肯定的手段）；②革新（使用社会否定的手段追求社会肯定的目标）；③墨守成规（使用社会肯定的手段却放弃社会肯定的目标）；④退却（同时放弃社会肯定的目标和手段）；⑤反叛（创造新的目标和手段以代替旧的目标和手段）。除第一种外，其它四种都是不同程度的越轨，其中第二种是越轨的普遍形式。因此，这种理论又被人称为“手段——目标论”。

其四是差异交往论（又称“文化传递论”、“随异交往论”、“不同接触论”）。这种理论认为，越轨是一个人从其生活的社会环境中学来的。所有的人都经历社会化的过程，但是他到底学到了什么，取决于他在进行社会化的时候与什么人交往，受到什么样的影响。如果一个人经常同越轨者接触并且受其强烈影响，那么他自己也可能成为一个越轨者。这种理论的主要代表人物是美国社会学家萨瑟兰，他指出，一个人与越轨者关系越密切（即接触的次数越多、频率越高、时间越长），而且接触时他年龄越小，他就越容易变成越轨者。

其五是亚文化群体论（又称“冲突论”）。这种理论认为，一个复杂社会包括一系列文化群体和亚文化群体，它们都有属于自己的一套规范和社会价值观。作为整体的社会所认为的越轨行为反映了强势群体与弱势群体之间的关系：社会中强大的群体能够把弱小群体的许多价值观和行为视为越轨。例如，近年来我国的某些青年受西方思潮的影响，搞同性恋聚会，形成同性恋亚文化群体，这种文化与我国传统文化价值是相违背的，常常受到舆论的指责。

其六是标签理论（标志论）。这种理论认为，越轨不是因为行为本身，而是因为社会反应、他人定义的结果；正是他人给某一行为下定义，贴标签，才使该行为成为越轨行为，并引发进一步的越轨行为（越轨因此分为初级越轨和次级越轨）。未被任何人认出和未受惩罚的越轨是初级越轨，这种越轨人人都是有的，一般也是偶然产生的。一个偶然越轨的人可能不被别人当作越轨者，但一旦被宣布为越轨者就是被贴上了越轨的标签，其他人就会对他另眼相看，将他从“正常人”的队伍里永远开除出去。因此，越轨是社会造成的，甚至有时是社会通过提出新规范而制造出越轨行为，如有些社会集团制定一些法规强加到另一些人身上，硬给他们贴上越轨的标志，把他们置于常人之外，从而培养出一批越轨者。此时，即使是越轨者自己，在标签的刺激、暗示、强调之下，思想上也开始形成一个新的自我概念，即认定自己是越轨者并按越轨者的方式去行动。这样，初级越轨就转化为次级越轨，即习惯性的、持久的、程度严重的越轨。

其七是编剧理论。该理论认为，社会如舞台，每一个人是社会生活中的演员，一生要扮演多种角色。社会行为就是一种舞台演出，角色、道具、布景、前台、后台等等一应俱全。人们总是以各种方式向他人表现自己，如利用姿势、话语、行动像演戏般表现出内在的状况，意在影响别人对他的印象。总之，他在社会舞台上演出时出于策略的考虑，会塑造出各种各样的角色形象。而有些越轨者的生活内容就是炫耀自己的越轨行为，以使他人震惊或痛恨为乐，例如在“青春期反叛”中，吸烟、早期性行为、吸毒、酗酒等等。

其八是存在主义理论。该理论认为，存在先于本质，即人们在有本质体验（象征体验）之前充满活力地感觉着、知觉着、行动着。感觉，特别是受情境左右的内驱力和情绪，是人类活动归根到底的决定性因素。而价值观念和信仰，只有和感受融为一体或者对表达感受有指导作用时才有意义。越轨者正是通过一系列缓慢的步骤，逐渐改变对自己所作所为的感受的。在越轨过程中，越轨者克服并最终摆脱因越轨行为而产生的羞耻感和犯罪感之前，既要欺骗自己，又要欺骗别人。虽然在别人看来，越轨行为是荒唐的、不可思议的，但越轨者本人并不感到荒唐，也无所谓羞耻感。其实，这只是他为了生存而对环境做出的一种反应和选择（这种反应和选择更多地受他的感觉所支配）。

4．心理学的解释。其一是心理缺陷说。这种理论认为越轨的原因在于心理上的缺陷。正常人知道限制自己的越轨冲动，而心理有缺陷的人则不知道限制自己的越轨冲动，甚至想不到越轨冲动的后果。心理缺陷是童年时期社会化失调的结果，例如遭到双亲的遗弃，孩子的正常社会化过程中断，心理上，感情上遭受严重挫折，难以形成健全的人格，长大后就不善于处理个人与环境的关系，社会适应能力差，极易产生越轨行为。

其二是挫折——侵犯说。这种理论认为，越轨是一种因挫折而产生的针对他人和社会的侵犯形式。当个人的某种满足受到挫折时，他就会产生灰心丧气、愤愤不平等心理，即所谓的“挫折感”，并且还会把这种挫折感发泄成为一种侵犯行为。按这种理论，一定量的挫折是以需要的强度及其受阻的强度为基础的，即挫折越强烈，侵犯也越强烈。由于各种原因不能对挫折的来源实施侵犯时，还会发生侵犯的转移，即将侵犯行为施加到其他无辜者身上。

其三是性格类型说。这种学说认为，没有一个人是天生的越轨者，不过确实有一些人更容易产生越轨行为，这就是性格类型的作用。性格外向的人一般强烈需要变化和刺激，易冲动，爱冒险，具有较强的越轨倾向；而性格内向的人通常爱安静，有较强的自我控制能力，从而也较少出现越轨倾向。

其四是观察模仿说。这是社会学习理论的观点，认为越轨行为是通过观察模仿而学到的。由于人类有突出的模仿学习能力，因此经常接触偏离社会规范的言行，就会滋长较强的越轨倾向。特别是青少年，极易把电视、电影、网上的暴力、色情内容作为模仿对象。一旦有合适的环境，就很容易表现出侵犯他人的越轨行为。

其五是弗洛伊德的人格理论。这种理论认为人格由本我、自我和超我三部分构成。本我是人的本能冲动，总想表现出来，以满足自己的私利，但是这种没有任何限制的表现会造成对他人的侵犯。自我是一种认识过程，其目的是使个体维持在达到目标的轨道上，它在本我和超我之间起调节作用。超我是社会中的禁忌、准则、规范在人的意识中的反映，社会通过教育，使社会行为规范在其成员身上得到内化，这就是超我的力量。超我是人格的检查官，起着压抑本能的作用，一旦本我失控，本能随意表现，就会造成越轨。

四、越轨行为的社会控制

一个社会必须有一个正常的社会秩序，才能很好地生活和生产。因此，任何社会都要制定出一套制约办法来鼓励守法者，打击违法者，以使大多数人在大多数时间里遵守社会规范。越轨行为作为一种违反社会规范的社会行为，是社会控制的主要对象，特别是情节严重的犯罪行为，对社会的安定与秩序有着极大的危害性，此种越轨行为成为社会控制的重要对象。

但就越轨行为整体而言，从社会后果看，越轨行为有积极性的、中性的和消极性的三种。因此我们进行社会控制时，要注意区分情况，进行具体的分析。第一，对积极性的越轨行为，因其对社会发展有积极进步的作用（是打破因循守旧的习惯、推动社会发展的动力之一），社会控制对此类越轨的制约作用主要表现为社会控制者通过社会宣传、舆论导向等手段，倡导这类越轨，如鼓励破除阻碍社会发展的陈规陋习等。第二，对中性的越轨行为，因其对社会共同生活秩序和社会发展的影响不十分明显（如赶时髦），社会控制者对此大可不必评头论足。第三，对于消极性的越轨行为要严加控制，将这类社会越轨限制在不足以危害社会安全运行的范围内。对于这类越轨行为，应该采取两方面的措施：一是预防，即采取措施，防止和减少越轨行为的发生；二是教育改造，即对已经越轨的人进行教育和改造。但不论对哪类越轨行为，就预防而言，有效途径有以下三条：

1. 改变社会规范。这是引导积极越轨行为的有效途径。随着越轨行为的出现而改变原有的社会规范，看似荒谬，然而它常常是社会进步的表现。例如，解放前我国农村的许多地方，认为妻子应从一而终，即使守寡，也是“节妇”，甚至应为之立贞节牌坊。但如今，这一规范已被彻底废弃。这表明新中国妇女地位大有提高，社会在进步。在一个社会中，如果大多数人背离了某种社会规范，这通常说明该规范极有可能存在不合理之处，其出路只有两条：一是修改，二是废弃。例如，在许多传统社会中，试婚是严格禁止的，但现代社会由于越来越多的人有婚前性行为，试婚的人也多了起来，原来的规范逐渐丧失了其约束力——人们对试婚“见怪不怪”了。这就修改了原来的社会规范。

2. 消除越轨行为产生的社会条件。这是预防越轨行为的根本途径。例如，根据文化传递论，让青少年和儿童远离越轨群体，以免“近墨者黑”；开展反对犯罪的公众运动，让人远离越轨者。根据标签理论，让越轨者恢复正常生活，别为其贴上“越轨”的标签，这可以防止继发性的越轨行为。根据社会结构论、失范论，创造更多的可以用合法手段获得的成功机会，可以减少越轨行为。

3. 增加越轨行为的社会成本。因为许多越轨行为对于行为者而言是愉快的和有利的，因此我们必须对越轨行为进行必要的惩罚，提高其代价，使越轨行为的风险成本高于其可能获得的利益，如对已经越轨的人实行财产罚、人身罚等，这样，潜在的越轨者在“趋利避害”的理性选择之下，不再越轨。更具体一点讲，首先，要强化国家机器，健全法制，充分发挥法庭、监狱的制裁作用，打击罪犯，让其付出惨重的代价，教育更多的人，从而有效地治理社会，维护良好的社会秩序。其次，还应该采取综合治理措施，充分调动一切社会控制工具，从生活的各个层面对社会成员的行为进行规范和制约，动员全社会力量，同一切危害社会安定与秩序的行为作斗争，让越轨者处处都得付出代价，越轨的综合成本大大提高，迫使其权衡得失，放弃越轨之念。

至于对越轨者的教育和改造，最重要的是对罪犯的改造。这是一项系统的综合工程。正如我们前面谈到的，犯罪产生的原因是极其复杂的，因此，教育改造犯人的关键问题，就是针对其犯罪的原因采取有针对性的措施，彻底消除其犯罪的思想根源，重新树立正确的人生观和价值观，使之洗心革面，重新做人。如我国采取以下措施对犯人进行教育改造：

第一，劳动。很多犯人没有正确的劳动观念，好逸恶劳、不劳而获的思想把他们推上了犯罪的道路。所以，劳动改造是为了给犯人补课，即补上犯人在基本的社会化过程中所缺少的重要一课，把劳动知识内化，吸取劳动的社会价值观，为以后成为一个自食其力的社会成员创造身体条件、技能条件和思想条件。

第二，监管。创立监管制度也是促进犯人重新社会化的重要内容。通过对罪犯进行严格的管理和监督，使其养成良好的行为习惯和纪律、道德、法制观念。

第三，奖励和惩罚。在罪犯的重新社会化过程中，奖励和惩罚必不可少。很多罪犯就是在过去的人生经历中因为缺乏必要的奖惩，特别是他的各种越轨行为没有及时受到惩罚，以至于最后越犯越严重，锒铛入狱。因此，要提高对罪犯的改造效果，就要充分运用奖惩手段，不断地强化积极行为的影响，抑制消极行为的影响。

总之，通过采取上述措施，可以对越轨行为进行有效的社会控制，维护社会秩序，保证社会的稳定和发展。

第九章

社会心理学在管理中的应用

近20年来社会心理学的一个新的研究领域——组织管理心理学在我国得到了迅速发展，并在各个领域得到了广泛的应用。这是社会心理学按照所研究的人类活动的类型继续分化的结果，也是社会心理学的各个分支和流派不断综合的结果。在组织环境下社会心理学研究组织心理现象的规律性，探讨组织中个体、群体和组织的社会心理学问题，如组织成员的态度、价值观、动机、群体的规模、结构规范等特点及其对人的社会心理的影响，组织中领导的作风、权力、威信等对组织发展的影响等。了解这些问题的规律性，有助于预测人们在组织中的行为，改进和提高工作效率，调动人们的积极性。本章就社会心理学的有关理论在组织管理中应用作些介绍。

第一节　个性差异与工作安排

我们知道，同树上没有两片完全相同的树叶一样，世界上也不存在两个完全相同的人。每个人都有自己独特的风格，这种差异主要是个性的差异。个性一词来源于拉丁语 Persona，是指演员戴的假面具，心理学沿用了 Persona 的含义，把个性定义为一个人稳定的心理特点的综合。个性包括了相互联系的两个方面，一是个性倾向性，表现为个体的兴趣、态度、需要、动机、理想、信念、价值观、世界观等。二是个性心理特征，体现个体之间的气质、性格、能力等方面的差异。这里仅对个性的心理特征差异做些论述。

一、气质差异与应用

气质就是我们所说的“脾气”，是指人的心理活动的速度、强度、稳定性、灵活性等动力方面的心理特征，特别表现在情绪产生的快慢、情绪体验的强弱，情绪状态的稳定性和持久性，情绪变化的幅度及言语动作的速度等方面。它使人的各种活动都涂上某种独特的动力色彩，进而影响工作的适应性。

1. 气质的类型。古今中外对气质的解释是多种多样的。我国古代有阴阳五行说，古希腊时代有体液说，现代有血型说、体型说、激素说、高级神经活动类型说。不同的学说对气质有不同的分类标准，其中影响最大的是古希腊的一位著名医生希波克利特的分类方法。他认为，人体内有四种体液：血液、黄胆汁、黑胆汁和粘液，并根据四种体液在人体内所占比例不同，把人的气质分为四类：多血质、胆汁质、粘液质、抑郁质。心理学上叫气质类型，一直沿用至今。每种气质类型的特点如下：

多血质。情绪兴奋性高，外部表现明显，反应速度快而灵活。表现为情感变化迅速，对人对事易发生情绪反应。但情绪不稳定，心境变换较快，随意反应性强，具有较大的可塑性。具有这种气质类型的人，感受性高而耐受性低。他们举止敏捷，姿态活泼，有生动的面部表情。言语表达能力和感染能力强，思维敏捷，善于交际，情感外露，但体验不深刻。待人热情亲切，但又显得粗心浮躁。办事多凭兴趣，富于幻想，缺乏忍耐力和毅力，不愿做耐心细致的工作。

胆汁质。其特征表现为情绪兴奋性高，抑制能力差，反应速度快但不灵活，情绪体验强烈而持久，表现为情绪产生迅速、且带有爆发式特点。属于胆汁质类型的人，感受性低而耐受性高，外倾明显。日常生活中表现为积极热情，易于激动，情感深刻而稳定，性情直率，精力旺盛，坚韧不拔，持久不渝，言语明确，富于表情，处理问题迅速而坚决。但自制力差，性情急躁，办事粗心，有时会刚愎自用，傲慢不恭。

粘液质。表现为情绪兴奋性和不随意反应性较低，内倾明显，外部表现少，反应速度慢但稳定性强。这种气质类型的人，情感不易变化和暴露，心平气和，不易激动，即使在最可能引起激动的情况下，也很难引起激动。但当情绪一旦被引起，就变得强烈、稳固而深刻。他们行动稳定迟缓，说话慢且言语不多。遇事谨慎，三思而行。善于克制忍让，生活有规律，不为无关的事情分心，埋头苦干，有耐久力，但往往不够灵活，注意力不易转移。容易固执拘谨。

抑郁质。表现为情绪兴奋性低但体验深刻，不随意反应性强，反应速度慢而不灵活。具有刻板性、内倾性等特点。属于抑郁质类型的人，多是多愁善感的人，情绪体验少而微弱，并多以心境的方式出现。他们沉静、深含、易相处、人缘好、办事稳妥可靠。但遇事缺乏果断和信心，生活常有孤独胆怯的表现。工作易疲劳，疲劳后也不易恢复。

气质类型是依据气质在人身上的表现所划分的，它是在某一类人身上共同的或相似的特征。典型的气质类型是有的，但在实际生活中我们见到的绝大多数都是混合型。

2. 气质类型与工作安排。气质无所谓好坏，也无善恶之分。每一种气质都有其积极的一面，也有消极的一面。气质本身不能决定一个人社会成就的高低，每一种职业领域都可以找出各种不同气质类型的代表，同一气质类型的人在不同的工作岗位都能做出突出的贡献。有人研究，俄国著名文学家普希金、赫尔岑、克雷洛夫，果戈里分别属于胆汁质、多血质、粘液质、抑郁质的气质类型，他们在文学领域都取得了杰出成就。而达尔文和果戈里都属于抑郁质类型，他们却在各自不同的领域内取得了伟大的成就。

气质并不是绝对不变的，而是有一定的可塑性，人的气质可以在社会生活和教育条件下发展和改造。但我们必须看到，气质的可塑性是有限度的，不能忽视气质类型带来的巨大差异。气质不仅影响活动的性质，而且影响活动的效率。某些气质特征往往为一个人从事某种职业活动提供有利条件。如要求做出迅速、灵活反应的动作，对于多血质、胆汁质的人较合适，而对粘液质、抑郁质的人则较难适应。反之，要求持久耐心细致的工作，粘液质和抑郁质的人较为合适。道理很简单，让林黛玉卖肉是强人所难，让张飞绣花是故意刁难。如果让一个人从事了与他自己气质不相符的职业，无疑对个人和工作都是一种损失。因此，工作的安排要注意气质类型。

多血质的人工作能力强，容易适应新环境，工作面较为广大，如外交工作、管理工作、驾驶员、服务员、医生、律师、运动员、冒险家、新闻记者、演员、侦察员、干警等等。但他们不适宜做过细的工作，单调机械的工作也很难胜任。粘液质的人工作范围也是比较广泛的。他们容易养成自制、镇静、安静、不急躁的品质。外科医生、法官、管理人员、出纳员、保育员、话务员、会计、播音员、调节员等是他们适宜的工作。

胆汁质的人喜欢不断有新活动、新高潮出现，喜欢热闹。对他们来说，工作环境不断变换，工作任务不断转移不会造成心理压力。他们可以成为出色的导游员、推销员、节目主持人，演讲员、外事接待人员、监督员等。他们适应于热闹、繁杂的工作环境，而对长期安坐、细心检查的工作很难胜任。相反，抑郁质的人可以很好地胜任胆汁质者难以胜任的工作。比如校对、打字、排版、检查员、登录员、化验员、雕刻、刺绣工作者、保管员、机要秘书等等都是他们理想的工作。

组织中不同岗位的活动性质是不同的，在一般的工作岗位上，气质的各种特性可以起到互相弥补的作用。如有人对优秀纺织女工的研究发现，属于粘液质的女工，她稳定的注意力能及时发现断头的故障，克服注意力不易于转移的缺陷；属于多血质的女工，注意力易于转移，这种灵活性弥补了注意力分散的缺陷。她们以不同的工作方式完成了同样质量的工作。但是有些特殊职业或特殊工作岗位对气质则有比较高的要求。比如飞行员、宇航员、大型动力系统调度员和运动员，要求能适应高度的身心紧张，具有敏捷的反应及顽强的耐力。他们的活动与重大责任相关联，造成差错引起的后果是不能用其他气质特点来弥补的。

实际上，组织中的每个工作岗位，对其工作人员的气质特点都有特定的要求，因此在安排工作时必须考虑员工的气质类型，要遵守两个原则：一是气质的适应原则，当一个人所从事的工作符合其气质特点时，就比较容易适应工作，工作起来也会感到轻松愉快。反之，如果一个人所从事的工作与其气质特点不符，适应工作就比较困难，工作起来也比较吃力。二是气质的互补原则。在一个群体中，使不同气质类型的人在一起工作，可以起到不同气质类型间的行为互补作用，有利于工作任务的完成，提高工作效率。

二、性格差异与应用

观察一下日常生活中的人群，你就会发现人的性格是多种多样的，有的人诚实、正直、谦逊；有的人活泼、好动、善交际；有的人则悲观、孤僻。在人际交往过程中有内向的，也有外向的；在情绪特征上，有稳定型的，也有激动型的；在适应工作方面，有的人积极进取，也有的人消极被动；在意志表现上有勇敢、果断和优柔寡断之分。个体之间的差异，除了相貌、体形不同外，性格特征上的差异是最主要的差异。

1. 性格差异分析。性格是个人对现实稳定的态度和与之相适应的习惯化了的行为方式的吻合。单纯的态度和行为不能代表一个人性格特征，正如恩格斯所说“人物的性格不仅表现在他做什么，而且表现在他怎样做。”性格不是天生的，而是在社会实践中逐渐形成和发展的。在同样的社会环境中生活和发展的人，因为他们的生活条件和实践活动有许多共同的东西，因此他们的性格也会有一些共同的方面和特点，如性格的职业性、民族性等。了解人们性格中的共同性和差异性有助于提高管理的针对性和科学性。

性格差异不仅表现在性格类型上，如内倾型、外倾型、独立型、顺从型、理智型、情绪型、意志型等，而且表现在性格特征的各个方面，一般可以从以下四个方面来分析：

第一，性格的态度特征。主要包括对社会、对他人、对自己以及对工作的态度，如热爱事业、关心集体、诚实、正直、见义勇为、亲切、同情、有礼貌、勤奋、认真、简朴、创新、谦逊等性格品质。与此相反的有虚伪、自私、孤僻、冷酷、懒惰、自满、自卑、墨守陈规等。

第二，性格的意志特征。它是人能否自觉地调节自己的行为方式和水平的标志，表现为一个人对自己行为的目的是否有明确而深刻的认识，能否主动的约束自己，在困难和紧急情况下能否迅速、准确地做出抉择，以及能否以顽强的毅力把做出的决定贯彻到底。属于这方面的性格特征有：独立性、纪律性、组织性、主动性、自制力、果断性、顽强性、严谨性、坚持性等。与此相反的有冲动性、盲目性、鲁莽、怯懦、优柔寡断、胆小怕事、自由散漫、虎头蛇尾、轻率马虎等。

第三，性格的情绪特征。通常表现在情绪活动的强度、稳定性、持久性和主导心境四个方面。有的人情绪体验深刻，表情鲜明生动，易被情绪支配，控制能力较弱，对工作有较大的影响；有的人情绪体验微弱，意志控制能力强，不易被情绪所左右，情绪对工作影响也较小；有的人情绪稳定持久，情绪起伏波动小，就是在成功和失败的重大事情面前情绪也较稳定；有的人则患“冷热病”，在成功面前忘乎所以，在失败面前则垂头丧气；有的人经常处于精神饱满、朝气蓬勃、乐观向上的精神状态；有的人则经常处于抑郁低沉、无精打采、悲观失望的状态中。

第四，性格的理智特征。也就是表现在感觉、知觉、记忆、思维、想象等认识方面的性格特征。如在感知方面，有主动观察型与被动观察型、分析型与概括型、快速型与精确型的区别；在想象方面有主动想象型和被动想象型、狭窄型和广阔型、创造型和模仿型之分，也有冷静的现实主义者和脱离实际的幻想家的区别；在记忆类型上，有直观形象型和逻辑思维型之分；在识记过程中有快慢之分；在保持的长久性上，有长久保持和迅速遗忘之别。在思维类型方面，有深度上的深浅之分，有类型上的分析型与综合型之分。

2. 性格类型与工作安排。性格与工作的关系可以说是彼此制约相互促进的关系。首先，安排工作岗位要考虑性格的职业品质，尽量使个体所从事的工作与其性格特点相适应。因为几乎每一种工作都对从事该工作的个体的性格品质提出特定的要求，没有良好的与工作岗位要求相适应的性格品质，就不能很好的适应工作。

另一方面，性格是在长期生产与生活实践中逐步形成的。从事同一工作或生活在同一环境的人，在性格上也往往有某些共同的特点，这也就是所谓职业性格。职业性格是职业活动本身所要求的，人的职业性格也是在职业活动中造就的。特殊职业会造就特殊的性格。服务人员的热情、周到、耐心、和气的性格；文艺工作者活泼、开朗、情感丰富的特征；科学工作者事实求是的态度，都是在职业活动中适应职业要求而形成的。甚至不同工种对性格的形成也有很大影响，石油工人的豪放、粗犷；精密仪器修理工的细致、精确；高空作业工人的大胆、勇敢，都是由于实践中的特定身分，为了适应环境反复学习的结果。

美国著名职业指导专家，霍普金斯大学教授约翰·霍兰德提出了性格类型与职业类型学说。他把性格划分为六大类，并与相应的六大类职业相对应。这六大类性格及其相应的职业是：

现实型（R）　这种类型的人喜欢有规则的具体劳动和需要基本技能的工作，他们性格粗犷、四肢灵便，情绪稳定。他们不喜欢抽象的东西，讷于言辞、不善交际。

这类职业其特征主要是指熟练的手工工作和技术工作，即指在西方被称为“兰领”的职业。如木匠、鞋匠、铁匠、电工、车工、钳工、建筑工、产业工人、运输工人、驾驶员、汽车修理、家电修理、机械师、机械制图员、报务员等。

调研型（I）　这类人喜欢智力的、抽象的、逻辑的定向任务，大都喜欢独立的工作，不愿受人督促，也不愿督促别人，不喜欢戒律严明的环境和重复性的活动。他们往往缺乏领导能力和说服他人的能力。

其职业范围主要是科学研究和实验室工作。其特征是通过观察、分析和实验探讨事物或现象发生、发展及变化的规律。主要是指各类科学研究人员，如气象学者、生物学者、天文学者、地质学者以及数学、化学、物理、计算机等各类研究人员。

艺术型（A）　这类人感情丰富、善于想象、喜欢求异、希望通过创作独特的艺术作品来表现自我。为创新，他们甘愿冒险。这类人往往缺乏办事员的能力，即不善于处理各种事物性工作。

这类职业主要指艺术创作工作，使用语言、音响、动作、色彩、造型等创造艺术作品。典型的职业如文学家、诗人、音乐工作者、舞蹈工作者、绘画工作者、雕塑、摄影、装饰、装璜、书法、演员、记者等。

社会型（S）　这类人对社会交往感兴趣，愿意出席社交场所，关心社会问题，有较强的社会责任感，重友谊，愿意为别人服务，容易和人相处。但这类人往往缺乏机械能力。

相应的工作主要是指与人打交道的工作，即教育人、医治人、帮助人、服务于人的工作。如教师、医生、护士、家庭保姆、工会、妇联、民政、计划生育及各类社会工作者、思想教育工作者和各类咨询人员等。

企业型（E）　这类人性格外向、自信、精力旺盛、对冒险活动、领导角色感兴趣，具有支配、劝说、和使用语言的技能。但这类人往往缺乏科研能力。

相应的职业范围主要是指管理、决策方面的工作。如国家机关及工作机构的负责人、党团干部、经理、厂长、公关人员、广告宣传员、调度员、律师、工业顾问等。

常规型（C）　这类人对系统的、有条理的工作感兴趣，喜欢整洁的有秩序的生活环境，习惯于按照固定的规则、方法进行重复性、习惯性的活动。这类人往往缺乏艺术创作能力。

典型的职业是办公室工作，如办公室的办事员、图书管理员、打字员、校对员、计算机操作人员、统计员、出纳员、邮电工作者、秘书等。

六类人格及其六种职业类型的相互关系可以用图 9-1 表示。图中相临两个类型在性质上较为接近，人格与职业活动内容包含有较多的共同点，如现实型与调研型，调研型与艺术型等。而相对的两个类型在性质上差别较大，人格与职业活动内容所包含的共同点也较少，对人的要求甚至是相对立的。如调研型与管理型，常规型与艺术型等。霍兰德创立的人格类型与职业类型学说对管理者合理地安排工作以及人们选择适合自身特点的职业都具有一定的参考作用。①

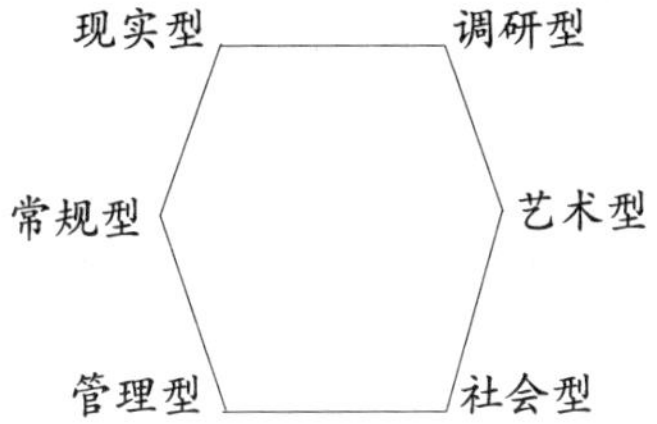

图 9-1　六大职业类型及其相互关系

三、能力差异与应用

无论从事什么样的工作，总要有一定的能力作保证。一般说，能力是在活动中发展起来的直接影响活动效率的心理特征。能力与活动密切联系在一起，个体的能力是在活动中形成和发展起来的，并在活动中得以表现。能力不同于知识，也不同于技能，但知识和技能是形成能力的基础。

① 参见朱启臻《职业指导概论》，中国农业大学出版社，1989 年版，第 3~8 页

1. 能力的类型。人的活动是多种多样的，人的能力也有各种各样的类型。从不同的角度可以对能力进行不同的分类。通常我们把能力分为一般能力和特殊能力两大类。

一般能力是指各种活动都需要的一些共同能力，相当于人们通常所说的智力。包括：①注意力。指人的心理活动对外界一定事物的集中和指向能力。人们注意品质的差异主要表现在注意的范围、注意的分配、注意的稳定性和注意的转移等方面。②观察力。是一种有预定目的、有计划、主动的知觉过程。观察是一切知识的门户，在人类认识世界和改造世界的一切领域，它都起着重要的作用。观察力的差异主要体现在不同的观察类型上。如观察的分析型、观察的综合型以及分析—综合型等。③记忆力。是指人们对过去经历过的事物识别、保持、再认和回忆的能力。包括记忆的速度、持久性和准确性等方面，是智力结构的重要组成部分。④思维力。是指对事物的分析、综合、抽象、概括的能力，是智力结构的核心。个体思维能力的差异，主要表现在思维的广阔性和深刻性、独立性和批判性、灵活性和敏捷性等方面。⑤想象力。对头脑中已有的表象进行加工改造，创造新形象的能力。爱因斯坦称它是“科学研究中的实在因素”。想象力也是工程设计人员、建筑师、机械师、服装设计、艺术工作者以及一切创造性活动所必须的。

一般能力的五种因素，在认识过程中各自执行着不同的功能，起着各自的特殊作用。可以说，注意力是能力的警卫，又是认识活动的维持者；观察力是能力的眼睛，又是认识活动的源泉；记忆力是能力的仓库，又是认识活动的基础；思维是能力的中枢，又是认识活动的主要方法之一；想象力是认识活动的翅膀，又是创造性活动的条件。一般能力的各个要素是相互联系，又相互制约的。某个因素的水平，不仅影响整个智力水平，也影响其他四个因素的水平。

特殊能力也称职业能力，是对一般能力而言的，指在从事某种特殊活动中表现出来的能力。如数学能力、绘画能力，音乐能力、飞行能力、管理能力等。从事任何一种职业都要求具有与之相适应的专门能力，如果缺乏这种能力就难以胜任工作。因此，了解各种职业活动所需的特殊能力，对合理安排职业是非常重要的。加拿大《职业分类词典》把特殊能力分为以下 11 个方面。[①]

一般学习能力（Q）　又称为智力。它是指人认识、理解客观事物并运用知识、经验等解决问题的能力。其核心是逻辑思维能力。一般学习能力是人在学习、工作、日常生活中必须具备和广泛使用的能力。职业或专业的水平越高，对人的一般学习能力的要求亦越高。

语言能力（V）　是指对词及其含义的理解和使用能力，对词、句子、段落、篇章的理解能力，以及善于清楚而正确地表达自己的观点和向别人介绍信息的能力。简单地说，它包括语言文字的理解能力和口头表达能力。

算术能力（N）　是指迅速而准确地运算的能力。大部分职业都要求工作者有一定的运算能力，但不同的职业对人的算术能力要求的程度不同。例如，对于会计、出纳、统计、建筑师、工业药剂师等职业来说，要求工作者必须具有较强的计算能力；对于法官、律师、历史学研究者、护士等职业来说要求工作者具备中等水平的计算能力；对于演员、话务员、招待员、厨师、理发员、导游、矿工等职业来说，对算术能力要求则较低。

空间判断能力（S）　是指能看懂几何图形、识别物体在空间运动中的联系、解决几何问题的能力。与图纸、工程、建筑等打交道的工作，以及牙科医生、内外科医生等职业，空间判断能

① 参见朱启臻《职业指导理论与方法》，首都师范大学出版社，1996 年版，第 152～154 页

力要求很高；对于裁缝、电工、木工、无线电修理工、机床工来说，也必须具有一定的空间判断能力才能胜任。

形态知觉能力（P）　是指对物体或图象的有关细节的知觉能力。如对于图形的明暗、线的宽度和长度做出视觉的区别和比较，能看出其细微的差异。对于生物学家、建筑师、测量员、制图员、农业技术员、动植物技术员、医生、兽医、药剂师、画家、无线电修理工来说，需要较强的形态知觉。

职员能力（K）　是指对语言或表格式材料的细节的知觉能力。如发现错字或正确地校对数字的能力等。许多工作如设计、经济、记帐、出纳、办公室等工作、都要求从业者具备一定的职员能力。

眼－手协调能力（K）　指眼手迅速准确和协调地做出精确的动作和运动反应的能力。对于驾驶员、飞行员、牙科医生、外科医生、雕刻工作者、运动员、舞蹈演员来说，这种能力显得尤其重要。

手指灵活度（F）　是指手指迅速准确和谐地操作小物体的能力。纺织工、打字员、裁缝、外科医生、护士、雕刻工作者、绘画工作者等，手指必须较一般人灵活。

手的灵巧度（M）　是指手灵巧而迅速地活动的能力。像体育运动员、舞蹈演员、画家、外科医生等等，对手的灵巧度要求较高。

眼－手－足协调能力（K）　根据视觉刺激，手足配合活动的能力。

颜色分辨能力（C）　观察或识别相似或相异的色彩，或对相同色彩明暗效果的感知能力。包括识别特殊色彩、识别调和色或对比色以及正确配色的能力。

2. 能力差异与工作安排。个体之间的能力差别表现在能力的水平差异和能力的类型差异两个方面。不论是水平差异还是类型差异，都可以通过一定的能力测验方法测定出来，在国外，几乎每一位得到一份工作的人都会发现，不经过某种能力测验选拔程序，就难于谋得职业。随着我国用人体制的改革，能力测验在人员选拔上越来越受到管理者的重视。在人员的选拔上，管理者的责任就在于确定人们的能力水平和类型并把不同能力的人安排在合适的岗位上。因此，在员工录用和工作安排上要注意以下两个原则：

第一，能力阈限原则。不同的岗位对能力有不同的要求，每项工作对能力的最起码的要求，叫做能力阈限。在人员录取和安排工作时必须坚持所用的人达到这个能力的最低要求，否则就无法胜任工作。当然，也不是能力水平超过能力阈限越多越好，如果工作人员的能力水平远远高于工作的要求，一方面造成人才的浪费，另一方面也不能使工作人员获得成就感，不能激发其工作的积极性。

第二，合理安排原则。每个人都有自己的兴趣和特长，表现出不同的能力类型。把他们安排在他们最感兴趣和最能发挥其特长岗位上，可以极大地激发他们的积极性和工作热情。当一个人从事了他愿意并能发挥其特长的工作，就会调动他整个身心的积极性，他就会情绪高涨、想象丰富，就能创造性地完成工作，并体验到成就感。能力的合理安排原则还包括了能力类型的合理搭配。在一个群体中把不同能力类型的人搭配在一起，能够起到互相弥补和互相促进的作用，有利于整体效益的发挥。

第二节　领导行为及其有效性

一个组织成功与否，归根到底在于人的积极性是否得到了充分的发挥。影响组织成员积极性的因素十分复杂，除了被领导者的素质，还有组织的特点和环境的影响。但人们普遍认为一个组织成就的高低，在很大程度上取决于领导行为的优劣。领导和行为又是由领导者的素质和领导方式决定的。

一、领导者的影响力

领导者与领导是两个不同的概念，一般认为领导是指引和影响个人或组织，在一定条件下实现某种目标的过程。领导是在“指引”和“影响”的概念上衍生出来的，它与某种目的的实现联系在一起。而致力于实现领导过程的个人称为领导者，即那些担任某项职务、扮演某种领导角色的个人。领导者的影响力是实现有效领导的关键。

所谓影响力是指一个人在与他人交往过程中影响和改变他人心理和行为的能力。领导者影响力一般由权力影响力和非权力影响力构成。权力影响力是由社会赋予个人的职务、地位、权力构成的，这种影响力并非人人都有，只属于那些担任一定职务，掌握权力的人。权力影响力的基础有两个，即奖励和惩罚。凡是手中握有能满足他人需要的手段或握有使他人不愉快、甚至痛苦的手段的人，便获得了权力影响力。人们为了获得奖励或避免惩罚就接受他们的影响。权力影响力对他人的影响带有强迫性，在它的作用下，被影响者的心理和行为主要表现为被动地服从。非权力影响力也称为自然影响力，它不是由权力的因素产生的，而是产生于个人自身的素质，如专长、品质等。非权力影响力对人的影响是建立在他人“信服”的基础上，被影响者表现为自愿、主动的服从。

具体说领导者的权力影响力由以下三个因素构成。

第一，传统因素。是指人们对领导者的一种传统观念。长期以来，人们对领导者形成了这样一种观念，认为领导者比普通人要强，他们或有权，或有才干，或兼而有之。这种观念逐步成为某种形式的社会规范，从小就对每个人发生作用，产生对领导者的服从感。因此，就使领导者的言行增加了影响力。这种传统观念所产生的影响力普遍地存在于领导者的言行之前，可以说它是传统心理附加给领导者的力量。

第二，职位因素。是指个人在组织中的职务与地位。居于领导地位的人，组织赋予了他一定的权力，使其具有强制下级的力量，凭借权力可以左右被领导者的行为、处境、前途乃至命运，使被领导者产生敬畏感。领导者的职位越高，权力越大，其影响力也就越强。由职位造成的影响力是以法定的权力为基础的，与领导者本人的素质无直接关系，也同样存在于领导者的言行之前。

第三，资历因素。是指领导者的资格与经历对被领导者产生的心理影响。资历是历史性的东西，它反映的是一个人过去的情况。尽管一个人的过去与现在有着一定的联系，但毕竟不是现实的行为。然而人们对一个资历较深的领导者普遍表现出敬重的心理。资历因素所以能构成影响力的原因，主要是与过去所任的职务有关，所以其影响力的性质也属于强制性影响力的范围，而且它也是存在于领导者的言行前。

由传统因素、职务因素和资历因素所构成的影响力都不是领导者的现实行为所造成的，而是外界赋予的，这类影响力的核心是权力。

非权力影响力构成包括了以下四方面的因素。

第一，品格因素。领导者的品格因素包括道德、品行、人格、作风等，反映在领导者的一切言行中。优秀的品格会给领导者带来巨大的影响力。因为品格是一个人的本质表现，好的品格可以使人产生敬爱感，能够吸引他人，诱使人模仿。无论领导者的职位高低，倘若在品格上出了问题，他的影响力就会扫地。因此，领导者必须十分注意自己的品格表现。

第二，才能因素。才能是决定领导者影响力大小的重要因素。才能不仅仅反映在领导者能否胜任自己的工作上，更重要的是反映在工作的结果能否成功上。一个有才能的领导者会给组织带来成功，使人们产生对他的敬佩感。敬佩感是一种心理磁力，会吸引人们自愿地接受其影响。

第三，知识因素。知识是人最为宝贵的财富，它本身就是一种力量，而且是科学赋予的力量。知识与才能是密切联系在一起的，具有丰富知识的领导者，容易取得他人的信任，并由此产生信赖感。

第四，情感因素。人们相处在一起，彼此间会产生一种情感关系，或亲密或疏远。只有与他人建立了良好的情感关系，彼此才能产生亲切感，增强彼此间的吸引力和影响力。领导者如能待人和蔼可亲，能时时体贴关怀下级，与群众保持融洽的关系，他就能获得较高的影响力。

非权力影响力是领导者自身素质与行为造成的，他与权力无直接关系。是任何人都可以具备的。从以上对影响力的分析，我们看到要提高领导者的影响力必须在非权力影响力的培养方面下功夫。在非权力影响力的四个因素中，品格与才能占有突出的地位，当一个领导者的品格与才能居于较高水平时，情感因素将变得十分紧要。

二、领导行为

领导行为的研究开始于20世纪40年代，那时许多社会心理学家在调查研究中发现领导者的领导行为与他们的工作效率存在着密切的关系，为了寻求最佳的领导行为，许多研究机构着手进行领导行为的研究，形成了各种各样的理论。

1. 领导行为的四分图模式。领导行为的四分图是美国俄亥俄州立大学于1945年研究设计的，当时，在斯多基尔和沙特尔两位教授的领导下，调查了1000多种刻画领导行为的因素，最后筛选、归纳出了“抓组织”和“关心人”两大类。所谓“抓组织”是指领导者对组织机构的设置、明确责任和相互关系、沟通交流渠道、设置工作目标和工作程序等方面的工作。“关心人”主要指建立相互尊重、相互信任的气氛，尊重下属的意见，注意下属的情感变化，关心下属所表现出来的行为等。简言之，“抓组织”就是以工作为中心，“关心人”就是以人际关系为中心。他们认为，领导行为就是这两类行为的具体结合。他们用“四分图”的形式将这一概念表示出来。如图9－2所示。

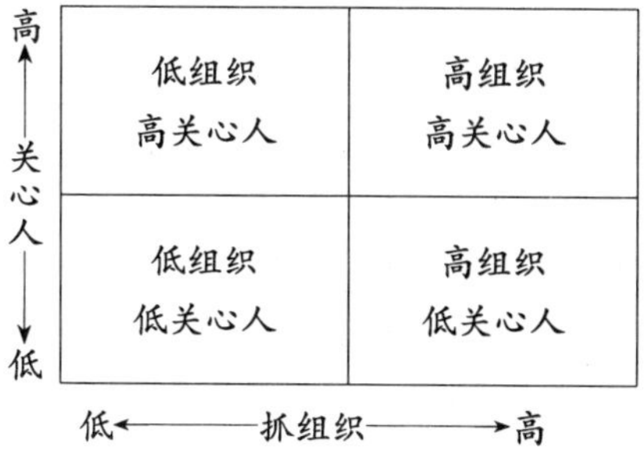

图9－2　组织行为的四分图模式

从图9－2中可以看出领导行为的四种情况，属于高组织，低关心人的组织领导者最关心的是工作任务的完成；属于低组织，高关心人的领导者最关心的是与下级的合作关系，重视相互尊重和相互信任的气氛；低组织，低关心人的领导者，对组织和人都不关心；高组织，高关心人的领导者，对工作和人都比较关心。这个理论认为第四种领导行为是最为有效的。

在领导行为四分图的基础上，布莱克和莫顿于1964年提出了领导方格图，把每个维度分成9份，共81个方格。他们列出了5种基本的领导行为（如图9－3所示）。

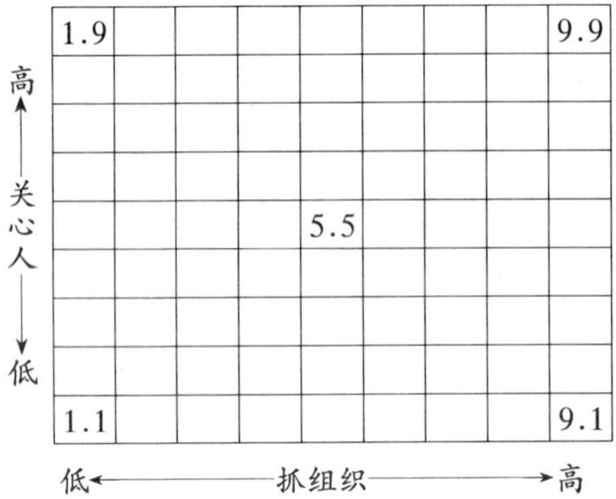

图 9-3　管理方格图模

1.1 型：贫乏型领导，对人和工作都不关心，只以最小的努力来完成必须做的工作。属于最低能的管理，其结果只能导致组织的失败。

9.1 型：属于任务第一型的管理，对生产和效率高度重视，对人则漠不关心，只准下属服从而不让其发挥主动性和创造精神。属于独裁式的领导方式。

1.9 型：属于一团和气的领导方式，也称为俱乐部型的领导方式。这类领导只关心人而不关心工作和组织的任务，对下属一味迁就做好人，认为只有下属精神愉快生产成绩才能提高。

5.5 型：属于中间型领导，对人和生产的关心均保持了正常的状态。这类领导只图一般的工作效率，安于现状，甘居中游。不能充分地发挥下属的创造革新精神。

9.9 型：属于协调型领导。对人和组织都给予了高度的关心，通过协调各种活动促进生产和人的发展。这种管理既可以增强组织的竞争力和效率，又可以改善各部门的相互关系，增进组织成员的相互了解和关系的和谐，促进组织成员创造的积极性和对工作的责任感。

2. 勒温的领导作风理论。这个理论研究领导者的工作作风类型对组织成员的影响，以期寻求最佳的领导作风。该理论的创始人是社会心理学家勒温，他以权力定位为基本变量，把领导者在领导过程中表现出来的极端工作作风分为三种类型。

专制型的领导作风：认为人的本性是懒惰的、不可信赖的，他们不愿承担责任，甘心情愿接受他人的指挥，因此必须采取强制措施使他们服从组织的目标。专制型的领导强调严格监督，主要从工作方面考虑管理，实行独裁式的管理行为。

民主型的领导作风:注重从人际关系方面考虑管理,认为领导者的权力是由他领导的群众给予的,认为人是勤奋的,他们不仅会接受责任,而且会主动寻求责任。被领导者受到激励后能够自我管理,并发挥出相当的想象力和创造力。民主型的领导主张被领导者也要参加适当的决策,实际上是以人为中心的领导方式。

放任自流的领导作风:这是一种俱乐部式的领导作风,领导者认为权力来自被领导者的信任,因此着眼于从福利方面来考虑管理。

在实际工作中，这三种极端的领导作风并不常见，勒温认为大多数领导者采纳的领导方式往往是处于两种极端之间的混合型。勒温的领导作风理论从图 9－4 可以得到很好地说明。

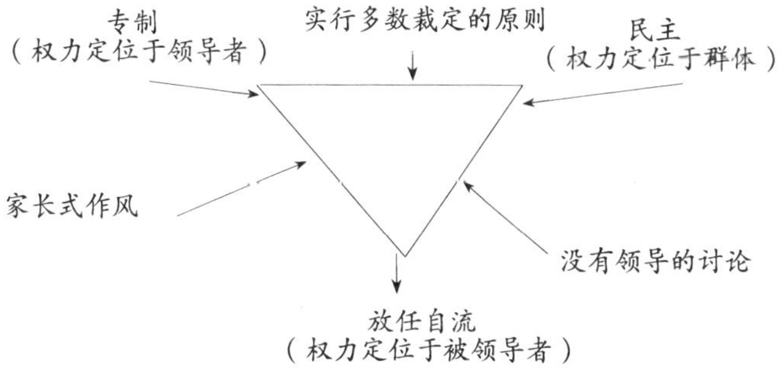

图 9－4　勒温的领导权力定位关系

勒温为了分析不同领导作风对群体成员产生的影响，在1939年进行了不同领导作风的实验研究，他把一群10岁的儿童分成三组，由3个经过专门训练、代表三种典型的领导作风的成年人在各小组轮流担任领导。勒温比较了研究结果，发现放任自流的领导作风工作效率最低，他所领导的群体只达到了社交目标，而没有达到工作目标。专制作风的领导，虽然经过严格管理实现了工作目标，但群体成员的消极态度和对抗情绪在不断增长，比民主作风领导的群体发生的争吵多30倍，挑衅性行为多8倍。而民主的领导作风工作效率最高，所领导的群体不但达到了工作目标，而且也达到了社交目标，孩子们表现出了较高的成熟性和创造性。在勒温之后，许多心理学家进行了领导作风的研究，多数人的研究结果支持了勒温的观点。

3. 领导行为的权变理论。自20世纪60年代以来，人们在领导实践中逐渐认识到领导的效率如何，既不单单地决定于领导者个人的品质和才能，也不仅仅决定于某种固定不变的领导行为方式，而是由领导者、被领导者、环境等因素共同决定的，即：

领导行为的有效性 = f（领导者、被领导者、环境）

从这个公式可以看到，领导的效率与领导者所处的具体情景和环境有关，要想找到一个适合任何组织、任何性质的领导行为方式是不可能的，因此必须根据具体情况来确定领导方式。这种观点被称为权变理论或情景理论。

坦南鲍姆（R. annenbaum）和施米特（W. H. Schmidt）于1958年提出了连续带模型，认为在独裁和民主两个极端之间，存在一系列具有不同民主和独裁程度的领导行为方式，构成了一个连续带（如图9－5所示）。有效的领导方式就是在特定的时间和地点条件下选择所需要的领导行为。

一般来说，领导者认为他的下属有才干，能独立地处理问题，就可以采取下属为中心的领导行为，即民主型的领导方法。

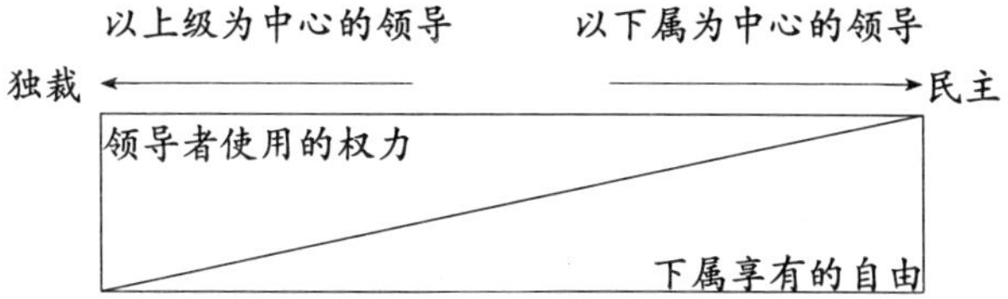

图 9－5　领导行为的连续带模式

反之，则采用上级为中心的领导方法。领导行为的连续带模式要求领导者要有较强的适应性和灵活性，来应付不断变化的情况，能根据自己的能力、下属的素质和组织的目标，将权力有效地下放。

美国哈佛大学克里斯·阿吉里斯（Chris Argyris）提出了不成熟——成熟理论，他认为一个人由不成熟到成熟的过程，会发生7个方面的转变：从被动到主动；从依赖到独立；从逃避责任到主动地寻求责任；从浅薄表面直接兴趣到深刻的间接兴趣；从知觉眼前到知觉过去和未来；从附属地位到同等或优越的地位；自我意识从不成熟到成熟。这种变化是持续的、循序渐进的。作为领导者应针对下级不同的成熟度采取不同的管理方法，对那些成熟度低的人，应使用传统的领导方式。对比较成熟的人，应扩大个人的责任，创造一个有利于发挥才能和个人成长的环境。

俄亥俄州立大学心理学家科曼（Karman）把领导行为的四分图与阿里吉斯的不成熟－成熟理论结合起来，创立了三维空间的领导效率模型—管理周期理论。这个理论认为，有效的领导行为应把工作行为、关系行为和被领导者的成熟度结合起来考虑，高组织、高关心人的领导并不一定是经常有效的，低组织、低关心人的领导也不一定完全无效，关键取决于被领导者的成熟度。

该理论认为，工作行为、关系行为与成熟度之间是一种曲线关系，这条曲线可以帮助领导者了解领导方式与下属成熟度的关系（如图 9－6）。

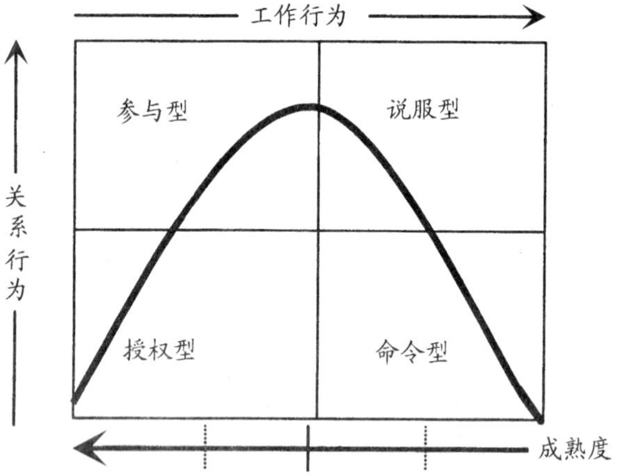

图 9－6　管理周期模型

管理周期理论认为，随着下属由不成熟走向成熟，领导行为应该按下列顺序逐步变化：

命令型——说服型——参与型——授权型

科曼认为，受过高等教育，同时又是情感成熟的人，领导者应采取“低组织，低关心人”的授权式领导方式。如科学家、高级科技人员、大学教授等，在他们的心目中有效的领导应当是让他们自己决定如何工作。

第三节　激励理论与应用

激励是组织管理的核心问题。我们知道管理的目的在于充分利用所拥有的资源，使组织高效能地运转，实现组织的既定目标。组织拥有的资源，无非是人、财、物这三类，其中财、物两类资源也依赖人的操作。它们是死的、被动的，只有人才是活的、主动的。从这个意义上说，管理就是对人的管理，组织的绩效必须以其成员个人的绩效为基础。

个人的绩效当然取决于多种因素，但主要是工作的积极性（M）与工作能力（Ab）两个变量，用公式表示如下：

P（个人工作绩效）＝f（M·Ab）

这个公式反映了决定个人绩效的两个关键：没有积极性自然难有作为，仅有热情而缺乏能力也是枉然。要搞好人的管理，其目标有两个：一是把优秀而称职的人才吸引到组织中来，二是要激发他们的积极性，使他们发挥出高度的主动性和创造性。后者实际上就是激励问题。

所谓激励指的是激发人的动机，诱导人的行为，使其发挥内存潜力，为实现所追求目标而努力的过程。这也就是人们通常所说的调动和发挥人的积极性的过程。要理解激励的本质，也即激发动机的过程，就必须研究这样三个问题：

1. 人的行为是由什么激发并赋予活力，即是什么样的内在源泉或动力以及有哪些外在的因素，驱动人们以一定的方式表现出某种特定的行为。

2. 什么因素把人们已激活的行为引到一定方向上去。

3. 这种行为是如何得以坚持下去或最后终止的。

激发、导向与保持是激励的三个要素，如何回答这三个问题，对于深刻而全面地理解人的实际工作行为至关重要。多年来许多社会心理学家和行为学家对激励问题进行了大量的探索，形成了各种各样的理论。了解这些理论的基本观点，对自觉地应用这些理论提高管理水平是十分重要的。

一、需要层次理论及应用

美国人本主义心理学家马斯洛（A. H. Maslow）的需要层次论，是提出最早、影响最大的一种激励理论。早在1943年，马斯洛在《人类动机理论》一文中首次提出了需要层次论，并于1954年在其名著《动机与人格》中做了进一步阐述。马斯洛的理论最初只在心理学界有影响，直到1960年著名管理学家麦格雷戈出版《企业的人性面》一书，介绍了需要层次论之后，才开始引起管理学界的广泛重视，进而流传世界各国，在各种管理实践乃至其他领域都产生了重大的影响。

1. 需要层次论的基本观点。马斯洛认为，人的基本需要可以归纳为生理、安全、交往、尊重和自我实现等五类，它们是由低到高逐级形成和发展起来的。如图9－7所示。

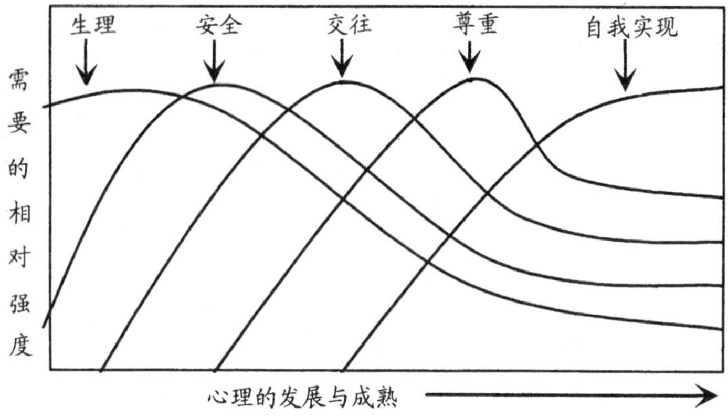

图9－7　马斯洛的需要层次论

生理的需要。这是人类生存所必需的，因而也是最基本的需要。这类需要包括对食物、水份、空气、睡眠与休息和性等方面的需要。

安全的需要。这是指人们寻求保护自己免受生理与心理上侵害的一类需要。诸如，人们都希望自己身体健康，喜欢安全的、有秩序的、可以预测的环境，要求有稳定的职业并有生活保障，愿做较习惯或熟悉的事，等等。

交往的需要。有时也称友爱或归属的需要，包括对人际交往、对某集体或家庭的依赖、同志的友谊和异性的爱情等方面的需要。

尊重的需要。人们需要自尊，也需要为别人所尊重。社会上多数人都希望自己有稳固的社会地位，希望获得事业的成功、得到他人的好评，希望自己具备各种能力和知识等。这些都是尊重需要的具体表现。

自我实现的需要。这是一种要求发挥自身的潜能、实现自己的理想和抱负的需要。它与尊重需要有所区别，尊重指要得到别人的重视，在社会里有个地位。而自我实现则是更高一层的需要，是要使自己成为理想的人、完成与自己最大能力相称的工作、成就一番事业的需要。

马斯洛认为，人类行为由上述五大类需要所驱动，而这些需要又是分层次、由低级到高级发展并依次提高的。

一般地说，在一定时间内，对人来说有些需要较重要或较强烈，而另一些需要则可能较不重要或较微弱。若一个人的所有需要都相对未满足时，则其中的生理需要就是支配人们行为的优势需要，而其他四类需要只是作为陪衬而存在。一旦饥、渴、睡眠等生理需要获得适度满足后，较高一级的安全需要就会显得相对突出并成为支配行为的新的优势需要。同样地，当安全需要得到一定满足后，较高一级的需要（交往需要，进而尊重需要）就成为优势需要……直至自我实现的需要成为支配行为的优势需要。

在马斯洛需要层次论中的最后也是最高一层的需要就是所谓

的“自我实现”需要。马斯洛认为，所谓“自我实现”需要，就是指人们力求充分发挥潜能、实现志向或抱负的愿望或趋势。在马斯洛看来，完整的“自我”或完整的“人格”是以他的潜能获得淋漓尽致地发挥为基础的。他说：“一位作曲家必须作曲，一位画家必须绘画，一位诗人必须写诗，否则他始终都无法安静。一个人能够成为什么，他就必须成为什么，他必须忠实于他自己的本性。这一需要我们就可以称为自我实现（self－actualization）的需要。”[①]马斯洛认为，自我实现需要的产生，有赖于前四类需要即生理、安全、交往和尊重需要的适度满足。这些需要获得适度满足的人叫做基本满足的人，而唯有基本满足的人才产生人生的最高追求，才可以期望具有最充分、最旺盛的创造力，从而有可能最大限度地实现自己的志向和抱负，使人的价值最终得以完美地实现。

马斯洛认为，已满足的需要不再具有激励作用，只有未满足的需要才具有激励作用。若优势需要长期得不到满足，则会引起人的一系列无理行为。

美国耶鲁大学奥德弗（Alderfer）在大量实证研究基础上提出与马斯洛的需要层次论密切相关但又有所不同的 ERG 理论，ERG 理论是生存（existence）、相互关系（relatedness）、成长（growth）需要理论的简称，

首先是生存需要，相当于马斯洛的生理需要和安全需要。

其次是相互关系需要，即人际交往需要。相当于马斯洛的社交需要和相互尊重的需要。

最后是成长需要，是个人自我发展和自我完善的需要，这种需要通过发展个人的潜力和才能而得到满足。相当于马斯洛自尊和自我实现需要。

---

① 马斯洛《动机与人格》，华夏出版社，1987 年版，第 53 页

ERG理论在需要的分类上并不比马斯洛的需要层次论更完善，但有其独到见解。

第一，不强调需要层次的顺序，各个层次的需要受到的满足越少，则这种需要越为人们所渴望。当某种需要得到基本满足后，可能上升为更高一级需要，也可能没有这种上升趋势。

第二，某种需要（特别是关系需要和成长需要）在得到基本满足后，其强烈程度不仅不会减弱，往往会进一步增强。

第三，如果较高层的需要一再遭受挫折、得不到满足，人们就会重新追求较低层需要的满足。例如，成长需要长期受挫，有时也会导致人际关系需要甚至生存需要的急剧上升。

在此，ERG理论不仅提出了需要层次的“满足－上升”趋势，而且也指出了“挫折－倒退”的趋势。这一规律在管理中是很有启发意义的。因为在实际情境中，组织成员之所以追求低层需要往往是因为领导者在管理上的失策，未给他们提供能满足高层需要的环境和条件所致。奥德弗的这一观点也可以说是对激励理论的一大贡献。

2. 需要层次理论的应用。鉴于人的动机是由需要引起的，所以对于管理者来说，首要的问题就是准确地把握组织成员的需要，尤其是他们当前的优势需要。一般而言，管理者可以通过观察、访谈、座谈讨论、民意测验和社会调查等方法，来全面了解组织成员的需要。

一旦“需要”问题已经明确，下一步就是如何设法去满足组织成员“需要”的问题。需要层次理论认为，人们的最基本需要即生理需要得到了满足后，就会产生安全需要。

安全需要可分为经济上、心理上和人身上的这三种，满足这些不同的安全需要的措施也不尽一样。例如，对经济上的安全需要，可以通过合理的工资报酬、奖金和福利等措施去满足。只要能给组织成员规定明确的职责和力所能及的任务，同时经常定期地给予他们评价和表扬，就可以基本满足他们心理上的安全需要。如果管理者能在适当时机帮助和指导下属解决难题，尽量保持政策和管理措施的连续性和稳定性，那么组织成员在心理上的安全感就会增强。当然，如果主要矛盾是人身安全感未满足，那么应采取的措施就是设法改进工作条件、提高劳动保护水平、合理安排作息时间以及加强安全保卫工作等等。

对于许多组织成员来说，他们的问题可能不在安全需要，而在人际关系以及如何摆脱孤独、空虚等的问题上。他们渴望获得别人的友谊和参加社团活动。因此，作为有效的管理者应尽可能多提供一些使人们与外界接触和交往的机会，尽可能创造出活泼和谐的群体气氛，要允许甚至鼓励某些非正式群体的存在，等等。相反，如果人们在工作中整天只与机器打交道，无法与人接近，久而久之，就会产生孤独和空虚之感，感到工作单调和乏味，进而厌烦并想逃离这种工作。

当然，交往需要强烈的人不仅希望与一般人进行社交接触，而且也希望得到管理者乃至上级领导的认同。因此，经常性的表扬尤其是公开的奖赏是必不可少的。另外，让组织成员参与制定决策也往往能培养他们对集体的归属感，增强其集体意识和主人翁责任感。

由于尊重需要涉及到自尊与他尊两方面，所以要满足组织成员的这类需要，领导者不仅要尽可能设计出带有一定难度或挑战性的工作任务，使人们在完成任务后体验到成就感。而且还需要经常运用表扬、奖励、让组织成员参与管理、授权授责、提级晋升、提供进修和培训机会等方法满足组织成员对尊重的需要。

事实上，为组织成员提供进修、培训机会，不仅能提高他们的工作能力，从而满足其尊重需要，而且也为他们创造了更多的机会来充分发挥他们的潜能，从而满足其自我实现的需要。此外，提供带挑战性的工作任务、鼓励创造、民主管理等都是满足成长需要的有效途径。

总之，因为人的需要本身具有复杂多变和多层次性，因此满足需要的方法也应是多种多样的，切忌单一化和单层化。在实际运用中，有些方法可能简便易行，有些则可能需要较多的人力和财力，甚至有的方法在特定条件下又是无法实行的。但是，只要管理者持之以恒、勇于探索和创新，以时间、地点、条件为转移，综合运用各种方法和措施，那么他就一定会取得满意的激励效果。

二、期望理论及应用

人们往往同时会存在多种未满足的需要，究竟何者支配着人的行为？是第一需要或优势需要吗？答案并非那么简单。美国心理学家弗鲁姆（V. H. Vroon）正是对这一问题进行了系统研究之后，于 1964 年提出了有名的“期望理论”。

1. 期望理论的基本内容。期望理论认为，只有当人们认为存在实现预期目标的可能性，并且实现这种目标又是非常重要的时候，他们的激励程度或动机水平才会最大。也就是说，决定行为动机的因素有两个，即期望与效价；更精确地说，行为动机是由两者的乘积决定的。用公式表示如下：

动机水平＝期望值×效价

$$M = E \times V$$

这里，动机水平也即激励程度（Motivation），反映一个人工作积极性的高低和持久程度。它决定着人们在工作中会付出多大的努力。期望（Expectancy）是指人们对某一行为导致的预期目标或结果之可能性大小的判断。在数学中它被称为主观概率，数值变化范围是 0 到 1 之间。效价（Valence）则是指人们对所预期目标的重视程度或评价高低，即人们在主观上认为该目标能够满足自己需要的程度。

也就是说，如果一个人认为某种目标或结果对他有重要价值，而且他估计通过自己的努力有很大把握实现这个目标，他的积极性就会得到激发，就会推动他的行为去努力实现这个目标。如果效价很高，但个人估计达到目标的可能性很低，或期望值很高，但认为目标对自己没有意义，这两种情况都不能激起他的工作的积极性。这个理论可以很好地解释为什么有的人花很大的力气考学深造，而有的人不；为什么有的人热衷于到外资企业应聘，有的人则无动于衷。

2. 期望理论的应用。弗鲁姆的期望理论在管理实践中产生了重大的影响。作为一种分析的工具，它能帮助管理者明确了解组织成员的工作积极性是否已被充分调动起来。若积极性未调动起来，就应该找出原因。而根据期望理论，若想有效地激发组织成员的动机，必须正确处理好以下三种关系。

第一，努力与工作成绩的关系。一个人积极性的高低首先取决于努力与成绩的关系，这种期望不仅受主体对自身工作能力估计的影响，更受客观工作条件的影响。如果一个人认为通过努力可以达到目标，就能激发出强大的内在动力；如果他认为目标高不可攀，就鼓不起干劲。因此，管理者的作用相应地就有两方面：一方面就是保证组织成员有能力完成某项工作任务。为此又须做到两点，其一是根据人的能力特长来分配安排工作；其二是要通过指导和培训来提高组织成员的能力。另一方面就是制订工作目标必须切实可行，并尽量排除那些可能会干扰组织成员完成任务的不利因素。只要管理者做好以上两方面的工作，组织成员的信心就会树立起来。而这正是调动组织成员积极性的基础。

第二，工作成绩与奖酬的关系。对于许多人来说，做好工作并不是他的终级目的。他总是希望在取得良好成绩后获得适当的奖励或报酬。这里的问题在于组织成员做出一定成绩和他期望得到的奖酬之间是否有一定的联系，即关联性是否很高。如果取得成绩与获得奖酬没有关联性，只要求人对组织做出贡献，而组织却没有相对应的物质和精神奖励进行强化，时间一长，人们被激发的内部动力就会消失。

决定关联性的关键因素是企业的工资和奖励制度。这就要求管理者制定出按劳分配的工资和奖励制度，使组织成员完成任务与得到相应的奖酬密切结合起来，并使这种政策和制度保持连续性和稳定性。

第三，奖酬与满足需要的关系。组织成员总是希望通过努力所得到的奖酬能满足自己的需要，如吃穿住行的需要、成就需要或其他需要。如果人们所获得的奖酬并不是他们最需要的甚至是他们不需要的，那这样的奖励所起到的激励作用就有限。由于人们在年龄、性别、资历、社会地位和经济条件等方面各不相同，他们在需要层次和种类上也存在差异。这样，对同一种奖励，不同的人们所体验到的“效价”就会不同。因此，奖励要因人而异，内容丰富、形式多样，奖人所需。只有这样，才能最大限度地调动组织成员的工作积极性。

三、目标理论及应用

人类行为的重要特点就是其目的性。不管是需要理论、期望理论,还是下面要讨论的强化理论,都说明人的行为是有目的的,都是朝着一定目标努力的。目标理论正是从行为的目的性这一角度来对行为动机进行研究的。目标理论是目前国际上流行的目标管理的理论依据,因而受到理论界和实际管理者的广泛重视。

1. 目标理论的基本观点。所谓目标，是指行为的目的或指向物，是与满足一定的需要相联系的客观对象在主观上的超前反映。目标是各种各样的，既有物质或有形的目标，也有精神或无形的目标。目标理论，更精确地说目标设置理论，认为目标是引起行为的最直接动机，设置合适的目标会使人产生想达到该目标的成就需要，因而对人具有强烈的激励作用。最早提出这一理论的是美国马里兰大学心理学教授洛克（E. A. Locke，1968），他和他的同事通过大量的实验室研究和现场试验，发现大多数激励因素（如奖励、工作评价与反馈、期望、压力等）都是通过目标来影响工作动机的。因此，重视并尽可能设置合适的目标是激发动机的重要过程。

洛克等提出，任何目标都可以从下面三个维度来分析：①目标的具体性，也即能精确观察和测量的程度；②目标的难度，也即实现目标的难易程度；③目标的可接受性，指人们接受目标或认可指标的程度。他们的大量研究表明，从激励的效果或工作行为的结果来看，有目标的任务比没有目标的任务好；有具体目标的任务比空泛的、抽象性目标（如越快越好、越多越好、尽量干好）的任务好；难度较高但又能被执行者接受的目标比没有困难的目标好。换言之，合适的目标，也即具体的、难度较大而又为人们接受的目标所具有的激励作用最大。

2. 目标理论的意义与应用。目标理论是心理学中较新的一种激励理论，设置合适的目标则是管理情景中最直接的调节或决定因素，人的需要、价值观、期望等都要通过目标来影响行为，而且还因为在许多情景中，目标作为一种外在的东西可以得到精确的观察和测量，并为管理者直接调整和控制，从而具有较大的可应用性。同时，目标理论还为目前国内外广泛应用的目标管理技术提供了社会心理学方面的理论依据，其中的目标设置技术更是为管理者广泛应用。

在设置目标时要注意以下几个问题：

第一，设置目标要具体。众多的研究结果表明，具体的目标比“尽力做好”这种空泛的目标或无目标能导致更高的绩效。目标越具体，越便于测定，人们努力的方向就越明确，实现目标的信心就越大。

第二，目标要有一定难度。关于目标难易程度对工作效率的影响，国外84%研究结果表明，较困难的目标比中等难度或较易的目标导致更好的绩效。原因在于较困难目标的实现能够带给人们成就感。当然，目标的难度要适度，控制在经过努力方能达到的程度。目标设置过高或过低，都不能激发人的积极性。

第三，目标要被组织成员所接受。目标可以是组织成员自己设置的，但在工作环境中，更多地是由领导者提出的。个人只有接受了组织的目标，把组织、领导者提出的目标内化为个人的目标，才能对个体行为产生激励作用。影响个人接受目标的因素很多，除了目标本身的特点及个人能力外，领导者的威信、同事的影响、奖励制度、竞争以及个人的信心等都会对目标的接受产生影响。许多研究表明，在设置目标的过程中，让组织成员参与讨论目标的制定，将大大影响组织成员对目标的接受程度，从而影响工作效率。多数学者认为，参与性方法比指示性方法要好，根据有二：一是任何人都没有足够且全面的知识，把目标定得那么合理；二是参与性方法能提高目标的可接受性，有利于组织成员把该目标变成自己的目标。

第四，在实现目标的过程中要有反馈。反馈是对行为结果的了解，使人们及时了解目标，及时了解自己实现目标的进展情况，有助于他们保持自己的行为不偏离既定的目标。增强实现目标的信心。许多研究表明，若只有具体的有一定难度的目标，而没有辅之于反馈，则无助于工作绩效的提高。

目标理论作为一种有效的激励理论，其意义还在于它告诉管理者，应该尽可能使组织中各级人员都能经常关心组织目标和个人目标，并随目标实现的进度不断予以反馈。如果组织成员不知道自己的任务，不知道自己具体的责任和职权，那么其积极性就无从谈起。作为有效的管理者至少应做到：①让全体职员了解组织目标和个人的具体目标；②尽可能提供参与制定和实现目标的各种机会；③经常不断地给予目标进程的反馈；④根据大家实现目标的程度给予不同程度的肯定和奖励，等等。只有这样，组织成员的积极性才会充分调动起来。

应该指出，目标理论也不是包医百病的灵丹妙药，更无法用来抵消由于管理不善引起的消极作用。如因目标的设立不公平造成的组织成员的强烈不满和挫折感；不顾长远利益，只求一时之利带来的不良后果等。由于目标理论过分强调结果，往往忽视如何达到结果的过程，因而人们可能采取不正当的手段。此外，需要指出的是，并非一切领域都能应用目标理论，因为在许多情况下很难设置明确的具体目标，如科研及创造发明性质的劳动，政府部门的工作等。

四、强化理论及应用

前面所介绍的各种激励理论有一个共同点，即都认为了解人的内在心理状态（如需要、期望、效价、目标等）对有效地激发人的行为动机、预测人的行为具有决定性作用。这些理论在心理学中属于认知心理学派。而斯金纳（B. F. Skinner）提出的强化理论则认为控制和预测人的行为毋需了解人的内在状态和心理过程。在斯金纳看来，人相当于一个“黑箱”，人的内在状态犹如黑箱内的东西，是未知的，也是不可知的。因此，他提出以行为主义的学习理论来解释人类行为形成的机制，而学习过程的最基本原理就是强化。

1. 强化的含义及类型。所谓强化，指的是对一种行为的肯定或否定的后果（奖励或惩罚），它在一定程度上决定该行为是否重复。换言之，按照强化理论，只要控制行为的后果就可以达到控制和预测人的行为的目的。对于管理者来说，意味着可以通过各种强化手段激发组织成员的积极性。

在管理实践中常用的强化手段有积极强化、消极强化、惩罚和消退四种类型。

积极强化（也称正强化）。是指通过出现积极的、令人愉快的结果使某种行为得到增强或增加。如当组织成员出色完成工作任务时，给予适当的奖励（如口头表扬、加薪、发奖金、提升等），往往可以激发该成员保持并进一步做出优秀的成绩。

消极强化（也称负强化）。是指通过减少或终止令人不快的结果而使某种行为得到增加或增强的措施。使用这一手段的目的也是为了鼓励良好的行为。从根本上说，消极强化仍是一种奖励，与积极强化不同的是它所使用的是一种撤除消极的行为后果的奖励方式。

惩罚。是指当某行为出现后给予某种带有强制性、威胁性的不利后果，以期减少这种行为再次出现的可能性或消除该行为的方法。对在工作中犯错误的人给予警告、记过、批评、降职、减薪、罚款、开除等不利的后果，其目的在于杜绝以后再出现类似情况。

消退（也称衰减）。指撤消对某种行为的积极强化，以终止该行为或降低该行为出现的可能性的方法。对一些不良行为，在不便采取惩罚措施的情况下，可以通过撤消对其行为的积极强化，使这种不良行为逐渐消退。采用消退法，在某种程度上具有制裁的效果，因此它本质上也是一种惩罚。

以上四种强化手段，前两种对人的行为具有鼓励作用，后两种对人的行为则具有抑制作用。因此，为简便起见，我们把管理中实际运用的所有强化措施都归入这样两类：奖励性措施和惩罚性措施。

2. 实施强化的原则。虽然在管理中奖励和惩罚都可作为激励组织成员的有效手段，但两者的性质及其对人们心理产生的影响却很不相同。要想达到预期的激励效果，必须遵循以下几条原则。

第一，奖励与惩罚相结合的原则。人们的行为在得到奖励后会继续保持这种行为，对正确的行为、对有成绩的个人或群体给予适当的奖励。可促使他们继续努力做好工作，同时又能使受奖者周围的人得到鞭策和鼓励。

同样，对于不良行为给予酌情惩处，可以使人们从中吸取教训，不得掉以轻心，减少不良行为再次发生的可能性。同时也使周围其他人受到教育。

实践证明，奖惩结合的方法优于只奖不罚的方法。奖惩结合可以带来双重的激励效果，因为在前一种情况下，即使得不到奖励也要努力去干，否则就会受到惩罚。使人们始终保持高度的积极状态。

第二，以奖为主、以罚为辅的原则。强调奖励与惩罚并用，并不等于奖励与惩罚并重。过分使用惩罚有许多消极作用：首先，惩罚会造成新的不良行为。因为它只告诉人们不该做什么，没有告诉该做什么。正如斯金纳所说的，“受过惩罚的人，并不会因此就改弦更张，不我行我素了，他充其量也不过学会了如何免于惩罚而已。”[①] 其次，过分的惩罚会使人产生挫折感，产生低落情绪，甚至还会损伤人的自尊心和自信心。严重时还会使人丧失理性，转而产生攻击行为。再次，人的自觉性、人的觉悟是不能罚出来，而“罚”的方法最易为官僚主义者滥用，因为它既简便，又可用来发泄权力欲。正因为“罚”有以上几种消极作用，在运用时就必须慎之又慎。

第三，及时而正确强化的原则。所谓及时强化是指让人们尽快知道其行为结果之好坏或进展情况，并尽早地予以相应的奖

---

① 引自沃特曼等著　余凯成等译《成功之路》中国对外翻译出版社　1985 年版　第 90 页。

惩。而正确强化就是要“赏罚分明”，赏罚适当。乱奖乱罚不会产生良好的激励效果，相反会造成人为的矛盾和不满。

第四，奖人所需、形式多变的原则。要使奖励成为真正的强化因素，就必须因人制宜地进行奖励。每个人都有各自的特点和个性，其优势需要各不相同，因而他们对具体奖励的反应也不一致。有的可能注重物质需要，有的则更重视精神需要。所以奖励不要搞一刀切，应该奖人之所需，形式多样化。奖励不宜过于频繁，防止出现厌倦心理，使强化作用减弱。

五、公平理论及应用

在现实生活的工资、奖金的分配、职称评定、干部的选拔等工作过程中，经常有人感到不满意。这种不满意轻则影响本人的工作情绪，造成不平衡心理，降低工作的积极性。重则传染给别人，消磨大家的斗志，或引起上下级、同事之间的矛盾。造成这种现象的原因很多，但突出的是个公平的问题。我国古代就有“不患寡而患不均”的说法，意在强调社会公平的重要性。可以说，只要有两个以上的人存在、且存在利益分配的地方，就会产生社会公平问题。

1. 公平理论的基本内容。公平理论是美国心理学家亚当斯于1963年提出的，这是一个侧重于从研究利益分配的合理性，研究公平性对人的行为和态度影响的理论。他认为，人们的工作态度和工作的积极性不仅受其所得的绝对报酬的影响，而且还受其所得的相对报酬（如把自己的付出和所得与别人相比较）的影响。另一方面，人们还会把自己现在得到的利益和自己的付出与过去所得的利益和付出进行比较。比较的结果如果是相等的，就会产生公平感；如果比较的结果是不等的，就会产生不公平感。这两种比较可以用公式表示如下：

$$\frac{自己的所得}{自己的付出}=\frac{他人的所得}{他人的付出} \quad （横向比较）$$

$$\frac{自己现在的所得}{自己现在的付出}=\frac{自己过去的所得}{自己过去的付出} \quad （纵向比较）$$

“付出”一是指劳动量的多少、工作效率的高低、工作质量的好坏以及责任的大小、风险和劳动条件等。二是指个人的素质，如自己的能力、经验、资历、学历等。

“所得”则指的是一个人在工作和劳动后所得到的回报，如工资、奖金、地位、权利、待遇、赞赏、表扬甚至自己所体验到的成就感。

根据亚当斯的公平理论，当人们面临不公平时，尤其是所得/付出比值（称为公平指数）过低引起的不公平时，他们在心理上将会产生紧张、不安和不平衡，在行为或心理上将会设法采取一些措施以减少自己心理上的不公平感。如自我安慰，通过改变对自己或他人的付出与所得量的判断，在主观上造成公平的假象。也可以改变比较或参照的对象，以获得主观上的公平感。有的人可能会采取一定的行为，给比较对象施加影响以改变其实际付出或所得，或实际改变自己的付出或所得，以求得心理上的平衡。严重者还可能摆脱目前的分配关系。究竟采取何种方式去消除不公平感是因人而异的。

需要指出几个问题，首先亚当斯的公平理论中所谓的“付出”和“所得”都是指一个人的主观感觉或判断。一种结果是不是可供比较或值得比较，往往并无客观的通用标准，纯由当事人主观判定。这种结果可以是当事人视为值得计较的任何东西。科学的比较方法，应把所有各类结果，分别乘以不同的权重，然后逐项相加求和，作为总的结果以供比较。但事实上人们很少这样，而只是找出最关键、最显眼、最需要关注的个别或少数几项结果，而这正是他认为自己吃了亏的那几项。其次，亚当斯公平方程是一个等式的形式，但等式两端是不对称的。当事者认为是公平的分配，比较对象不一定认为是公平的，即使在观察比较同一项目时，双方的评价也往往是不同的。不公平感的产生，存在着一个感知阈限，但在一般情况下委屈感阈限要低于负疚感阈限。

2. 公平理论的实践意义。在我国目前的分配体制中，存在着大量的人与人之间、群体与群体之间的矛盾和不满情绪。这些问题的产生往往是由于人们的横向比较（纵向比较虽然存在，但不是主要的）所引起的。例如社会上的各种攀比心理与行为即是如此。更为重要的是，人们对工资报酬和奖金等的收入，不仅仅看作是一种单纯的经济分配，而往往是透过这种实在的经济报酬来估价自己的工作成绩，来分析同事和领导对自己的评价和看法。所以，每个人在获取报酬时，不会把眼睛只盯住自己所得报酬的绝对值上，而会同时关注他人所得的多少。当人们经综合衡量后，感到自己的付出比他人多，而所得的反比他人少时，就会感到不公平、不合理，内心产生不平衡，受委屈，自尊心因此也会受到挫伤，不满情绪便会油然而生。

根据亚当斯的公平理论，人的不公平感是由客观刺激作用于主体而在主体心理产生的一种主观判断。也就是说，不公平感是受两方面因素制约的：客观分配的公平与否和个人在主观上认知的正确与否。客观分配的不公平和个人在认知上的主观片面性都是造成不公平感的原因。就客观原因而言，包括奖励分配制度的不完善、领导者的管理素质低、人事管理制度的不合理以及社会上的不正之风等。就主观原因而言，包括感知的片面性、情感的偏向、思想品德以及传统的公平观念等。对于不同原因产生的不公平感，领导者应该采取不同的方法和措施才能有效地消除或减少这种不公平感，保证组织成员工作积极性的充分发挥。

首先，领导者应该尽可能公正无私地对待每一位同志，尤其在工资、奖金、职称、住房等敏感问题上要公平合理。因为这些方面都是组织成员最关心的，并且是看得见、摸得着的，在一个集体中大家难免会相互比较。领导者的官僚作风、主观片面或对一些组织成员抱有偏见，是造成分配、奖励时缺乏公平的主要原因。因此，好的领导作风和方法是调动组织成员积极性的基本前提。

其次，进一步改革不合理的奖励分配制度，打破平均主义、大锅饭的思想传统。事实表明，平均分配和收入差距过大是造成目前我国社会上存在严重不公平感的两个主要原因。平均分配意味着贡献大的人减少了收入，贡献小的人侵吞了别人应得的收入。其结果只能挫伤贡献大的人的积极性，造就了懒惰和松懈之风。要解决这一问题，不仅要从思想观念上打破平均主义的框框，加强对工资和奖励分配制度的科学研究，而且还要在人事考核与评价技术上下功夫，使对工作绩效的考核更加客观和科学，从而更好地贯彻按劳分配原则。另一方面，要注意把收入差距控制在人们心理承受能力允许的范围内，收入差距过大，特别是分配体制的不合理造成的贫富悬殊，是造成人们不公平感的重要原因。

再次，改革目前不合理的人事制度，努力做到人适其事、事得其人、各尽所能。目前社会上对收入分配不合理的抱怨或不满，很大程度上是针对产生这种不合理分配的一个重要前提——机会不均等。许多分配差距并不是工作能力和劳动贡献的差别所引起的，而是机会不均等所造成的。人事制度上的这种僵化，就社会而言造成了人力资源的极大浪费；就个人而言，他们在一开始就被置于不公平的竞争环境中，注定了以后的不公平。所以，对由于这类原因造成的不公平则从改革现行的人事制度着手，努力创造条件促进人才的合理流动和职位的公开竞争，逐步实现机会均等。

最后，要消除组织成员中的不公平感，还必须进行必要的思想观念教育工作。一方面要引导组织成员进行全面、客观的比较。人们在心理上一般都存在“看人挑担轻松”的认知偏向，往往会自觉不自觉地产生低估他人的工作成绩、高估他们的工资收入的倾向。领导者要通过摆事实说服组织成员，使他们自觉地纠正错误认识。另一方面帮助组织成员树立正确的公平观，还应尽可能提供机会让组织成员倾诉自己的不满，对领导工作进行批评和监督，从而最大限度地避免和纠正不公平的做法，创造公平、民主的组织气氛，使组织成员始终保持高涨的工作热情。

第十章

社会心理学在农业推广中的应用

我国人多地少，发展农业必需依靠科学技术进步，而科技推广就是将知识形态的生产力物化成直接的现实生产力的过程，从而将科教兴农落到实处。以往我国采用的是靠行政指令的方式自上而下地开展农业科技推广的工作模式。在这一过程中，科技扩散的主体确定为外部努力，包括政策、投入、推广体系等，而不是技术的用户——农民。事实告诉我们，在科技推广中，首先要考虑的并不是科技本身，而恰恰是长期以来被忽略的农户，因为农业技术的研究、开发、推广就是为了农户的使用，农业推广的效率也取决于农户的采用或不采用以及采用的程度等，因此在农业推广工作中一定要转变思路，不要只见科技不见人。从这个意义上说，要想提高农业科技转化率和农业推广的工作效率，就不能不重点研究科技的受体——农民的心理。

事实上，科技推广从本质上讲就是要通过沟通及其他相关方式组织与教育农村居民，使其增进知识，提高技能，改变观念与态度，从而自愿改变行为，采用和传播农业技术创新，并获得自我组织与决策能力来解决其面临的问题。简单地说，科技推广实际上是促使农民行为的改变，而行动的改变实际上也是一系列内在心理发生变化的过程。因此，研究社会心理学在农业科技推广中的应用具有重大的实践意义。本章试从沟通原理，行为改变理论等若干方面来讨论社会心理学在农业科技推广中的应用。

第一节　农业推广概述

一、农业推广的概念

农业推广是一项旨在开发农村人力资源的农村咨询服务工作。农业推广人员通过沟通及其他相关方式组织与教育农村居民，使其增进知识，提高技能，改变观念与态度，从而自愿地改变行为，采用和传播农业创新，并获得自我组织与决策能力来解决其面临的问题，最终实现培育新型农民，发展农村产业，繁荣农村社会的目标。它要解决的问题就是通过农业推广沟通，传播实用信息，改变推广对象行为，促进农业创新扩散，满足推广对象需要，解决推广对象所面临的问题，也因此在国际上越来越多的人们倾向于把推广解释为一种激励人们行动，并赋予其行动能力以解决其生产与生活中面临的紧迫问题的活动。可见，农业推广相比较科技推广而言范围要广得多，其不仅仅局限于将技术在农村社区范围内推广，而且还涉及到进行农民自我发展能力的建设以培育能自我组织、自我决策和自我发展的新型农民等一系列的问题，也即“协助民众去帮助自己”，从而最终实现农村的可持续发展。

不可否认，早期甚至现在的农业科技推广大多是为了促进农业生产的目标而产生和发展起来的，其主要集中于针对农民进行产前技术推广，推广工作的目标也是单一的，即增加产量，提高经济效益，但随着人类发展的步伐踏入 21 世纪，一系列全球性的由技术进步所带来的危机却日益提醒着人们必须对自身的生存和发展前景进行深深的思考。由此，一股关注人文，以人为本的可持续发展思潮成为当今世界发展的“热点”，体现在农业科技推广领域表现为以下几个方面：

1. 推广工作的目标必将由增加产量向以经济效益、社会效益和生态效益为中心转移，并逐步发展到把农村、农业、农民生产的发展与生活的改善作为农业推广的总目标。

2. 推广工作的内容将由产前服务向产中、产后纵深拓展，并逐步发展成为农业推广咨询服务，即除农业生产外，还包括农民所需要的其他生产、生活领域，如社会、经济、市场、管理、信贷、家政、法律、文化等，从而更多地重视在农村社会市场经济发展的基础上对人力资源的开发。

3. 推广对象不再只是农民，而应当是全体农村人口。

4. 推广的策略方式将由自上而下行政指令驱动式向以自下而上自愿参与咨询式为主并辅以其他方式过渡。

总而言之，从目前及长远的发展趋势来看，农业技术推广将会不断地向农业推广发展的目标模式逼近，也就是说，在农业推广的过程中更注重人的素质提高和能力建设，将人作为科技推广工作的重心，这也就是为什么要强调心理学在农业推广中的重要意义的原因之一，因为要将“人”作为推广工作的主体，那么研究人的心理就变得不可避免，更何况，农业推广的实质就是要改变人的行为，即实现人的一系列心理重塑。从以上的陈述中我们可以看出，要有效地改变农民的观念与行为，就必须研究社会心理学在农业推广中的作用，充分运用社会心理学的原理影响农民。

二、农业推广的框架模型

现实的农业推广过程是个复杂的系统。为深入了解推广人员同推广对象之间的关系，以便更好地分析社会心理学在农民行为改变和创新采用过程中的具体运用，首先需要抽象出农业推广工作总的框架。

由图 10－1 可以看出，农业推广工作过程是一个完整的系统，它包括两个基本的子系统，既推广服务系统和目标团体系统（亦称目标群体）系统，前者由推广人员组成，后者由农村居民组成；沟通与互动是这两个系统的联系方式；推广服务工作的开展离不开相应的外部宏观环境，包括政策与法律环境、政府机构设置与组织体系、经济与结构条件、社会文化环境以及农村区域环境等，这些都对农民心理变化和行为改变有着直接或间接的影响。

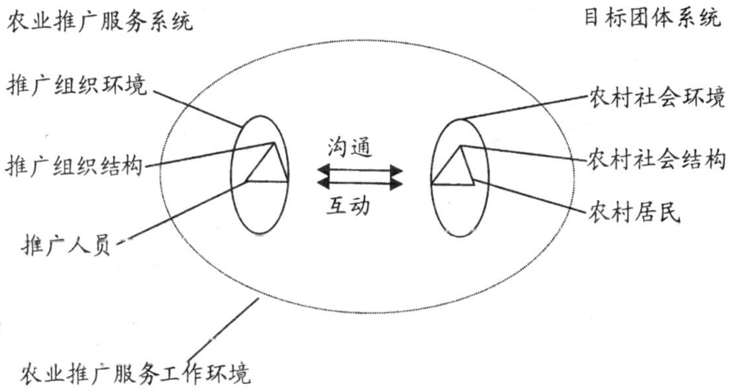

图 10－1　组织化的农业推广框架模型

从心理学的角度审视农业推广框架模型，我们就不难得出如下思路：由于推广人员和农村居民所处的社会文化环境是有差异的，各种文化体系下都会形成特定的思维方式、价值观念和行为准则。在刚开始同其他的文化接触时，人们往往会产生一定的心理负担，如推广人员常常被作为一种“外来者”同推广对象以及从事支农服务工作的其他人员（例如信贷人员，生产资料供应商等）打交道，这就需要推广人员利用沟通原理，逐渐使自己接受与被接受，以深入了解不同类型农民的不同需要及其面临的问题，逐步改变农民的态度和行为，促成某项创新的采用和传播扩散。另外在促使农民采用创新和扩散创新过程中，还应该注意不要挫伤农民采用创新的积极性，避免对创新产生“一朝被蛇咬，十年怕井绳”的畏惧心理。

三、农民采用新技术的一般心理过程

农民对于一项创新的采用表现为一系列行为改变过程，这个过程包括认识阶段、感兴趣阶段、评估阶段、试验阶段、取舍阶段，而随着这一系列行为的变化随之而来的一般心理过程也可以分为客体（新技术源）、理解（认识过程）、体验（情感过程）、行为（意志过程）等阶段。

1. 创新的采用过程。一项新技术能得到生产者的认可和采用，有一个思想认识的过程和熟悉技术的应用过程，它是在特定的时间内由学习、决定和行动所构成的一种过程。一个特定措施的被接受、采用，并不是单纯的决定采取某种行为，而是一连串行为和思考的结果。这个过程大体可以分为感知（认识阶段）、兴趣（感兴趣阶段）、盘算（评估阶段）、试用（试验阶段）、取舍（采用或拒绝阶段）。

（1）感知。指农民从各种途径获得信息，农民对新技术达到初步了解的阶段。在感知阶段农民常常把自己所知道的信息与自己发展生产和改善生活的需要相联系，看该信息是否符合自己的实际需要，是否能带来理想的效益，能否有能力采用，从总体上初步了解，从感性上认识某项新技术。在这个阶段，推广人员的责任是通过各种交流手段让农民了解新的经验和措施。

（2）兴趣。农民在初步认识到某项新技术可能会给自己带来一定的好处时，其行为就会进入感兴趣阶段。产生兴趣必备的两个条件是：一是农民相信这项技术能给他们带来一定的效益；二是根据自己的生产条件和经济条件有可能采用这项技术，否则就不会引起他们的兴趣。这时农民就想进一步了解这项新技术的方法与结果，对此表现出极大的关心和兴趣，开始出现学习行为，并力求进一步认识革新技术。例如：当农民看到别人采用新的农机具进行生产，但因为自己没有能力或经济困难而不能采用这项新技术，那么他可能就不会对此项技术感兴趣。当农民了解到一些新的思想和新的措施，但由于种种原因对采取这些改革缺乏信心时，推广的责任在于通过设置一些诱因使已形成的动机由潜伏状态转入活动状态，使它们成为推动学习的内部动力，从而调动起学习的积极性。这个阶段可以通过广播会、报告会等传播手段使农民增强信心；还可以组织小组讨论和进行家庭访问对农民提供帮助，增强他们的兴趣和信心，促使他们获得更多的关于新技术的信息。

（3）盘算。即衡量应用这一革新技术的利弊。一旦农民对革新技术感兴趣，又激发起对革新技术应用的热情，就开始对采用新技术的得失进行分析判断。例如：采用一个新品种就要对它的生长期长短是否对下茬作物有影响、肥料等条件是否跟得上、投入后能否得到相应的产出等问题进行一系列的考虑。盘算过程是对一项革新技术的“智力测验”，推广人员应加强指导，主动帮助他们分析和做出决策。推广人员的工作应客观、公正、及时，并注意农民的心理发展水平以及他们需要、动机及和目的。如果推广人员参杂主观印象，而不是根据农民的需要、动机以及该项革新信息的有效程度而进行工作，则不仅不能激发起农民的学习热情，反而会产生相反的结果。在这个阶段一般可以采用成果示范法，如能展示出该项革新技术的全过程则更具说服力，这样就能帮助他们迅速做出决策。

(4) 试用。农民通过评价，确认了革新技术的有效程度，就会进行采用这项革新的小规模实验。推广人员要因势利导，准备好示范田，并教授农民如何进行这项革新技术的试验，以取得经验和掌握技术。

(5) 取舍。取舍即农民经过自己的试验得出结论，然后决定自己是否采用该项新技术，这是采用创新的最后阶段。农民经过一次、两次甚至多次试验，最后才能决定是否采用。每次试验过程都是增加或减少兴趣的过程。倘如试验结果优于老办法，就能扩大这项革新的应用范围，否则，农民就放弃这项革新。

在实践中，农民也可能首先产生兴趣，例如对新型肥料或农药发生兴趣，然后才进入认识阶段，对革新应用过程的顺序并不是固定不变的。

2. 农民采用新技术的一般心理过程。伴随上述创新采用过程的是一系列心理变化过程，即农民采用新技术的心理过程，它是通过感觉器官和大脑不断认识而产生和发展的。当然也受农民自身文化素质、身体素质、社会经济条件、生产条件等诸因素影响。其整个过程如图 10－2 所示：

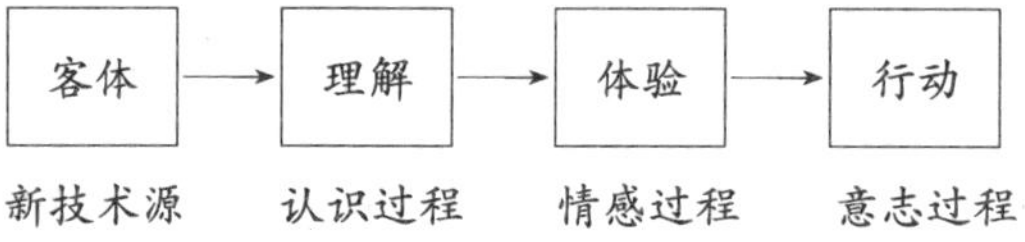

图 10－2　新技术采用的一般心理过程

(1) 客体。它是指影响人脑的各种客观事物。农民能接触到的新技术可能来自于农业科研院所的研究成果，也可能来自农民生产中的好经验或者是电台、电视、报刊传播的信息等。农民的素质不同、所处的环境不同，对新技术的反应也有所不同。贫困地区农民为解决温饱问题多看中种植业方面的增产技术，而富裕地区的农民则可能更看中优质高效的致富技术。

（2）理解。理解即认识过程。它是人们认识客观事物表现出各种心理现象的过程，如感觉、知觉、记性、思维、想象等。认识过程终结为理解深度。

农民采用新技术时，首先对技术本身获得良好感觉的直观印象，这种良好的感觉可促使农民产生采用的愿望和动机。另外，他能否全面准确懂得技术的内涵，能否在大脑中再现，能否真正把技术在大脑中整理出清晰的可操作的思路等等，这些心理过程直接影响农民的行为及其方式。而一个人的认识多受自身知识背景和传统观念的制约。同时一项好技术，由于理解能力的不同会产生截然不同的结果。比如：作物良种的增产作用已被广大农民理解和接受，但不顾本地的生态条件而盲目引进，必然造成不良的后果。导致这种后果的多是那些急于求成而又缺乏必要知识的农民。由于他们超越自身和环境的条件，偏离了认识过程，在没有真正理解技术实质的情况下而酿成了悲剧。

（3）体验。体验即情感过程，情感就是人们对客观事物是否满足而产生的态度和体验。农民在采用新技术时总抱有不同的态度，产生不同的体验，导致不同的行为，使认识过程进一步强化。在农民真正理解一项技术后，并不是马上就付诸行动，而是要和以往自己的生产经验进行对比，向周围的人讨教，向科技人员咨询，倾听他人看法，然后根据个人的实际情况，对该技术进行总体评价。评价的过程，即是其主观能动过程，受其背景影响很大。比如：通过对果树的疏花疏果管理来调节其大小年，提高产量及品质，有的农民觉的不必要，因为他们从来没有这样做，别人也没有这样做，完全受经验心理支配而盲目否定该技术的先进性。

（4）行动。行动即意志过程。所谓意志过程是指农民自觉地确定目标，根据目标支配行为，克服困难，从而实现预定目标的心理过程，即“有所为”的过程，它是某一心理的终结。当农民对自己选择的技术确定以后就会千方百计的付诸实施，这是主观变客观的过程，是意志的集中体现。

第二节　社会心理学在农业推广中的意义

在上一节中我们已经了解到，社会心理学在农业推广研究和实践中具有重大意义。在这一部分，我们将从两个方面具体谈谈为什么农业推广离不开对农民心理的分析与研究。

一、行政手段的消极后果使人们意识到心理学的作用

目前我国农业科技成果转化率是很低的。据统计，我国每年大约有 7000 多项农业科技成果问世，但转化成现实生产力的只有 30－40%，且真正形成规模的不到 20%，这与发达国家的 70%—80%的农业科技成果转化率相差甚远。比如，陕西渭北某苹果基地县，有高节换种、疏花疏果、套袋、病虫害防治等十多项成熟新技术，但技术推广面却很小，为果农掌握的不多，不少果园的果形不整齐、果个较小，着色不均，优果率不到 30%。表明在农业科技成果的转化方面，或者说农业采用先进技术方面，与“九五”期间农业科技的贡献率达到 50%的目标存在着很大的差距。

是没有农业科技成果可以转换吗？不是。是农业不需要科技，农民拒绝科技吗？显然也不是。随着商品经济浪潮的冲击，现代的农民已经意识到，只凭老办法、老经验、老技术、老品种发家致富是不可能的。在一项关于“城乡协调发展”的调查中，就“你认为政府应为发展农村经济做些什么?”，“你希望城市为农村发展做些什么?”，“你觉得自己最需要什么信息?”，“你认为应和区外、省外建立哪些联系?”等问题，农民的回答中，“科技兴农”、“科技服务”、“科技信息”、“科技联系”排在第一位，而且对许多不同的问题都用科技念头去回答，这充分表现了农民对科技的渴望。农民在实践中已认识到：优质高效没有科学技术是不行的。现在不少地方的农民都已自发地办起了农技校，或者巨资购买科技成果的事例不胜枚举。

显然，农业科技成果和农业现实生产力之间存在着障碍，使得农业科技成果转化困难。九亿农民对农业科技的渴求造就了中国巨大的农业科技市场，但农业科技成果却不能成为现实的农业生产力，这是一种令人焦虑的状况。产生这种状况的原因很多，例如目前我国农民自身的素质还偏低，对科技的接受能力较弱，又如政府在农业推广方面投资不足，工作没有后劲，以及在农业科技投资机制方面都存在很大的问题等等。但其中很重要的一个问题就是长期以来我国农业技术推广的主体模式是自上而下的传递服务模式，或称行政指令驱动模式，即政府根据农业及国民经济发展的需要、财政经济状况及对农业技术的偏好，对农业科研及技术推广活动予以财政支持，农业技术推广部门将成果推广到农业生产中去，实现政府的农业计划目标。这种传统的技术扩散机制的弊端日益暴露，其中表现突出的是忽视了农民的心理特点，不能切实地反映农民的需要，致使所扩散的技术项目市场导向性较差。仅仅依靠行政命令、强制手段，是很难奏效的，即使强迫推行了也不会有好的效果和强劲的生命力。在农业推广工作中需要注意的是，推广对象的决策自由和个人责任应当受到充分尊重，推广人员都不能代替推广对象做出决策，否则，就会出现科技推而不广的现象。事实证明，什么时候所推广的科技是真正符合农民需要的，推广手段又是符合农民心理特点的，那么科技推广就变得简单而有效。激发农民对农业科学技术的需要，会比一千个农业技术推广人员更能把农业技术推而广之。

仔细分析一下，自上而下的行政驱动模式的农业推广在最深层次上是基于以下两个假设，一是农民的问题和需要比较简单，因而政府决策机构认为他们完全了解农民的需要；二是认为农民的文化素质低，因而认为他们无法认识和解决自己的问题。但事实是否就是如此呢？实践证明，农业科技成果从产生到采用的各个环节主体——政府、科研推广部门、农民对高产与优质技术选择上，其认识和行为有着明显的错位。据我们调查，认为与优质技术相比，更需要高产技术的农民为69%，农业技术推广人员与农业科研人员为81%和80%，主管农业技术推广的副县长及农业局领导则为55%，而在市场上优质价低的农产品更受青睐。认识上的这种差异必然导致行为上的错位，使农业科技成果转化的链条脱节。

由于各个行为主体的立场不同，看问题的角度不同，则其认识和行为上也有明显的不同。政府官员和科技人员虽然心中怀着美好的愿望，袋中装着美丽的规划，但由于对农民的需要和存在的问题缺乏足够的了解，结果在实践操作中往往会失败。而从另一方面，我们也必须认识到农民从小到老，祖祖辈辈，生于斯，长于斯，对当地天文地理，农耕种植、养殖习性最熟悉，也最了解自己的问题与需要，如果政府部门，推广人员不吸收、不体现、不尊重农民的观点和知识，不分析、不重视农民在生产、生活中实际所需而仍然保持自己的独断作风，在潜力开发上替农民规划，替农民决策，那么其决策必然是主观臆断，不可避免地要失败。科学技术一旦推而不广，基于以领导与技术为主体的工作思路便马上下结论说：农民信息闭塞，愚昧、保守、落后，不愿意接受新技术，这样也就导致了农民素质低错误的论断。然而，舒尔茨曾在《穷国的经济学》一文中说："全世界的农民都在与成本、利润和风险打交道，他们都是时刻计算个人收益的经济人。在自己那小小的个人和分配的领域里，这些农民都是企业家，他们总是能那样地适应经济形势，使得许多专家都无法了解这些人是多么有效率。"尽管由于教育、健康和个人经历方面的原因，农民在新知识的接受、理解和采取适当行为的能力方面尚有差距，但是他们却具有企业家最本质的素质，即他们都是理性的，都是能很好地、独立地、灵活地处理自己所遇到的问题。事实上，就我国农村改革的历史来看，许多重大的创新都是源于农民，例如家庭联产承包任制，农业产业化，小城镇建设等等。农民的知识实际上不仅有用而且高效，这将日益成为当今农技推广及至整个农村工作的指导思想。

从以上的分析我们可以看出，自上而下的行政驱动模式在农业推广实践中之所以会失败，其运行所基于的工作思路之所以会在实践中遭到反驳，最根本的原因有两个：一是缺乏对科技推广中各个角色的正确认识，忽视了社会心理因素对农业推广模式和途径的影响。二是缺乏对农民作为科技推广的工作重心的认识，从而在根本上忽略了农民的心理研究，或者说对农民心理在科技推广中的作用认识不足，重视不够。就第一点来说，技术的研究者、推广人员和农民，三者如何协调合作是科技推广成功与否的关键所在。在农业推广过程中，研究者的作用在于技术是否符合农民的要求，推广人员及各级领导的作用在于是否提供了有效的政策保证，而最终能否采用技术的关键在于农民。任何一方都不能"越俎代庖"，替他人作决策。就第二点来说，目前国际上盛行自下而上参与式科技推广的热潮，其思想核心是强调人的发展，即认为人不是一个被动和消极的客体，而是发展中的主体，只有人的发展在科技推广过程中得到强化，这种发展才是可持续的。简而言之，农业推广中再也不能只见科技不见人，恰恰需要强调人的作用，具体来说即是强调深入分析农民的需要与心理特点，这样才能吸引农民积极主动的参与、支持与合作，并能激发他们强烈的创新采用动机和兴趣，培养高度的责任感——这个过程本身就是一个社会心理学的过程。因为社会心理学的常识告诉我们，一件事情只有能够满足人们的实际所需时，人们才能产生去实现它的强烈动机和浓厚的兴趣，从而就能调动全身心的一切力量去克服种种困难，最终实现目标；另一方面，当农民感觉到自己在工作过程中具有参与的权利并受到尊重时，就能形成一套外界激励和自我激励相结合的机制，从而促使目标行为的不断进行，直至实现最终目的。

二、从农业推广的实质看心理学研究的意义

上述部分主要是从农业推广中的教训来看社会心理学的作用，这里我们将重点从正面论述社会心理学在农业推广中的地位和意义。

农业推广的实质就是改变农民行为，再由农民改变农业和农村，循着这条轨迹一直延伸，我们很快便可发现，农业推广的最终目的虽然表现为农村的繁荣和发展，但其核心仍然是做“人”的工作，是为了改变“人”的行为而做的工作，即想方设法增进农民的知识水平，提高技能，最终目的是改变农民的固有习惯，以适应农村和农业生产发展的需要。因此，农业推广工作不仅是推广农业生产技术，诸如优良品种、耕作制度、施肥方法、经营与管理等技术和技能的应用，更应重视沟通、示范、教育（培训）等农业推广活动，通过这些活动去影响农民的心理活动变化，改变农民的观念和行为。因此，农业推广要研究农民行为的

规律性和影响农民行为的各种因素变化发展的规律性。以往，我们将农业推广片面地理解为推广某项技术，对人的改变重视不够，而实际上，人的观念不改变，行为也不可能发生根本的转变，技术的传递和普及就不可能。在太行山区，技术人员很早就推广酸枣嫁接大枣，但收效甚微，原因是有些人认为酸枣永远是酸的，嫁接上大枣也不会好吃。河北农业大学太行山开发课题组看到这一情况后，不是急着传授嫁接技术，而是先从以前接活的大枣营养分析下手，用事实来告诉人们，使农民信服，结果不用督促，农民自己干了起来。1982 年前，辽宁省海城市王家堡村，苹果树 7～8 年不见果，柞蚕连年低产。在当地技术推广的基础上，1983 年沈阳农业大学教师在村里蹲点，坚持短期培训，开展试验、示范教育，首先从转变农民观念开始，使农民从不接受农业科技到主动采用农业科技新成果，成为全省由贫困变富裕的典型。

以上两则实例都揭示了农业推广思想的实质——实行面向农户的技术扩散首要解决的问题是要研究分析农民心理，通过转变农民观念从而最终改变农民的态度和行为，促成科技创新的采用和扩散。

第三节　沟通原理在农业推广中的应用

沟通是农业推广工作的重要手段，通过与农民的沟通，推广人员可以更好地了解农民的各种需要与问题，同时为农民提供信息、传授知识，教以技术，提高农民的技能和素质，最终改变农民的态度与行为。

一、农业推广沟通的概念与分类

1. 农业推广沟通的概念。沟通指社会中的个人或群体运用媒介彼此交流信息的过程。在农业推广工作中经常使用的人际沟通就是指推广人员和推广对象之间彼此交流知识、意见、感情、愿望等各种信息的社会行为。具体的讲，就是在农业技术推广过程中，推广人员向农民提供信息，了解需要、传授知识、交流感情，最终提高农民的素质，改变农民的态度和行为的信息交流活动。在这个过程中，推广工作者要根据对象的反应不断调整自己的态度、方法、行为，以实现提高农业推广工作效率的目的。

沟通贯穿于农业技术推广的全过程，体现在各种推广方法的具体应用之中。例如农业推广人员深入农户了解农民的实际需要，获得农民的需要信息，据此信息提供给农民相应的技术、技能及知识，从而提高了农民的科技素质和经营水平，使农民的生产经营得以改善和提高。

2. 农业推广沟通的重要性。具体的农业推广活动一般应包括两大要素，即推广内容（信息）和推广方法。内容和方法有效结合是推广工作成败的关键，也是影响推广工作效率的主要因素。用公式表示为：

推广内容（信息）× 推广方法（沟通）＝推广效果

实际上，无论是农业推广的内容还是推广的方法，都要建立在沟通的基础上。推广的内容是为农民服务的，必须是切中农民所需要的、有现实意义的和被农民接受的，要实现这一目的，必须建立在深入和广泛的沟通基础上；而推广方法本质上就是沟通的方法。沟通是信息传递的必然过程，没有沟通，再好的信息也不能起到任何作用。从某种意义上说，沟通往往比信息更重要。这是由于信息（技术、方法、经验等）为一种客观存在，但农民对信息的感受、理解、态度、接受则是多种多样的，要受到多种主、客观因素的影响；同一推广内容可以遇到农民不同的态度和看法，激起他们不同的心理活动，从而采取不同的行为。推广人员只有根据不同推广对象的实际情况，有针对性地采用有效的沟通方法，才能达到预期的效果。

3. 农业推广沟通的分类。在农业推广中沟通的类型是各种各样的，根据不同的分类标准，可以把常用的农业推广沟通类型分成以下几类。

（1）语言沟通与非语言沟通。根据沟通所用的媒介不同可分为语言沟通与非语言沟通。利用口头语言和书面语言进行的沟通为语言沟通。如技术讨论会、座谈会、现场技术咨询、技术讲解等为口头语言沟通。口头语言沟通简便易行，迅速灵活，伴随着生动的情感交流，效果较好；利用报纸、通讯、杂志、活页、小册子等沟通为书面语言沟通，它受时间、空间的限制较小，保存时间较长，信息比较全面系统，但对情况变化的适应性较差。农业推广工作中，常把这两项结合起来应用，效果较佳。非语言沟通是借助非正式语言符号如肢体动作、面部表情等来进行沟通。语言沟通能清晰地表达概念、观念，而非语言沟通则能充分地表达人的感情。把两者配合应用往往能收到良好的沟通效果。

（2）单向沟通与双向沟通。从信息发送者与接受者之间的地位是否交换可分为单向沟通和双向沟通。单向沟通指发信者与接受者地位不变，如技术讲座、作演讲等，主要是为了传播思想、意见，并不重视反馈。单向沟通有速度快、干扰小、条理性强、覆盖面广的特点。如果意见十分明确，不必讨论，又急需让对方知道，宜采用单向沟通。在沟通中，若发信者与接受者地位不断交换，信息与反馈往返多次，即为双向沟通，如小组讨论、咨询等。双向沟通速度慢、易受干扰，但能获得反馈信息，了解接受情况，同时使沟通双方在心理上产生交换影响，能使双方谨慎而充分地阐释和理解信息。

(3) 个人沟通和大众沟通。按沟通接触范围和媒介的不同可分为个人沟通和大众沟通。个人沟通指个人之间直接面对面或通过个人媒介如书信、电话等进行的沟通，如农家访问、电话咨询等；大众沟通指借助大众传播媒介如报纸杂志、广播电视等进行的沟通，如科技广告、科普杂志等。

(4) 信息沟通与心理沟通。信息沟通指以交流信息为主要目的的沟通，如提供市场信息、科技信息等；心理沟通指人的心理活动的交流，包括感情、意志、兴趣等交流。如通过推广人员耐心的科技教育转变农民对新科技的态度，从拒绝采用到主动采用；对于生产上遭受挫折的农民，经过推广人员的帮助，找出问题，确定对策，使农民鼓足勇气，克服困难等。农业推广的效果不仅取决于信息的沟通，更决定于心理的沟通。

二、农业推广沟通的要素

农业推广沟通与一般的人际沟通一样，必须具备四大要素即沟通主体、沟通客体、沟通渠道和沟通媒介。

1. 沟通主体。沟通主体指承担信息交流的个人、团体及组织。根据他们在沟通活动中所处的地位和职能，沟通主体又分为信息传送者与信息接受者。

信息传送者又叫信源，指在沟通中主动发出信息的一方。在农业推广机构中，推广人员一旦获得了农业革新的信息，就会产生向农村、农民推广此项革新的意向和行为，这时，推广机构和推广人员就成为信息传送者。传送者在沟通中居于主动地位，把所有要传送的技术、信息等，通过加工变成接受者（农民）能够理解的信息发送出去，经过一定的渠道让农民接受。因此，传送者是信息沟通的发起者。信息的接受者是指接受信息的一方。当推广人员发出信息后，农民通过一定的渠道接受信息，有选择地消化这些信息，转化为自己所能理解的形式，并采取一定的行为，将此行为结果反馈给传送者，所以信息的接受者也不是被动的沟通者。在双向沟通中，传送者和接受者是相对的，农业推广机构及人员与农民互为传送者和接受者，共同构成农业技术推广沟通主体。

2. 沟通客体。沟通客体指沟通的信息内容。农业推广沟通客体主要由信息、情感、思想等构成。

信息作为沟通客体极为普遍。农业推广中，信息一般由农业科普文章、讲话、简报及声像资料的形式进入沟通过程。信息被誉为“无形的财产”、“廉价的投资”，信息作为沟通客体是必不可少的。

思想情感也常常作为沟通的客体，例如：推广人员与农民共同商讨技术问题，彼此发表各自看法，互相吸取对方的有益意见，互相满足心理上的需要，就会产生亲密感和相互依赖感。通过思想感情的沟通可以发现双方的共同兴趣，缩短推广人员与农民的距离，使信息的传播更有效，提高农民采用新技术的积极性。

3. 沟通渠道。沟通渠道是指传送和接受农业信息的通道和途径，农业推广中常见的沟通渠道有以下几种类型。

单串型：由首先发出信息的人经过一长串的人依次把信息传递给最终的接受者；接受者的反馈信息则以相反的方向依次传递给最初的发信人，见图 10　3。

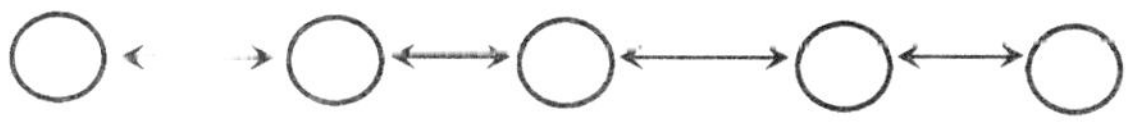

图 10－3　单串型沟通

轮型：即由一个人把信息同时传递给若干人，反馈信息则由此若干人直接传递给最初发出信息的人。集体指导即属于此种类型。见图 10－4。

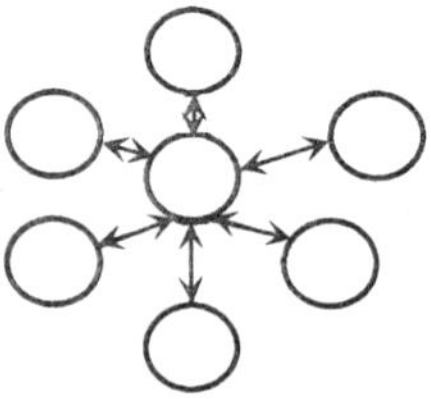

图 10－4 轮型沟通

扩散型：最初由一个人将信息传递给若干人，再由这些人分别传递给更多的人，使信息接受者越来越多，反馈信息则以 相反的方向回流，最终流向最初发出信息的人，即平常所说的 ：“一传十，十传百”。推广工作中，由推广人员首先指导科技示范户，示范户再带动周围大批农民，就属于此种类型，见图 10－5。

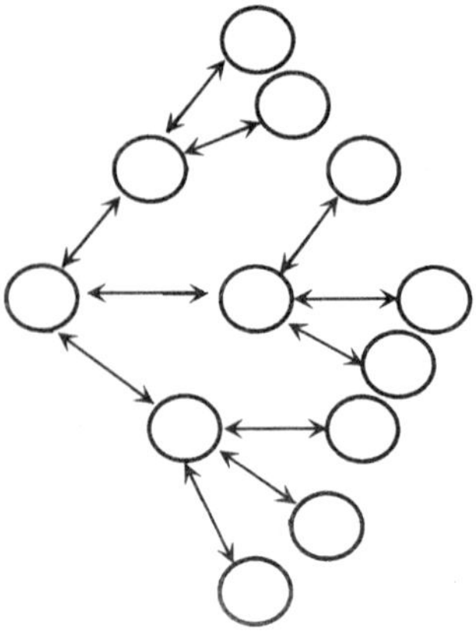

图 10－5 扩散型沟通

全通道型：指参与沟通的多人互相之间均有信息交流的机会。例如推广工作中的农民小组讨论会、辩论会等，如图 10－6 所示。

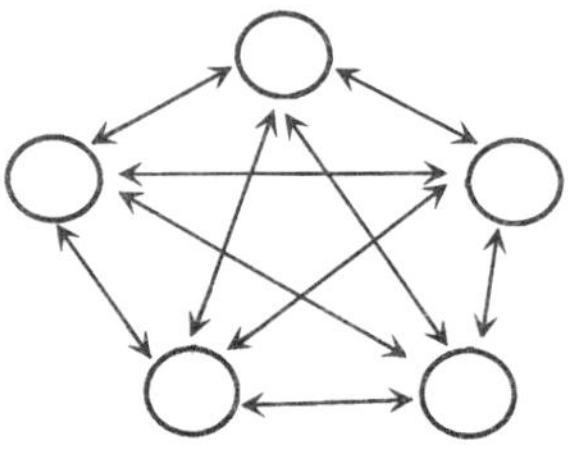

以上信息沟通网络是一种有组织、有结构的沟通形态，在农业科技

信息的实际传播过程中，往往非正式的沟通网络也起着重要的科技传播作用，研究这些非正式的信息传播网络，对了解农业科技在农村中的传播轨迹，确定有效的科技成果传播途径有重要的意义。我们把常见的农业科技成果在农村的扩散方式分为以下四种。如图 10-7 所示

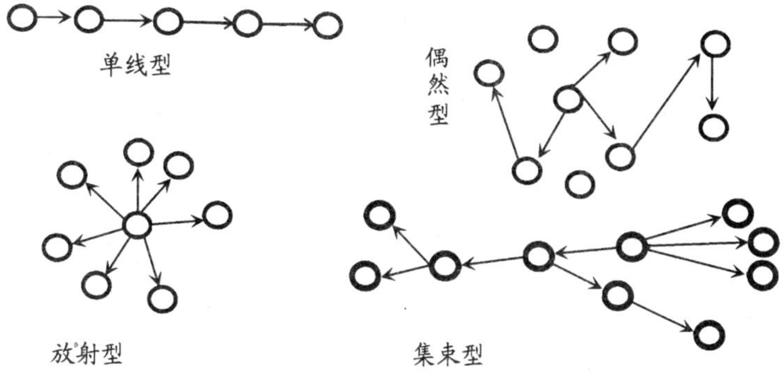

图 10-7　科技成果非正式传播网络

单线传播型：即技术的传递者把技术传递给特定的某一个人，信息的传递或传播是沿着直线进行的。这种传递方式发生在父代与子代之间，也发生在有血缘关系的亲戚朋友之间。

放射传播型：一个信息传递者把信息主动地传递给周围的其他许多人。

偶然传播型：凭着一种偶然的机会，信息持有者把技术传给其他人。

集束传播型：传播者有选择地把信息传递给多个有关人员，形成技术的迅速扩散。这是农业科技在农民中非正式传播的主要形式。

4．沟通媒介。沟通媒介指沟通的信息载体和信息传播工具。推广沟通常用的媒介有以下几个方面。

（1）大众传播媒介。利用电视、广播、报纸、杂志等大众媒介进行信息传播，具有速度快、覆盖面广的特点，但信息反馈较少，对接受状况了解较少。

（2）声像宣传媒介。利用电影、录象带、幻灯等进行沟通。传播速度及覆盖面不及大众传播，但反馈信息多，对接受者的接受状况有较多的了解。

（3）语言传播媒介。即通过口头语言和书面语言进行信息传播，前者如讲话、培训讲课、小组讨论等；后者如科技图书、科普文章、科技通讯、培训教材等。

不同传播媒介有不同的信息传播特点，推广人员要根据科技信息的特点、信息接受者的理解水平和需要情况有选择地使用。

三、农业推广沟通的程序

农业推广沟通的一般程序是：首先由推广人员进行农业信息准备，然后将这些信息进行编码，变成农民能够理解的信息传递出去，经一定的途径让农民接受；农民在收到信息以后，进行译解，变成自己的意见和采取一定的行为，并将行为结果反馈给推广人员（见图 10－8）。

从图 10－8 我们可以看到，农业推广沟通具有两个特点：首先，这种人际沟通是一种具有信息反馈的双向沟通过程，推广人员和推广对象在沟通过程中的地位是相等的，他们互为信息的传播者和接受者。其次，图中的“噪音”是指沟通过程中各种影响沟通有效性的干扰因素。它可以产生在沟通的任何一个环节，一般认为噪音可以来源于外部环境的干扰，也可以是由于传播渠道或媒介选择不当。噪音可以来自信息的发送者，也可以来自信息的接受者。此外，沟通参与者在沟通时的情绪、态度、甚至外表衣着等都可视为“噪音”来源,因为它们都可能影响沟通的有效性。

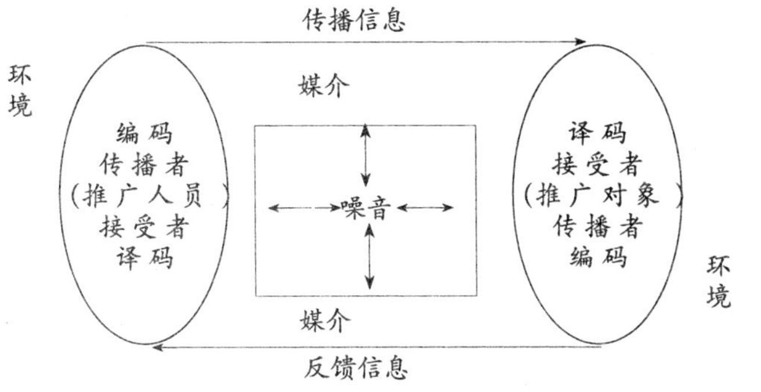

图 10－8　农业推广沟通程序图

四、农业推广沟通中需要注意的问题

农业推广的过程是一个在沟通中改变农民态度的过程。这就需要运用社会心理学的原理提高沟通的能力和技巧。理论和实践证明要提高沟通效果，以下几个问题是应当注意的。

1. 沟通之前先“认同”。这一点是展开有效沟通的基础和前提，心理学的常识告诉我们，人总是倾向于向“自已人”敞开心扉，如果农民觉得推广人员不亲切，距离远，就会产生抵触情绪和防范心理，那么就会在心里筑起心理“栅栏”，从而阻碍了一切有效交流。这种现象在推广实践中屡见不鲜，尤其是在自上而下的行政驱动模式的农业推广的条件下，在农业推广人员的心里，农民是落后、保守、无知的代名词。这实际上是推广人员的一种偏见，而正是这种偏见，使得他们在和农民的交往过程中高谈阔论，盛气凌人，一言一行中有意无意地显露出一种优越感、高姿态，甚至以无所不能的“救世主”的面目出现。这就在推广人员与农民之间竖起了障碍，使推广人员不能了解农民的真正需要和兴趣，也使农民感到推广人员介绍的新技术距离他们自己的实际生活太远。

要做到“认同”，有许多方法和技巧，例如切中农民关心的社会热点问题寻找共同感兴趣的话题，有利于迅速拆除“心理栅栏”，缩短心理距离。又如顺应农民的观点，站在农民的立场去审视问题，使农民把推广者认同为“自己人”。顺利地接近农民，使其产生愿意听从劝说的感情，是成功改变他人态度的基础。人是理智的动物，但常常做出缺乏理智的行为，从某种意义上说，这种行为是由外界思想和行为造成的。为什么成千上万的人毫无质疑地盲目信奉宗教，为什么在日常生活中不假思索地把某种牌子的商品视为最佳商品而盲目推崇，都是不自觉地接受了外界思想的影响。感情是人们相互吸引的动力，这就告诉我们，要使农民接受新的技术和我们的观点，必须首先要做到动之以情，晓之以理，取得农民的认同。

要做到这点，一是要尊重和关心农民，人人都有尊重的需要，每个人都需要得到他人的关怀。推广人员要设身处地地为农民着想，倾听农民的意见，尊重农民的利益和选择，这样才能得到农民的认同。二是要引导农民参与决策，而不能靠“压”。社会心理学中的“对抗理论”指出，人们喜欢自由地支配自己的行动，而不愿意受人的摆布。有些推广人员或基层领导干部强迫农民接受某些新技术，其动机是为了增加农民收入，促进农村的快速发展，但往往事与愿违，强迫的结果，使农民感到自主权受到了伤害，甚至采用对抗的形式保卫自己的“权利”。因此，农业推广对农民要劝服而不能压服，要鼓励农民参与决策，参与有助于参与者态度的改变。

以上这些都要求推广人员在思想上摆正“教”与“学”的相互关系，正确认识到自己既是教育者，要向农民传递有用信息，同时又是受教育者，要向农民学习生产经验，倾听农民的反馈意见，农民是运用农业科学技术的“主角”。有了思想上的正确认识之后，推广人员才能“放下架子”，与农民打成一片，深入到农民中去；了解他们的生产与生活需要，与他们一起讨论所关心的问题。推广沟通成功的起码条件之一是取得农民的信任，学会与农民友好相处。

2. 注意入乡随俗。无论是语言的运用还是生活习惯都应尊重农民的习俗，这也是与农民增进感情的不可忽视的方面。语言作为沟通的一种介质，在人的心理上往往激起一定的亲疏远近之感，一句方言土语就会使农民产生一定的亲切感。另外，在词语的选择上也要尽可能采用适合农民的简单明了、通俗易懂的语言，如解释遗传变异现象时可用“种瓜得瓜，种豆得豆”等形象化语言，切忌用堆满科学术语的“学究腔”和文质彬彬的“书生腔”，也不能夸夸其谈，言之无物。除此之外，还要注意自己的语调、表情、情感，巧妙地利用语言环境来影响农民的行为。

农业推广人员对当地的风俗习惯、风土人情的了解也是重要的，努力做到“入乡随俗”，才能成为一个受当地人民欢迎的人。不了解当地风俗习惯就容易产生笑话，甚至直接影响推广工作的效果。

3. 利用暗示与模仿。暗示是指人们有意无意地以含蓄、间接的方式，对他人的心理和行为产生影响，使他人接受某一观点或行为的过程。暗示可以是语言的、行动的或表情的，也可以是某种符号的。暗示分为他人暗示和自我暗示，在农业推广中应用较多地是他人暗示。他人暗示进一步可分为直接暗示和间接暗示。直接暗示就是将事物的意义直接提供给受暗示者，使之不假思索地接受。直接暗示的特点是迅速和直截了当，而且受暗示者不会对信息产生误解。间接暗示是把事物的意义间接提供给受暗示者，这种暗示的特点往往不讲清事物的本义，不暴露暗示者的动机，使人从事物本身了解其意义。例如，受社会定势和习惯的影响，某地农民不懂得种蔬菜，认为当地的气候、土壤不适合蔬菜的生长，基层干部和农业推广人员趁组织部分骨干农民外出参观的机会，“顺便”参观了保护地栽培的蔬菜，使参观的农民受到了很大的影响，很快转变了观念，带头在当地发展起了蔬菜种植。间接暗示的优点在于不会受到受暗示者的心理反抗，因而比直接暗示具有更强的影响力。

模仿是指在没有外界强迫的条件下，受他人态度或行为表现的影响，自觉不自觉地仿照他人的态度和行为，使之与他人的态度和行为相同或相似的现象。实际上，模仿是对暗示的反应。模仿一般可分为无意识的模仿和有意识的模仿，前者是指模仿者没有考虑行为的原因和意义，在不知不觉中模仿他人的行为。有意识的模仿是指有一定的动机和期望，自觉地对他人行为进行模仿的现象。农业新技术在某一地区迅速推广，最后形成专业村、专业县，在许多情况下是模仿的结果。模仿也是科技推广示范发挥作用的重要心理学基础。

4. 利用人们的探究心理。人类有一种探究本能,越是禁止的东西,人们越感兴趣,越想知道个究竟。在推广实践中人们有时通过利用这种心理来达到推广某些新技术或新品种的目的。相传法国农学家安瑞 . 帕尔曼切在德国当俘虏时,亲自吃过马铃薯,感觉不错,后来被释放回到法国后,打算在自己的故乡种植它。但在当时的法国宗教迷信者认为马铃薯是“鬼苹果”,而医生则认为对人体健康有害,农学家则宣称马铃薯的种植会使土地变得贫瘠……要改变这些人的态度,帕尔曼切用尽了心机,但仍然未能奏效。后来他请求国王并得到许可,在一块低产田上栽培马铃薯,而且由一支全副武装的国王卫队看守这块地。但只是白天看守,晚上撤离。帕尔曼切巧妙地使用了人的探究心理,使人们接受了这种暗示,以为皇家卫队看守的田地定然栽种着珍贵的东西,于是,晚上悄悄偷走了马铃薯并细心栽培在自己园内。结果,人们改变了态度,马铃薯在法国广泛种植,帕尔曼切也达到了目的。

第四节　行为改变理论在农业推广中的应用

前面讲过，农业推广的目的之一是为了改变农民的态度和行为，促进创新的使用。本节中讨论行为改变的一般过程以及影响农民行为的一些因素。

一、行为改变理论

1. 行为改变的一般过程。人类的行为是可以改变的，人们总是不断总结经验，更新知识，改变着自己的行为模式与生活方式，不断适应社会发展的要求而前进。但要有目的地、有组织地改变人的行为，并不是一件容易的事，存在着相当的难度，需要经过一定的时间。

布兰·恰尔德(Blan chard)在其所著《行为管理学》一书中，对人的行为改变过程和难度，做了如图 10－9 的图式分析。

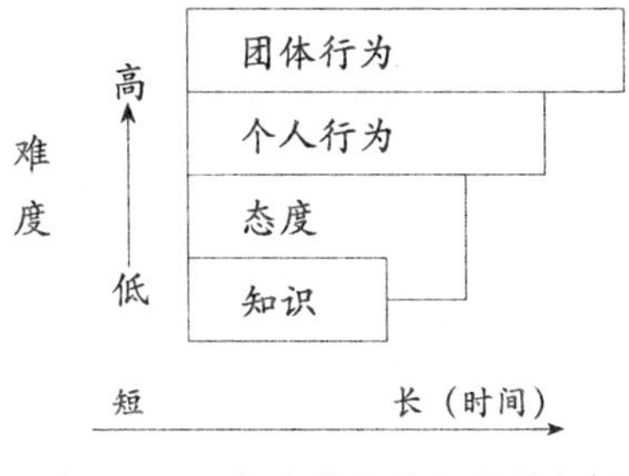

图 10－9　行为改变过程图式分析

图 10－9 表明，知识的改变比较容易，态度的改变就增加了困难，所需时间较长；个人行为的改变更为困难，所需时间也更

多；而最困难的、花时间最长的还是群体行为的改变。因此，要有目的地改变人的行为，必须考虑人的各方面的因素，从易到难地进行一系列的促进工作，使其在知识、态度、信念等方面都有相应的改变，才能适当地改变其行为。

2. 行为改变模式。人的行为是人与环境相互作用的产物。按照心理学中的力场理论，个体能感知到的与环境因素的交互作用可以描述成为一个心理力场。行为是个体同其感知到的环境相互作用的函数，可以用公式表示如下：

$$B = f(P, Es)$$

其中：B——行为；

P——个体；

E——环境（Es 指个体能感知到的环境）

并非环境里的全部因素都影响个体的行为，只有那些能为个体所感知的环境因素才构成心理环境，成为影响个体行为的因素。

心理力场模型如图 10－10 所示。借助心理力场模型，可以进一步把行为描述为：某一个体在其所处环境（指其主观感知到的环境）里，一旦感到有某个值得努力追求的目标（比如说，某种理想的事态或某个具体的东西），就会调动起他个人的力量为实现这一目标而奋斗。如果发生了不利或不如意的事情，他同样会调动个人的力量来避免不利事态的发展。当遇到妨碍目标实现的障碍或阻力时，比如说知识的缺乏、后果的不确定性、手段的不完备以及社会的约束力等等，他会设法避开这些障碍，选择适当的路径以实现既定的目标。

有助于目标实现的力量称为驱动力，而助长不利情况出现的力量称为阻碍力。因此，可以认为行为产生于心理力场，在这一力场内，驱动力和阻碍力以一种平衡的状态存在，它们之间的力量对比是经常发生变化的，行为的改变是这两种对抗力量相互作

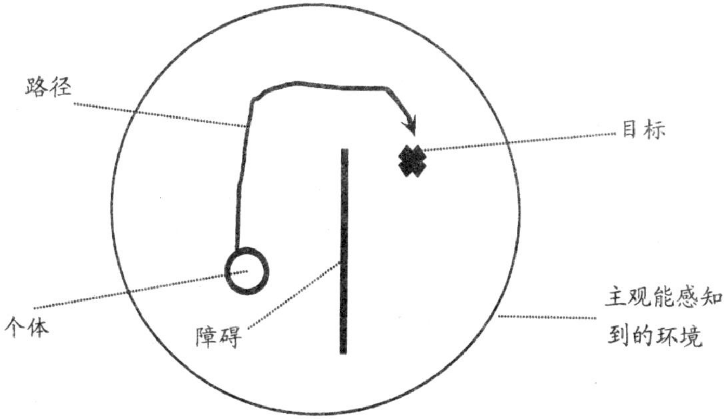

图 10－10　心理力场模型

用的结果。这可以用图 10－11 来说明（Albrecht，1987）。

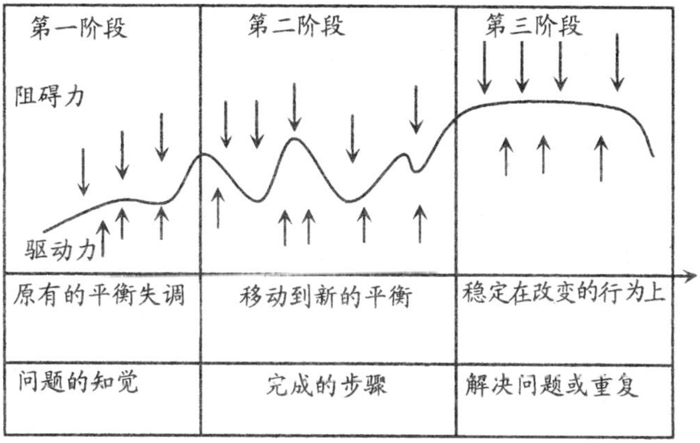

图 10－11　行为改变三阶段

从图 10－11 中可以看出，行为改变包括三个阶段：

（1）原有平衡的破坏。

（2）移动到一个新的平衡水平上。

（3）稳定在改变的行为上。

要想促进和加快行为改变过程，就应该根据上述三个阶段采取有效措施。通过以下三种途径可以改变原有的平衡状态：

——引入驱动力；

——去掉阻碍力；

——上述两种途径并用

如果阻碍力很大时，只增加驱动力，那么内在的紧张不安就要加剧，而且这种处于新的平衡状态中的紧张状态又会导致过去行为的重复。要想减轻内在的紧张与重复的危险，除了要引入新的有益的变化力量之外，还要去掉现有的不利的阻碍力。

在第三阶段里，推广尤其可以发挥其重要的作用，而这一点却常常为人们所忽视。行为改变之后的短时间里，新的平衡状态还不够稳定。决策后的矛盾与“后悔”时常发生，加之在实施所选定的备选方案时，可能会出现一些出人意料的问题，这也会增加旧有行为复发的危险。在这种情况下，推广人员应当亲临现场，帮助克服困难，增强推广对象对所作决策的信心，直到其认识到并且能够感受到改变行为的好处。

有时候，推广对象不知所措，这可能是因为他没有清楚地认识问题，而且没有正确的估价自己在实现目标和满足需要过程中的地位和作用。他不能很客观地看待问题。在这种情况下，推广人员就应该帮助推广对象认识问题的结构及其前因后果，还要帮助其认识自己的目标，这样，推广对象就能较客观地看待问题，最终自己能认识和确认问题，从而找到解决问题的方案。因此，推广人员的作用在于为推广对象启动了一个重建与重整心理力场的心理过程，使其心理力场那种杂乱紧张状态化成一种明确的非平衡状态从而促使其行为发生改变，进行有目的的行动。

二、行为改变理论在农业推广中的应用

1. 农民行为改变的过程。农民为了满足增加收入的需要，改变传统技术和旧习惯，采用新技术和新方法，是个人行为的改变；而新技术新方法在农民中的广泛传播和普及作用，则是群体行为的改变。农业推广工作的重要任务，就是推动农民行为的改变。具体包括以下五个方面：

(1) 知识的改变。农民对传统的农业经验知识比较熟悉，对现代科学技术缺乏了解和认识。通过推广，使农民增加了科学知识，对过去感觉到的事物可以进一步地理解，从而认识和了解新的技术，应用所学的知识去进行分析、综合和评价。

(2) 技能的改变。首先是让农民知道有某种技能比传统的方法更好，激发其学习和应用这种技能的动机。农民通过各种适宜的方式学会这些技能，然后进入熟练阶段，能自如地运用这些技能。

(3) 态度的改变。农民对革新技术的态度，是行为改变的核心。通过推广教育，农民对某项革新技术有了认识，就会从不感兴趣到产生兴趣和热情，继而就会产生愿意学习和试用这项革新技术的行为倾向。认识、情感和行为倾向这三种因素，共同表现一个农民对某项新技术的态度转变。

(4) 行为的改变。农民得到推广人员的指导和帮助，发现自己可以学会革新技术的技能，并且可以获得必要的支持使自己具备使用这一技术的条件,他就会开始采用这项新技术。当革新技术的利用能够逐步提高产量,显示出超过传统方法的优越性的时候,通过利用新技术而得到好处的农民就会承认新技术,并在实践中坚定地加以应用,以致于全部取代了过去他所习惯的传统技术。

(5) 群体行为的改变。在某一农村社区范围内的技术变革，是以大多数农民的行为改变为基础的。在推广工作中，通过少数

先驱者采用新技术的示范教育，同时对各种类型的农户给予具体指导和帮助，革新技术逐步为大多数农户所采用。革新技术在该地区得到广泛传播，除极少数特殊农户以外，已为当地农民普遍采用，当地的某项技术变革也就得以实现。

2. 农民行为改变的动力与阻力分析。农业技术变革，对改变农民的行为是一种推动力量，但要改变农民长期习惯的传统做法，也会出现许多来自社会文化、社会心理、经济因素等方面的阻力。在一项革新技术的推广过程中，推广工作的实质就是充分利用和发展动力，努力减少阻力，推动农民行为的改变。

(1) 动力和阻力的相互作用。在某一特定的农村环境中，农业技术变革引起农民行为的改变，是变革动力和变革阻力这两组相反因素相互作用的结果。表 10－1 是表示在发展中国家里较普遍存在着的一些因素，作用于农民个人的一般情况。

表 10－1　　影响农民行为的动力和阻力：

阻碍力：
- 传统的价值观、信念
- 缺乏生产资源
- 低水平的技术
- 低水平的教育
- 落后的经济状况

↓ 农民行为 ↑

驱动力：
- 经济发展的需求
- 现代技术的效用
- 先进的推广服务
- 社会发展的愿望
- 扩大的可能机会

在推广一项革新技术的工作中，推广人员必须进行全面的社会调查，善于观察当地农村背景下存在的各种动力和阻力因素，正确鉴别这些因素的类型和强度。

(2) 动力因素。一般说来，农民在技术变革中改变行为的能力，首先是来自农户经济需要所引进的内驱力，其次才是来自社会方面的外部推动力。

大多数农民都有发展生产、增加收入、改善家庭生活的需要。随着农村从传统封闭状态走向现代开放状态的发展，农民将会越来越强烈地产生致富的愿望，要求进一步提高物质生活和文化生活水平。这些经济发展的要求，激励着农民采用新技术的积极性，驱使着他们不断改变已经习惯的生产行为和经营方式。

社会环境对农民行为的推动力，一是现代科学技术的有效利用，为农民提供适当的技术变革项目和经营方法；二是建立先进的推广服务体系，为农民提供信息、技术、方法，热情地鼓励、指导和帮助农民在实践中应用；三是政府根据全体人民（包括农民）对社会发展的共同愿望，制订出的足以鼓舞农民积极性的农业政策与发展规划；四是教育、信贷、供应、销售、运输等有关方面的配合，为农民增加采用新技术的机会。

(3) 阻力因素。在技术改革中，农民行为改变的阻力，也包括两方面：一为农民自身和他所属文化传统的障碍；二为农业环境中的经济阻力。

在发展中国家里，大多数的农民受传统文化的影响较深，存在着保守主义、不愿冒险、只顾眼前、墨守成规、听天由命等传统价值观和信念。我国农民受教育的水平还比较低，文盲占人口的比率较高，农民掌握的技术水平相对落后。这些传统的信念和价值观，落后的教育和技术水平，使农民缺乏争取成就的动机，不愿考虑发展，不愿去冒风险，不能充分利用可能的机会和现代的生产技术。农民这种基本上还立足于传统观念和传统农业技术之上的素质状况，障碍着他们的行为改变，因而不能适应现代农业的要求。

农民行为改变在农业环境中的阻力，主要表现为缺乏经济上的刺激和必要的收入。任何先进的农业革新技术，如果在经济上不能给农民带来好处，都不可能激励农民的行为。某些新技术可能会使农民得到经济刺激，但如果缺乏必要的生产投入，农民也难以实际利用。这些经济阻力在经济状况落后的国家里，往往同时并存。

3. 改变农民行为的两种策略。从以上的分析不难看出，无论是阻碍力还是驱动力，都来自农民本身及其环境两个大方面，因此改变农民行为的基本策略与方法也需要从两个方面进行考虑：一是直接改变农民本身；二是改变农民的生产与生活环境

图 10－12 说明了这两种策略的基本内容及其互补性。

第一，面向行为主体的策略。这是一种以农民为中心的策略。它强调发挥农业推广的教育功能，提高农民的素质，改变农民个体及团体的行为。

行为科学研究表明，个体行为改变涉及三个基本的层面，即知识、技术与态度。一般而言，知识与技能上的改变比较容易，态度改变较难，需要较长的时间。因为态度反映的是某一个体在其所处的环境里对是否喜欢某种事物的情感的表达。它同人的价值观与信仰有着密切的关系。价值观反映了人们的评价标准，例如宿命论、悲观论、传统主义、安于现状、厌恶冒险等是农业推广中经常提到的价值观。信仰是人对真理或事实真相所具有的信念，它与价值观密切相关。价值观是不能直接观察到的，只能靠推理判断，但它确实会随着时间的推移而改变。一般认为，个人的价值观与信仰来源于各种机遇、早期的学习经验、与外界的接触以及接受现代社会的影响等等。可见，农民对待技术创新的态度，是行为改变的核心。通过推广教育，使农民了解某项技术创

新，从不感兴趣到产生兴趣和热情，继而产生愿意学习和试用该项技术创新的行为倾向。认识、情感和行为倾向这三种因素的变化，共同表现为一个农民对待某项技术创新的态度的转变。农民一旦改变态度，并且得到推广人员的指导和帮助，就会开始改变行为，采用这项技术创新。

面向行为主体的策略	农民行为的改变	面向行为环境的策略
1、增进知识 2、改变态度 3、提高技能 4、示范教育 5、个别指导 6、信息传播 7、舆论引导 8、强制服从	例如： －采用新技术 －采用新方法 －采用新建议 －放弃使用某种技术方法或建议	1、社会组织与制度创新 2、改善服务条件 －交通通信 －市场体系 －加工储藏 －水利灌溉 －信贷保险 －价格刺激 －推广研究 3、提供适用技术 4、提供额外资源 5、完善政策法规

图 10－12　改变农民行为的两种策略

在推广某项技术创新的过程中，推广人员应当尽可能多地运用各种推广方法，例如示范教育、个别指导、信息传播、文化与技术培训等，帮助不同类型的农民改变观念与态度并获得应用该项技术创新的知识与技能。同时，还应注意面向农村社区的农民社会团体，如家庭、社会组织、民间团体等，通过这些团体做出决定以影响农民个人行为的改变。在某些情况下，也可以根据当地的实际情况，适当运用一些其他的方法来改变农民行为。例如，从意识形态方面进行舆论引导，采用倡导、呼吁、说服、思想教育等手段宣传采用某些技术创新的意义与必要性。有时甚至还动用行政手段，采用行政命令方式强制农民采用技术创新。但要记住，这种方法虽然可能短期有效，但是不能保证技术创新的持续采用与扩散，因为它不能持续有效的改变个人的行为。

第二，面向行为环境的策略。这是一种着眼于改变农业环境的策略。其依据在于：物质条件或环境的改变会带来人的行为的改变。在农业推广工作中，我们经常听到农民及推广人员说："如果这种产品的价格提高，或者所需的生产资料价格降低，农民是会采用新的技术的"，"如果采用新技术时能得到必要的信贷服务就更好"等等。这说明，在许多情况下，农民没有采用或不愿采用某种农业技术是由于环境条件的限制。因此，推广人员及其他相关人员与机构应当考虑多为农民创造必要的环境条件。

改变农业环境主要是改变农民采用技术创新时所需的各种社会组织环境、政策法律环境、技术服务环境、基础设施及其他服务条件。诚然，实施这种策略，需要有相应的物质条件作基础，而且还需要有一定数量的高素质的推广人员。但是，随着经济发展水平的提高，人们应当对此予以更多的关注。因为现代农业推广特别是大规模的技术创新扩散往往需要以农业环境的改变作为前提条件。这一点对目前我国的农业推广改革也具有指导意义。如果不改变目前我国农业生产比较利益低，以及推广工作条件与环境较差的情况，农业技术推广工作是很难开展的。推广人员本身也应当不断提高自己的素质，除了帮助农民学习新的农业技术知识以外，还要帮助农民了解有关市场、价格、信贷、保险、法律等方面的知识与信息。在这方面，推广人员也可以通过建立和完善沟通网络，使农民得到各种相关的信息、资源与服务。

不难看出，以上两种策略在促进农民技术采用行为改变时产生的作用与效果是相辅相成的。在农业推广工作过程中，首先应当分析农民采用某项技术创新的阻碍力和驱动力，然后采取相应的策略与方法（一般是两种策略同时运用），帮助农民增加驱动力，减少阻碍力，打破平衡状态，从而采用技术创新。这时，推广工作的动力也就消失，阻力也不再存在，处于一种平衡状态，生产停止前进。这以后，推广人员必须适应农民的进一步需要，以更新的技术作为推广目标，继续调动农民不断进行技术变革的积极性。推广工作就是这样推动着农民向一个又一个目标前进的。推广工作要不断提供新信息、新技术，促进农民行为改变，不断打破新的平衡，使农业生产水平从一个台阶上升到另一个新的台阶。

最后需要补充说明的是，前面所进述的农民行为改变更多地倾向于将农民作为一个整体来看待，事实上在农民内部由于各自不同的心理状态，经济状况等因素表示出对创新采用实践上的不一致性。经大量实践研究表明，农民采纳新技术时表现为既过于谨慎、怕担风险，又盲目从众的二重性特点，同时还显示出，农民采纳行为更多表现为“百闻不如一见”之后的模仿。因此，要做到一项技术创新的扩散，要使农民群体行为发生改变，就要正确掌握和运用行为的从众规律，具体来说，当推广人员在某个地区推广某一项创新时，可以首先经过试验，拿出样板，让少数农民或个别农民获得利益，做出实事，示范给其他农民看。从农民心理角度分析，农民是最务实际的，当别人取得效益后，他就积极地去模仿，于是这项技术就得到推广。例如在某乡推广节能猪舍，推广人员只抓了3户农民修建起新式猪舍，经过半年实验，同时买同窝仔猪，饲料大体相同，新圈猪为110千克，旧圈仅为55千克，相差一半。榜样的力量是无穷的，半年的功夫，节能猪舍发展到45户，养猪100多头，这项技术已潜移默化传授到周围的许多乡，改变了农民沿用“汉代式猪圈”的行为。

主要参考书目

1. 沙莲香,《 社会心理学》，中国人民大学出版社，1987

2. 周晓虹,《现代社会心理学》，上海人民出版社，1997

3. 时蓉华,《新编社会心理学》，东方出版中心，1998

4. 孙晔，李沂《社会心理学》，科学出版社 1986

5. ［美］奥尔波特著,《社会心理学》，商务印书馆，1935

6. ［前苏联］安德列耶娃著,《社会心理学》，南开大学出版社

7. ［美］弗里德曼著,《社会心理学》，黑龙江人民出版社，1986

8. ［日］井上惠美子，午出彦仁著,《现代社会心理学》，群众出版社 1987

9. ［美］W. 巴克著，《社会心理学》，南开大学出版社，1984

10. 杨国枢,《本土心理学研究》，桂冠图书公司，1993

11. ［日］古佃和校编，《人际关系社会心理学》，南开大学出版社，1986

12. ［奥］洛伦兹,《攻击与人性》，作家出版社 1987

13. ［英］威尔逊,《论人的天性》，贵州人民出版社

14. ［英］里查德?道金斯，《自私的基因》，吉林人民出版社 1998

15. ［美］达阿尼？P?舒尔兹,《心理学应用》，广西人民出版社，1987

16.［前苏联］卡扎克夫，《社会心理学的应用问题》，中国社会科学出版社，1988

17. 吴江霖《民族社会心理学》，中山大学出版社 1993

18. 孔汪周等《社会心理学新编》，辽宁人民出版社，1987

19. 马广海主编《应用社会心理学》，山东人民出版社，1992

20. 乔健，潘乃谷主编《中国人的观念与行为》，天津人民出版社 1995

21. 孙彤主编，《组织行为学》，高等教育出版社，1989

22. 卢盛忠，《管理心理学》，浙江教育出版社，1985

23. 徐联仓等《管理心理学》，人民出版社，1988

24. 罗大华，《犯罪心理学》中国政法大学出版社 1999

25. 程贵铭，朱启臻，《当代中国农民社会心理研究》首都师范大学出版社，2000

26. 朱启臻，《打交道的学问——现代人际交往心理学》科学普及出版社，1992

27. 高启杰，《现代农业推广》，中国科学技术出版社，1997

28. 李秋洪，《中国农民的心理世界》中原农民出版社，1992

29. 朱启臻，《应用社会心理学》（内部教材），1992

30. 彭家栋，《农业推广运行机制与工作方法》，苏州大学出版社，1994

图书在版编目(C I P)数据

社会心理学原理及其应用/朱启臻,张春明主编.2版.-北京:中国社会出版社,2002.8
ISBN 978-7-80146-381-4

Ⅰ.社… Ⅱ.①朱…②张… Ⅲ.社会心理学Ⅳ.C912.6

中国版本图书馆CIP数据核字(2002)第057560号

社会心理学原理及其应用
主　　编:朱启臻　张春明
责任编辑:李威海

出版发行:中国社会出版社　邮编:100032
通联方法:北京市西城区二龙路甲33号新龙大厦
　　　　　电话:66051698　电传:66051713
经　　销:各地新华书店

印刷装订:　保定市恒艺印务公司
开本印张:　32开　　12.75印张
字　　数:　319千字
版　　次:　2000年7月第1版
印　　次:　2009年2月第12次印刷

定　　价:　25.00元